国家社科基金
GUOJIA SHEKE JIJIN HOUQI ZIZHU XIANGMU
后期资助项目

国家社科基金后期资助项目(20FGLB015)研究成果

知识付费柠檬市场形成机理与治理机制研究

张省　著

山东大学出版社
SHANDONG UNIVERSITY PRESS
·济南·

图书在版编目(CIP)数据

知识付费柠檬市场形成机理与治理机制研究/
张省著.—济南:山东大学出版社,2023.7
ISBN 978-7-5607-7767-2

Ⅰ.①知… Ⅱ.①张… Ⅲ.①信息服务业—研究
Ⅳ.①F490.5

中国国家版本馆CIP数据核字(2023)第015601号

责任编辑 李艳玲
封面设计 王秋忆

知识付费柠檬市场形成机理与治理机制研究
ZHISHI FUFEI NINGMENG SHICHANG XINGCHENG JILI
YU ZHILI JIZHI YANJIU

出版发行	山东大学出版社
社　　址	山东省济南市山大南路20号
邮政编码	250100
发行热线	(0531)88363008
经　　销	新华书店
印　　刷	济南乾丰云印刷科技有限公司
规　　格	720毫米×1000毫米　1/16
	16印张　284千字
版　　次	2023年7月第1版
印　　次	2023年7月第1次印刷
定　　价	62.00元

国家社科基金后期资助项目
出版说明

后期资助项目是国家社科基金设立的一类重要项目，旨在鼓励广大社科研究者潜心治学，支持基础研究多出优秀成果。它是经过严格评审，从接近完成的科研成果中遴选立项的。为扩大后期资助项目的影响，更好地推动学术发展，促进成果转化，全国哲学社会科学工作办公室按照“统一设计、统一标识、统一版式、形成系列”的总体要求，组织出版国家社科基金后期资助项目成果。

全国哲学社会科学工作办公室

前　言

随着互联网的普及和移动终端的发展，知识传播的形式愈加丰富。与此同时，居民消费结构的升级、用户在线学习习惯的养成以及技术场景的成熟，催生了知识付费这一新兴经济业态。得到、喜马拉雅等知识付费平台的出现拉开了知识付费创业的序幕，知识付费市场中的用户规模、交易额都在快速扩张。但是从2018年起，知识付费市场上知识产品的打开率和播放率都呈现下降趋势，一些优质的内容生产者也开始陆续离场。知识付费的发展是否已经进入了"下半场"？是什么导致了知识付费行业鱼龙混杂、泥沙俱下？如何识别并变现优质知识资源，避免知识付费"柠檬问题"的危害？这些都是知识付费市场良性发展必须要解决的问题，值得去思考和研究。

本书主要围绕知识付费柠檬市场的形成机理和治理机制展开。首先，梳理信息不对称、委托代理、逆向选择、道德风险、信号传递等与柠檬市场相关的理论。其次，通过改进阿克洛夫经典柠檬问题模型，分析了知识付费市场柠檬问题的形成机理，并通过实验设计和数据爬虫验证了知识付费市场柠檬问题的真实存在。在此基础上，研究知识付费市场柠檬问题的治理机制，包括收费机制、信号传递机制、声誉机制、质保机制和认证机制，并以知识付费平台——知乎和罗辑思维为例，分析了平台中的各种柠檬问题治理策略和效果。最后，提出了针对知识付费市场柠檬问题的治理体系。

本书研究发现，由于知识生产和知识消费两端的信息不对称，知识付费市场存在着严重的柠檬问题。知识产品质量信息的不对称性对市场效率的影响极大，当处于信息劣势地位的知识消费者作出理性选择时，优质的知识生产者被"逆向淘汰"，如不加以治理，知识付费市场会逐渐演变为一个充斥着价高质次产品的低效市场，甚至会最终消亡。

研究还发现，制定合理有效的收费机制能够协调知识付费平台与用户之间的利益关系，实现各方利益最大化，推动知识付费交易可持续发展；信号传递机制能够促进知识付费市场中卖家与平台间的分离，实现有效率的市场均衡；声誉机制中的平台征信系统、第三方征信系统、平台联盟征信系统等模式对柠檬问题的缓解作用依次增加;质保机制中的平台质保、第三方质保、卖家联盟质保等模式对柠檬问题的缓解作用依次增加;认证机制中的知识产品效用、认证信号接收度、知识供给者数量、知识产品质量差额等对柠檬问题的治理效果较好。知乎、罗辑思维等知识付费平台实施了多种柠檬问题治理措施,取得一定的效果,可以从审核制度、奖惩制度、质量保障制度、监管制度、信用评价制度、知识产权保护制度等方面来完善知识付费市场柠檬问题的治理体系。

作　者

2022 年 10 月

目　录

第一章 导 论

随着用户需求提升、市场下沉及产业链拓展，知识付费也因此成为一个新"风口"。知识付费虽然热潮不减，但目前行业发展仍然处于早期阶段，除了适应移动化的消费方式造成的知识碎片化问题以外，还存在知识付费体验差、缺乏内容评价体系和筛选体系、复购意愿不强等问题，其中，由信息不对称导致的知识产品价高质次问题严重困扰着知识付费行业的发展。本书主要围绕知识付费柠檬问题的形成机理和治理机制展开。首先，梳理信息不对称、委托代理、逆向选择、道德风险、信号传递等与柠檬市场相关的理论，提出研究问题。其次，通过改进阿克洛夫经典柠檬问题模型，分析了知识付费市场柠檬问题的形成机理，并由实验进行验证。再次，对知识付费市场柠檬问题的治理机制逐个进行分析，包括收费机制、信号传递机制、声誉机制、质保机制和认证机制；以典型知识付费平台——知乎和罗辑思维为例，分析了平台中的各种柠檬问题治理策略，验证提出的理论框架。最后，提出了针对知识付费市场柠檬问题的治理体系。

一、研究背景和意义

(一)研究背景

近几年，在移动互联网技术、知识焦虑、名人效应、粉丝经济等的推动下，我国知识付费用户数量快速增加。在 2015 年，我国仅有 0.48 亿的知识付费用户，而到 2018 年，我国知识付费的用户规模已达 2.92 亿人。前瞻产业研究院曾预测，2019 年我国知识付费用户规模在 3.9 亿人左右，而在

2020 年用户规模会突破 4 亿人。[①] 随着用户规模的扩大，用户对知识产品质量的甄别能力逐渐增强，消费也更趋于理性。与此同时，知识付费市场又存在准入要求低、知识产品质量良莠不齐、知识卖家欺诈行为频发等问题。知乎 Live 对消费者的误导以及在会员制度上为知识卖家设置的“霸王条约”、知乎女神“童瑶”诈骗事件、天津港爆炸微博诈骗事件、知乎“彩色王国”欺诈事件、蜻蜓数据造假门事件、喜马拉雅后台刷广告事件等加剧了知识付费市场上各方的矛盾，暴露出知识付费市场上知识产品或服务的质量难以保证、用户体验差、版权保护不力、产权所属不明确、盗版等严重问题。

上述事件均指向了影响知识付费市场发展的一个根本问题：信息不对称。究其原因，主要有以下几点：第一，知识产品的生产、创作过程不易被记录，这使得衡量知识供给者的创作成本变得困难，且容易诱使知识供给者夸大其知识产品的价值。第二，知识供给者的身份不易被识别和验证，这在无形中降低了知识产品的可信度，且加剧了知识供给者和知识需求者之间的信息不对称程度。第三，知识产品属于体验品，知识需求者不同的价值评价标准和知识水平使得知识产品的质量很难被检验。

目前，知识付费平台并未根据知识供给者的优劣设置相应的筛选、奖励、惩罚等机制来消除信息不对称，而是通过收取交易佣金、广告推广费用、搜索排名竞价等进行盈利，知识需求者优先看到的“优质卖家”也是通过竞“价”排名推选而出的。知识付费平台这样的策略不仅未能维护优质知识需求者的利益，还为劣质知识供给者提供了伪装机会。如今知识供给者和知识付费平台之间的依存关系越来越强，知识产品的优劣不仅能影响知识供给者的声誉，还能影响整个知识付费平台的声誉，而平台的声誉及知识需求者的信任程度又在一定程度上决定了知识产品的销量。知乎、得到、喜马拉雅等知识付费平台会员机制的设计，使平台与知识供给者的联系更加紧密；知乎与知识供给者合作举办的线下“知乎盐 Club”，不仅加深了双方的合作关系，还为其吸引了更多潜在用户；喜马拉雅的主播扶持计划，在为其创造利润的同时也为其带来更多的知识供给者。知识付费平台与知识供给者这一系列的合作，都证实平台与知识供给者之间存在紧密联系。因此，缓解知识付费平台与知识供给者之间的信息不对称问题，加强平台对知识供给者信息的识别，使平台能够正确选择和激励优质知识供给者，通过市场机制来打击并驱逐劣质知识供给者，进而保护消费者的利益，至关重要。

---

① 参见前瞻产业研究院：《2019 年中国知识付费行业市场分析：用户规模将接近 4 亿人，三大利好因素驱动行业发展》，2019 年 11 月 14 日。

对于柠檬问题的治理主要有两种渠道:行政治理和市场治理。其中,行政治理主要是以政府为主导进行治理,市场治理主要借助于信号传递机制、声誉机制、质保机制和认证机制等机制。但现实中,在面对柠檬问题时,政府发挥的作用非常有限,且没有适当的方法去缓解信息不对称问题,在平台型知识付费市场中,政府发布的相关治理制度还出现了"水土不服"的症状,出现"错杀误杀"的情况。① 目前,市场治理已成为国内外学者讨论柠檬市场问题治理的主要方向。针对知识付费这一特殊市场中柠檬问题的治理情况,本书借鉴了学者们以往的研究经验和成果,并在相关研究结论的基础上,分别对知识付费市场中的收费机制、信号传递机制、声誉机制、质保机制和认证机制进行了研究。通过对这五大机制进行分析研究,能够掌握各子机制的内在运行规律,进而有助于进一步深入理解知识付费柠檬市场的运行机理,并能够帮助知识付费平台运营商减少乃至消除市场中存在的逆向选择问题。

(二)研究意义

1.理论意义:希望本书能够丰富和发展信息不对称理论和柠檬市场理论

从收费机制、信号传递机制、声誉机制、质保机制、认证机制等治理机制着手,能够对当前柠檬问题的治理机制有一个全面而系统的认识。在知识付费市场中,相关的平台运营商主要发挥宣传、管理、运营、维护等作用,本书对知识付费平台在治理市场中发挥的重要作用给予了肯定,并深入探究了知识付费平台在应对柠檬问题时采取的相关运营管理策略。在探究知识付费市场中柠檬问题的治理机制时,本书对相关的概念、理论进行了系统的梳理和分析,并在此基础上构建了理论研究框架。这些工作为进一步探究知识付费市场中柠檬问题的治理策略提供了一个系统的分析框架,也为相关研究在理论层面指明了方向。本书在三方博弈模型、信号传递博弈模型、委托代理模型、均衡分析等的基础上对各机制进行了探究,不仅能使读者对各机制的内在机理有一个深入认识,还能够对相关理论起到丰富、更新的作用。此外,对各机制的研究成果还为后续分析声誉、质保、认证等机制提供了新的研究方法和研究思路。

2.应用价值:希望本书能够帮助各知识付费平台提升平台管理水平,促

① 参见汪旭晖、张其林:《平台型电商企业的温室管理模式研究——基于阿里巴巴集团旗下平台型网络市场的案例》,《中国工业经济》2016 年第 11 期。

进知识付费平台、知识供给者、知识需求者三方共赢局面的形成

从动态视角研究知识付费柠檬市场治理机制，可以更好地把握知识付费市场运营规律，准确识别影响信息不对称问题的关键因素，减少知识交易过程中可能出现的决策失误，避免各交易主体的内耗，优化知识交易流程。通过对具体案例的分析，能够从实证角度去验证各治理机制的治理效果。借助于系统的理论分析框架，能够对各知识付费平台当前的治理策略进行归纳总结，还为各平台运营商提供了一个较全面的评价体系，且为其指明了进一步优化、升级管理策略的路径。此外，对知识付费市场的柠檬问题进行研究，不仅能够帮助解决当下知识付费市场的信息不对称问题，还能够为借贷市场、二手车交易市场、就业市场、食品贸易市场等主体提供启发。

二、研究综述

（一）知识付费研究综述

1.国内知识付费研究综述

国内对“知识付费”的研究始于2016年，因此相关研究也是从此拉开序幕。在中国知网上以“知识付费”为主题进行文献检索，经过筛选得到1331篇符合条件的文献，以此展示国内学者关于“知识付费”的相关研究进展情况。2016年作为“知识付费元年”，符合要求的文献有12篇，主要是针对“分答”App而引起的讨论与回答。随后的第二年，学者们对“知识付费”相关话题的研究越来越多，一直呈现逐年递增的态势，到2018年相关文献已经有188篇。截至2021年12月，国内学者对其研究热度依旧居高不下，共计1796篇相关文献被中国知网收录。

由于大众版权意识的不断提高，线上“内容付费”的方式已日渐被大家习惯和接受。在“内容付费”的基础上衍生而来的“知识付费”是一个新兴概念，它与“内容付费”和“知识共享”既有联系又存在区别。邹伯涵和罗浩指出，“内容付费”和“知识付费”产生的交集构成了“知识付费”，因此“知识付费”具有共享性和付费性的双重属性，前者是内核，后者是外在形式。① 邹伯涵和罗浩认为，“知识共享3.0”时代的迭代形态是“知识付费”，“知识付

① 参见邹伯涵、罗浩：《知识付费——以开放、共享、付费为核心的知识传播模式》，《新媒体研究》2017年第3期。

费”本质上是一种依托开放型社区，个人通过互联网面向大众在线传道、授业、解惑，以付费形式提供在线课程、咨询服务、信息共享等知识服务的传播形式。张杨燚在深入理解共享含义的基础上对“知识付费”展开了分析，认为知识付费是知识供给者和知识获得者基于互联网平台通过付费方式交易知识的一种服务方式，从而将个人知识转化为商品服务。①

国内学者对互联网平台知识付费产生和兴起的原因做了大量研究。刘鹏指出，互联网平台信息传播的快捷性以及经济学中产品或服务的最终售价会趋近其边际成本，致使知识获得者会通过第二次或多次重复折价售卖，以至于知识信息趋向于向大众免费提供。② 这种现象会造成信息趋向于垃圾化、泡沫化，导致信息失真，掩盖真实有效的信息，因此消费者产生了对高质量信息的需求。在如此大量的知识缺口的背景下，创业者抓住机遇，开发了大数据平台，努力构建消费者满意的知识供需体系，从而知识付费模式应运而生。丁晓蔚等人基于宏观视角探讨了知识付费产生并流行的原因：一是国家政策对共享经济的大力支持，为知识付费的发展奠定了基础；二是消费者消费结构的转变为知识付费的产生提供了机遇，随着生活水平的提升，国民愈发追求高层次的精神需求，愿意为获取知识信息而付出成本；三是技术的支撑，移动互联网、大数据、人工智能的发展和不断完善为知识付费成为可能提供了坚实的技术基础；四是知识付费市场的内在驱动，人们对高质量知识信息的需求为知识付费的产生提供了巨大发掘动力；五是我国人口基数使得知识市场可持续发展成为可能，发展潜力巨大，且前景一片向好。③ 极光大数据的研究报告也对知识付费的兴盛原因进行了总结，具体归结为四个时代背景：互联网信息的大爆炸，真正有价值信息的稀缺；在线支付的普及和便利；消费结构升级，精神消费需求增强；消费者的付费意识逐步养成。④ 此外，有些学者也从不同角度对知识付费的兴起进行了研究，如张朝等从“互联网＋”角度⑤，巩恩伟从商业模式发展需要维度⑥，对知识付费平台的起源展开了分析。刘征驰等人提出，在互联网知识付费中，知识产品的价值对供需双方皆具有“隐匿性”。而网络社群作为产品体验信息的

① 参见张杨燚：《在线平台知识付费研究综述》，《情报探索》2018 年第 8 期。

② 参见刘鹏：《计算广告——互联网商业变现的市场与技术》，北京，人民邮电出版社，2015 年，第 29 页。

③ 参见丁晓蔚等：《知识付费：概念涵义、兴盛原因和现实危机》，《当代传播》2018 年第 2 期。

④ 参见极光大数据：《知识付费行业研究报告》，《信息与电脑（理论版）》2017 年第 7 期。

⑤ 参见张朝等：《“互联网＋”背景下知识付费的起源与困局》，《知识经济》2018 年第 3 期。

⑥ 参见巩恩伟：《互联网知识付费平台的兴起与商业模式分析》，《现代营销（下旬刊）》2017 年第 12 期。

重要来源，在知识价值“显现化”过程中发挥着关键作用。① 薛云建等人从知识付费 App 用户的持续使用意愿方面进行了研究。②

目前，我国的知识付费还处在发展的初级阶段。虽然国内大多数学者认为知识付费的兴盛是必然的趋势，但他们也担心其具体的发展状况。范明志指出，现有的法律制度不能很好地协同知识付费各方的权利和义务，当事人之间存在知识付费的争议。③ 胡洁人和卫薇也认为，现在的知识付费平台的内容过于复杂，未建立起有效的监督机制。④ 刘婷婷等人提出，知识付费交易的过程必然将涉及侵犯知识产权的事件。⑤ 丁元元在整理分析网络知识与知识产权关系的基础上，论述了知识付费交易方式的合法性、网络知识支付行为与相关当事人之间的法律关系以及有偿知识信息的相关权利。⑥ 杨玉宛通过区块链技术的发展，试图解决知识付费过程中存在的知识供给方知识版权保护等相关问题。⑦ 除了可能存在的法律问题外，欧阳伦卉还提出，知识付费模式下知识传播的“碎片化”属性会导致大众丧失独立思考的能力。⑧ 于风和王倩对知识付费平台的用户生成内容的运作模式以及知识获取成本上升导致的知识鸿沟加深进行了研究。⑨ 陈燕在总结我国知识付费平台发展现状的基础上，梳理了知识付费平台发展的制约因素，并提出了相应的建议与对策。⑩ 魏小林等人在研究中发现，我国知识付费平台目前普遍存在价格收费混乱、信息内容同质化严重、售后服务不完善等问题。⑪ 郭宇等人分析了影响知识付费平台版权保护的因素等问题。⑫

此外，部分学者针对现有的知乎、分答、喜马拉雅等知识付费平台的经营模式及发展现状展开研究。许森基于知识变现模式角度分析了分答语音

---

① 参见刘征驰等：《隐匿价值、社群学习与知识付费动态定价》，《中国管理科学》2017 年第 1 期。

② 参见薛云建等：《知识付费 App 用户持续使用意愿的模型构建及实证研究》，《经济与管理》2021 年第 4 期。

③ 参见范明志：《“知识付费”是否需要新法律“保驾护航”》，《人民论坛》2017 年第 7 期。

④ 参见胡洁人、卫薇：《知识付费的法律之困》，《检察风云》2018 年第 5 期。

⑤ 参见刘婷婷等：《知识付费：风口在左，法律在右》，《检察风云》2018 年第 5 期。

⑥ 参见丁元元：《关于网络知识付费的法律思考》，《市场论坛》2017 年第 11 期。

⑦ 参见杨玉宛：《基于区块链技术的版权保护问题研究》，《科技传播》2018 年第 10 期。

⑧ 参见欧阳伦卉：《互联网经济模式下知识付费存在的问题及未来展望》，《知识经济》2018 年第 3 期。

⑨ 参见于风、王倩：《知识付费存在的问题及未来展望》，《中国报业》2017 年第 11 期。

⑩ 参见陈燕：《知识付费平台发展的制约因素与完善对策》，《编辑之友》2019 年第 3 期。

⑪ 参见魏小林等：《我国知识付费平台存在的问题及对策分析》，《电子商务》2019 年第 1 期。

⑫ 参见郭宇等：《用户视角下知识付费平台版权保护影响因素分析》，《情报科学》2021 年第 10 期。

付费的盈利模式。[①] 林仕晖研究了分答如何在社群时代背景下留住用户，维持经营。[②] 谭皓威以知乎为案例，研究了知识付费平台如何将知识变现。[③] 段诗萌针对知乎平台用户之间的关系展开了研究。[④] 敖雅倩研究了喜马拉雅 FM 的经营模式和经营策略。[⑤] 吴旻通过研究喜马拉雅 FM App 和得到 App 两个有代表性的音频知识付费平台，探讨了知识付费平台的营销策略发展状况。[⑥] 王铮和刘彦芝通过调查在线知识付费平台的市场机制，深入讨论了这些知识付费平台存在的市场机制干预问题及缺陷，并提出了相关的对策和建议。[⑦]

关于用户知识付费行为的特征，学者们也进行了相关研究。何慧雪等人就大学生消费群体，通过问卷调查对其知识付费持续使用意愿的影响因素进行了相关分析和归纳。[⑧] 李武等人从感知价值角度出发，对消费者在知识付费平台上的知识付费意愿进行了实证分析。[⑨] 赵杨等人基于知识供给视角，在社会资本理论的基础上，从结构、关系、认知等三个角度，研究用户知识付费行为的影响因素，并以价格作为调节变量，探讨价格变化对用户的影响，分析相关研究机理。[⑩]

综上所述，对知识付费的相关研究虽然近几年才开始在国内兴起，然而国内学者对其研究热度十分高，涉及各个学科与领域，但是研究的深度和广度有待进一步提升。

---

① 参见许森：《知识零售变现模式的问题与思考——以付费语音问答服务"分答"为例》，《新媒体研究》2016 年第 2 期。

② 参见林仕晖：《社群时代下知识付费平台的用户留存困境——以分答为例》，《新媒体研究》2017 年第 3 期。

③ 参见谭皓威：《"轻量级"知识付费平台"知乎"的知识变现之路》，《现代商业》2018 年第 21 期。

④ 参见段诗萌：《问答社区评论区用户关系研究——以知乎社区"知识付费"话题为例》，《科技传播》2018 年第 10 期。

⑤ 参见敖雅倩：《"喜马拉雅 FM"的盈利模式与盈利策略探析》，《新媒体研究》2018 年第4 期。

⑥ 参见吴旻：《基于 4P 理论的音频知识付费平台的市场策略探究——以得到 App、喜马拉雅 FM App 为例》，《传媒论坛》2018 年第 1 期。

⑦ 参见王铮、刘彦芝：《在线知识付费平台的市场机制探究——兼论对知识平台市场机制缺陷的应对与干预》，《图书情报知识》2018 年第 4 期。

⑧ 参见何慧雪等：《知识付费平台用户持续使用意愿影响因素探究——以大学生为例》，《中国市场》2018 年第 27 期。

⑨ 参见李武等：《基于感知价值视角的在线付费问答平台用户付费意愿研究》，《图书情报知识》2018 年第 4 期。

⑩ 参见赵杨等：《基于社会资本理论的问答平台用户知识付费行为影响因素研究》，《图书情报知识》2018 年第 4 期。

2.国外知识付费研究综述

相较于国内知识付费市场的如火如荼,国外知识付费市场主要还是以传统教育、电子书为主要内容,平台用户之间的付费问答、独家专享订阅等依托互联网、大数据、人工智能的新兴知识付费模式还没有获得实践应用,相关研究比较缺乏,但是对传统知识付费内容的消费者行为的相关探索较多,为国内知识付费的研究提供了参考。萧(Hsiao)基于用户感知价值视角,分析注册用户对内容付费的意愿情况,研究得出用户的付费意愿受感知价值和转换障碍的影响作用很大。① 窦(Dou)针对社交网络用户的感知风险,经实证分析得出,产品的使用价值对用户的知识付费意愿有直接影响。② 王(Wang)等人在研究调查过程中,发现注册用户的信息需求与其知识付费意愿相关性较高。③ 庞吉(Punj)亦在建立的模型中发现,用户对知识付费的支付意愿和其年龄、性别有关,知识付费的多少与用户所受教育程度和工作收入有关。④ 沃尔克(Wolk)、泰松(Theysohn)实证研究发现,知识付费内容的便利性对用户在社交网络上的参与度有显著影响。⑤

网络平台上的付费问答是知识付费的主要内容,代表着社交网络知识付费的主要特征,因此国外学者大多从问答平台出发,研究平台用何种方式留住用户,获得信任,保持参与热度。吴(Wu)等人研究调查发现,用户对付费问答 App 的使用情况受用户的信任度影响,用户的信任度又主要来源于大众对此 App 社会认同度的高低。⑥ 豪斯曼(Hausman)、思科(Siekpe)通过数据分析发现,用户对付费问答的使用意愿与网站界面及内部元素设计

① Hsiao K.,2011:"Why internet users are willing to pay for social net-working services", *Online Information Review*,Vol.35,No.5,pp.770-788.

② Dou W.,2014:"Will internet users pay for online content? ", *Journal of Advertising Research*,Vol.44,No.4,pp.349-359.

③ Wang C. L.,Zhang Y.,Ye L. R.,et al.,2005:"Subscription to fee-based online services: What makes consumer pay for online content? ", *Journal of Electronic Commerce Research*,Vol.6,No.4,pp.304-321.

④ Punj G.,2015:"The relationship between consumer characteristics and willingness to pay for general online content: Implications for content providers considering subscription-based business models", *Marketing Letters*,Vol.6,No.2,pp.175-186.

⑤ Wolk A., Theysohn S., 2007: "Factors influencing website traffic in the paid content market", *Journal of Marketing Management*,Vol.23,No.7,pp.769-796.

⑥ Wu J. J.,Shu H. C.,Liu K. P.,2017:" Why should I pay? Exploring the determinants influencing Smartphone users' intentions to download paid App", *Telemetric & Informatics*,Vol.34,No.5, pp.645-654.

有正向相关关系。[①] 沙(Shah)与李(Lee)等人认为,激励策略能够在一定程度上保证问答社区网站的运营成功,但需要考虑不同用户群体本身的年龄、性别、爱好等特性对网站激励策略的反应存在差异性。[②③] 关于付费问答社交网络的内容服务,哈勒(Harper)等人指出,确保答案的信息源真实可靠可以使用户的评价度增加。[④] 关于付费问答社交网络的评价模型,埃拉菲德(Elalfyd)等人构建了能够很好地预测问答社交平台最佳答问的混合评价模型。[⑤] 麦克利希(Mckerlich)等人从问答社区内容自身、用户认知度、回答实用性、外部表现形式、信息源可靠性、大众社会情绪等六个维度对答案的质量进行了分析与评估。[⑥] 关于付费问答社交网络的问答形式,金姆(Kim)、欧(Oh)研究发现,在讨论导向问答中大众的社会情绪的分值占比最高,在主题导向问答中内容自身的分值占比最高,在自主学习类问答情况中答案的实用性的分值占比最高。[⑦]

此外,社交网站的问答研究主要有问答话题与问答形式两种类别。其中,问答话题的信息来源对用户的参与度有重要作用。刘(Liu)等人由数据分析得出,话题提问方偏好于追究回答方的回答历史情况,以此来判断哪个答案适合自己。[⑧] 内沙蒂(Neshati)等人主要围绕 Stack Over Flow 社区,

---

① Hausman A. V., Siekpe J. S., 2009:"The effect of web interface features on consumer online purchase intentions", *Journal of Business Research*, Vol.62, No.1, pp.5-13.

② Shah C., Oh J. S., 2008:"Exploring characteristics and effects of user participation in online social Q&A sites", *First Monday*, Vol.13, No.9, pp.78-96.

③ Lee H. Y., Lee Y. B., 2005:"Where we are and how we improve in web based question-answer services: Gender differences, other characteristics, and opinions of knowledge providers", *A Collection of Treatises: Research of Women and Family Life*, No.9, pp. 145-162.

④ Harper F. M., Moy D., Konstan J. A., 2009:"Facts or friends?: Distinguishing informational and conversational questions in social Q&A sites", Sigchi Conference on Human Factors in Computing Systems, ACM, pp.759-768.

⑤ Elalfyd Y. D., Gad W., Ismail R., 2017:"A hybrid model to predict best answers in question answering communities", *Egyptian Informatics Journal*, Vol.19, No.1, pp.21-31.

⑥ Mckerlich R., Ives C., Mcgreal R., 2013:"Measuring use and creation of open educational resources in higher education", *Public Services Quarterly*, Vol.11, No.4, pp.270-278.

⑦ Kim S., Oh S., 2009:"Users' relevance criteria for evaluating answers in a social Q&A site", *Journal of the American Society for Information Science Technology*, Vol.60, No. 4, pp.716-727.

⑧ Liu Y., Blan J., Agichtrin E., 2008:"Predicting information seeker satisfaction in community question answering", *Acm Transactions on Knowledge Discovery from Data*, Vol.30, No.2, pp.483-490.

设计了问答内容里专家排名情况的预测学习评估模型。①

从国内外关于知识付费平台的相关研究中可以看出，学者们对知识付费的关注愈来愈多，相关研究成果也很多。在研究视角上，学者们大都是基于用户体验感知价值和知识付费产品的特性两个维度进行分析；在研究方法上，学者们主要以问卷调查和现有数据的质性研究两种方法为主，并没有利用大数据等爬虫软件对社交网络平台上的数据进行有效的整理与分析，得出客观、真实、准确的分析结果。

（二）柠檬市场治理机制研究综述

自1970年阿克洛夫（Akerlof）提出柠檬市场理论以来，学者们对市场中的柠檬问题进行了大量研究。针对柠檬市场具体的治理方略，学者们主要从行政治理和市场治理两个层面进行了分析。行政治理主要依靠政府机构的力量。政府多采用监督、抽查、罚款等方式对市场中的柠檬问题进行治理，涉及的相关措施多具有强制性特征。总体而言，这种治理方法需要消耗的成本较大但发挥作用的时间较短。市场治理主要依靠市场中买卖双方或第三方的力量。一般来说，市场主要通过改善信息准确性和制定激励机制来对柠檬问题进行治理。而对于柠檬市场的五大治理机制来说，收费机制主要通过激励和惩罚措施来进行治理，信号传递机制主要通过改善信息准确性对市场进行治理，质保机制主要借助于激励机制来发挥治理作用，声誉机制和认证机制在具体运行过程中涉及了改善信息准确性和激励机制的相关内容。总体而言，运用市场治理的方法所需消耗的成本较小且发挥作用的时间较长，但需要满足市场体系完备这一前提条件。当前，学者们主要探究通过市场治理的方式来缓解柠檬问题，具体涉及以下内容。

1.收费机制

作为知识交易的中间媒介，知识付费平台也存在“成长的烦恼”。知识产品生产中无法克服的“信息悖论”（information paradox）问题和知识交易的“柠檬市场”现象导致知识付费平台收费机制异常复杂，相关研究随之展开。马尔塔拉佐（Martalazo）认为，内容收费模式的成功与否主要取决于专业化、差异化、排他性和可访问性等四个变量。② 徐（Xu）和段（Duan）发现，

① Neshati M., Fallahnejad Z., Beigy H., 2017:“On dynamicity of expert finding in community question answering”, *Information Processing and Management*, Vol.53, No.5, pp.1026-1042.

② Martalazo C., 2017:“Key variables in willingness to pay for online news content: The professionalsâ perspective ”, *Revista Latina de Comunicación Social*, Vol.72, pp.165-185.

当用户对广告的敏感性较小时，内容提供方应只提供付费内容；当用户更关注体验时，平台就应减少广告收费。[①] 王(Wang)等人发现，知识消费者对内容或服务的付费意愿与其对便利性、重要性、附加价值和服务质量的感知及服务的使用率正相关，与其认为的不公平负相关。[②] 杜塔(Dutta)的研究表明，消费者的态度和主观意愿是知识付费意愿的驱动力，而感知行为控制则不是。[③] 庞吉(Punj)指出，知识产品的预估支付金额与收入和受教育程度有关，而消费者的支付意愿则与年龄和性别有关。[④] 克雷默(Kramer)等人的研究表明，对独家质量和特色内容的期望是用户愿意为在线新闻内容付费的两个主要原因。[⑤] 李明德等人认为，"知识变现"是以社交网络为关系平台，将智力资源与技能资源带入信息网络以实现流动与调配，并同步达成资本变现。[⑥] 张春晓对知识付费平台的收费策略进行了研究，发现平台的交叉网络外部性、知识提供方的知识质量与平台收取的佣金比例负相关，而平台的差异化程度与佣金比例正相关。[⑦] 张帅等人用质性研究的方法发现，个体需求、个体认知、信息质量、主观规范、便利条件、替代品、经济因素等对用户知识付费行为的影响作用依次递减。[⑧] 周涛等人基于社会资本理论发现，社会交互连接、共同愿景和信任显著影响用户为知识付费的意愿。[⑨] 李武等人研究发现，感知收益和感知付出均能有效地解释和预测用

---

① Xu J., Duan Y. R., 2018:"Subscription price and advertising space decisions for online content firms with reference effect", *Electronic Commerce Research and Applications*, Vol.30, pp.8-24.

② Wang C. L., Zhang Y., Ye L. R., et al., 2005:"Subscription to fee-based online services: What makes consumer pay for online content?", *Journal of Electronic Commerce Research*, Vol.6, No.4, pp.304-311.

③ Dutta S., 2012:"Analyzing consumer intention to pay for online content: A systematic approach", *Journal of Theoretical and Applied Information Technology*, Vol.38, No.1, pp.89-102.

④ Punj G., 2015:"The relationship between consumer characteristics and willingness to pay for general online content: Implications for content providers considering subscription-based business models", *Marketing Letters*, Vol.26, No.2, pp.175-186.

⑤ Kramer R., Morbach S., et al., 2015:"Who is willing to pay for online journalistic content?", *Media & Communication*, Vol.3, No.4, pp.1230-1235.

⑥ 参见李明德等:《"知识变现":从App"分答"看新媒体产品盈利模式创新》,《编辑之友》2018年第3期。

⑦ 参见张春晓:《基于双边市场理论的知识付费平台定价机制研究》,《吉林工商学院学报》2017年第4期。

⑧ 参见张帅等:《用户在线知识付费行为影响因素研究》,《图书情报工作》2017年第10期。

⑨ 参见周涛等:《基于社会资本理论的知识付费用户行为机理研究》,《现代情报》2017年第11期。

户对知识付费平台的感知价值，而内容收益对知识需求者的感知价值影响最大。[①]

2.信号传递机制

为缓解市场中的柠檬问题，一些学者从信号传递机制着手展开了研究。其中，纳尔逊(Nelson)研究发现，广告信号在治理柠檬问题时能对产品质量起到暗示作用，人们一般通过商家投放的广告规模来对产品的质量进行推测。[②] 在其研究基础上，基尔斯特罗姆(Kihlstrom)和里奥丹(Riordan)发现，在一定时期内，产品质量与广告投入之间呈现出一种正相关的趋势，即拥有高质量产品的商家会投放大量广告，这类似于一种产品的过滤机制。[③] 亨德尔(Hendel)和利泽里(Lizzeri)的研究发现，当市场竞争激烈时，商家可通过主动向消费者披露信息的方式增加销量，而相关信息的揭露也使得优质卖家和低质卖家能够被明显区分。[④] 陈(Chen)和杜宾斯基(Dubinsky)认为，消费者的购买意愿与商家声誉、用户体验、产品价格等因素正相关，且这些因素能够对产品质量起到揭示作用。[⑤] 迪瓦利(Dewally)和埃德灵顿(Ederington)发现，优质卖家一般通过传递声誉信息、认证信息、产品详细信息、质保信息等方式来获取消费者的信任。[⑥] 兰恩盖尔(Langan)等学者在探究消费者评价信息时发现，评价信息在高质量买家间存在着巨大差异，而借助于品牌的口碑可以削弱评价信息对产品销量的影响。[⑦] 赖特(Light)、雷克钦(Lexchin)通过对药品柠檬市场的研究发现，每个柠檬市场

① 参见李武等:《基于感知价值视角的在线付费问答平台用户付费意愿研究》,《图书情报知识》2018年第4期。

② Nelson P., 1974: "Advertising as information", *Journal of Political Economy*, Vol.82, No.4, pp.729-754.

③ Kihlstrom R. E., Riordan M. H., 1984: "Advertising as a signal", *Journal of Political Economy*, Vol.92, No.3, pp.427-450.

④ Hendel I., Lizzeri A., 2002: "The role of leasing under adverse selection", *Journal of Political Economy*, Vol.110, No.1, pp.113-143.

⑤ Chen Z., Dubinsky A. J., 2003: "A conceptual model of perceived customer value in e-commerce: A preliminary investigation", *Psychology and Marketing*, Vol.20, No.4, pp.323-347.

⑥ Dewally M., Ederington L., 2006: "Reputation, certification, warranties, and information as remedies for seller-buyer information asymmetries: Lessons from the on-line comic book market", *Journal of Business*, Vol.79, No.2, pp.693-729.

⑦ Langan R., Besharat A., Varki S., 2017: "The effect of review valence and variance on product evaluations: An examination of intrinsic and extrinsic cues", *International Journal of Research in Marketing*, Vol.34, No.2, pp.414-429.

都必须进行实证研究，以证明不同的利益相关者如何应对信息不对称等问题。① 卢向华研究发现，在平台型知识付费市场中，广告这一信号出现了失灵的情况。② 周耿的研究表明，价格信号能够反映一定的产品质量信息，声誉信息能够强化这种作用，而羊群效应则会减弱这种作用。③ 张琛等人认为，对相关信息进行披露能够降低互联网金融市场的成本和风险。④ 张晓玫等人研究发现，学历信息和声誉信息都能对网络平台中的逆向选择问题起到缓解作用。⑤ 刘春年等人研究发现，相关的平台运营商可通过传递内部质量信号来为消费者提供决策参考。⑥

3.声誉机制

一些学者从声誉机制视角出发对治理柠檬市场进行了分析。阿克洛夫认为，声誉机制能够对卖方的投机行为起到强有力的约束作用，且能更好地维护买家的利益。⑦ 金杰(Ginger)和安德鲁(Andrew)发现，现行的声誉机制还有一些地方需要完善，如普遍评价制度和匿名评价制度，因为在构建声誉机制时，需要同时考虑到卖家行为和买家行为。⑧ 克兰顿(Kranton)对集体声誉进行了分析，发现行业声誉在缓解逆向选择问题中发挥着重要作用。⑨ 洪亮等人发现，知识市场中用户的声誉能够提升知识产品的质量，而且也能增加市场中知识用户的参与度和活跃度。⑩ 徐扬等人认为，知乎平台用户的口碑代表了其对平台的知识贡献度，但并不能以此来直接判断其

---

① Light D. W., Lexchin, J. R., 2020:"Pharmaceuticals as a market for 'lemons': Theory and practice", *Social Science & Medicine*, Vol.25, No.3, pp.268.

② 参见卢向华:《竞价排名广告的关键词投放策略及其绩效研究——基于淘宝网的实证分析》,《管理科学学报》2013 年第 6 期。

③ 参见周耿:《不完全信息下的价格信号博弈:来自淘宝网的证据》,《当代财经》2014 年第 4 期。

④ 参见张琛等:《互联网金融信号显示、融资价格与风险水平——基于 P2P 网贷平台的经验证据》,《价格理论与实践》2016 年第 8 期。

⑤ 参见张晓玫等:《网络借贷中信息不对称缓解机制研究——基于信号传递和双边声誉视角》,《经济理论与经济管理》2018 年第 2 期。

⑥ 参见刘春年等:《基于情报认知图式的电商平台质量信号传递机制及效应研究》,《情报杂志》2019 年第 9 期。

⑦ Akerlof G. A., 1970:"The market for 'Lemons': Quality uncertainty and the market mechanism", *Quarterly Journal of Economics*, No.4, pp.488-500.

⑧ Ginger Z. J., Andrew K., 2006:"Price, quality and reputation: Evidence from an online field experiment", *Rand Journal of Economics*, No.4, pp.983-1005.

⑨ Kranton R. E., 2003:"Competition and the incentive to produce high quality", *Economica*, No.4, pp.385-404.

⑩ 参见洪亮等:《基于用户声誉的数字图书馆知识社区资源管理机制研究》,《图书情报知识》2014 年第 6 期。

知识产品的质量。[①] 刘芸等人的研究发现，组织的声誉能够正向影响创新网络中各企业的创新绩效，而知识转移和知识共享能够在创新网络中发挥纽带作用。[②] 李国彦和李南认为，在知识转移过程中，声誉机制主要通过隐性激励的方式来推动知识转移的效率。[③] 王晓祺和胡国强发现，声誉机制在资本市场中也能够发挥作用，其能够对绿色创新过程中的负面影响（绿色创新成本高但收益周期长且风险较大）起到缓解作用。[④] 杨琦峰等人研究发现，在抑制网络平台的道德风险方面，市场声誉能够在短期内发挥作用，而内部声誉将会持续发挥作用，但其影响作用相对较弱。总体而言，构建双重声誉机制能够在较长时间内发挥有效激励作用。[⑤] 也有学者认为，可以通过构建信誉评价体系、银行征信系统、消费者协会等方式来降低知识用户之间的信息不对称，进而对用户行为起到良好的约束作用。[⑥]

4.质保机制

一些学者认为提供相关的质保服务对于治理市场中的柠檬问题能够起到一定作用。基姆（Kim）总结了五种网络平台的进化方式，并从理论和实践出发探讨了平台保障机制在解决柠檬问题中发挥的作用。[⑦] 科雷托（Koreto）的研究表明，第三方提供的保障服务能够对消费者的购买行为起到促进作用。[⑧] 迪布维格（Dybvig）和卢茨（Lutz）认为，在制定质保机制时需要考虑质保期限和质保水平这两个重要因素。[⑨] 李（Lee）等人指出，第三

① 参见徐扬等：《基于社会化影响理论的声誉系统与知识分享的关系初探》，《情报科学》2018年第9期。

② 参见刘芸等：《企业创新网络中组织声誉对创新绩效的影响——知识合作的中介作用与网络特征的调节作用》，《经济经纬》2019年第4期。

③ 参见李国彦、李南：《创业社会网络中隐性知识转移激励模型研究——代理人市场-声誉理论视角的探索》，《科技进步与对策》2016年第7期。

④ 参见王晓祺、胡国强：《绿色创新、企业声誉与盈余信息含量》，《北京工商大学学报》（社会科学版）2020年第1期。

⑤ 参见杨琦峰等：《双重声誉下银行对B2B平台的激励机制设计》，《北京邮电大学学报》（社会科学版）2020年第1期。

⑥ 参见张省：《知识链知识共享的信誉问题研究》，《科技管理研究》2014年第22期。

⑦ Kim C., Galliers R. D., Yang K. H., et al., 2007: "Evolution of web-based shopping systems: Characteristics and strategies", *Journal of Electronic Commerce in Organizations*, Vol.5, No.4, pp.70-87.

⑧ Koreto R., 1997: "In CPAs we trust", *Journal of Accountancy*, No.4, pp.62-64.

⑨ Dybvig P. H., Lutz N. A., 1993: "Warranties, durability, and maintenance: Two-sided moral hazard in a continuous-time model", *Review of Economic Studies*, Vol.34, No.2, pp.575-597.

方质保机制能够有效减少网络中的柠檬问题。① 郑庆寰对纯线上模式、担保模式和提取准备金模式等三种网络平台运营模式进行了比较分析,发现担保模式对于缓解柠檬问题的作用最为明显。② 潘勇比较了信用评分机制和担保机制的效用,发现担保机制对市场效率的影响更显著,且两种机制能够互相补充。③ 封俊丽指出,为加强对网络食品安全的管控,可以从身份认证、食品质量认证、第三方介入担保、无理由退款等方面出发去构建系统的质量担保体系。④ 程琳对专业担保和互助担保这两种担保模式进行了比较分析,发现相较于专业担保,互助担保所需的成本较少且能显著提升中小企业的融资能力。⑤ 郭妍等人的研究表明,在网贷市场中投资人存在明显的羊群行为,当平台设置有担保机制时用户的羊群行为会表现为非理性,而当平台无担保机制时用户则会出现理性的羊群行为。⑥ 陈秋月等人认为,设立"银保互动"机制能够充分发挥抵押担保的作用,这一机制不仅能够让各主体共享信息,还能让各主体共担风险。⑦ 李庆海等人发现,在农户贷款过程中,抵押只能缓解逆向选择问题,而不能降低事后的道德风险。⑧ 李霖魁和张成虎认为,在网络平台中,可以将社会资本看作抵押品来约束用户的行为。⑨ 薛伟贤和左力认为,平台联合体会在高昂交易费和担保费的推动下产生道德风险,这不仅会增加相关成本,还会扰乱社会秩序。⑩ 余海宗等学者认为,可以在企业间构建信用担保网络,这样能够借助于社会资本的租借

---

① Lee J. H., Ha H. T., Lee C. W., et al., 2009:"Pre-bonding method using self-alignment effect for multichip packaging", *International Symposium on Assembly and Manufacturing*, Vol.8, No.4, pp.263-347.

② 参见郑庆寰:《基于逆向选择理论的 P2P 网贷平台模式比较研究》,《华东理工大学学报》(社会科学版)2015 年第 4 期。

③ 参见潘勇:《逆向选择视角下信用评分机制与担保机制的效用研究——基于淘宝网的案例分析》,《商业经济与管理》2013 年第 6 期。

④ 参见封俊丽:《基于中观层面的网络食品质量安全的去"柠檬"机制研究》,《世界农业》2016 年第 3 期。

⑤ 参见程琳:《不同担保模式对中小企业融资条件的影响分析》,《山西农经》2018 年第 3 期。

⑥ 参见郭妍等:《"担保机制"下网贷投资人羊群行为的理论分析与实证检验》,《金融发展研究》2019 年第 11 期。

⑦ 参见陈秋月等:《中国政策性农业保险在银保互动中的适用性——基于抵押担保替代视角的分析》,《商业研究》2019 年第 12 期。

⑧ 参见李庆海等:《抵押与农户信贷违约风险:逆向选择还是道德风险?》,《世界农业》2020 年第 1 期。

⑨ 参见李霖魁、张成虎:《P2P 网络借贷中的借款人社会资本、风险甄别与市场均衡实现》,《当代财经》2017 年第 10 期。

⑩ 参见薛伟贤、左力:《从捕食共生到互利共生——基于道德风险和声誉价值分析的 P2P 网贷平台生存策略研究》,《管理评论》2021 年第 1 期。

效用来帮助各企业减轻其融资约束。①

5.认证机制

在探究柠檬市场的过程中,一些学者将认证机制视为研究重点。利泽里(Lizzeri)对认证中介收取的认证服务费用、信息披露程度等内容进行了探究。② 阿尔巴诺(Albano)认为,认证中介不仅能够帮助企业优化产品配置,还能刺激其生产、销售高质量的产品。③ 威默(Wimmer)、切泽姆(Chezum)认为,对柠檬市场进行质量认证能够有效地缓解市场中的逆向选择问题。④ 利斯特(List)认为,同时采取认证机制和声誉机制能够有效治理市场中的逆向选择问题。⑤ 德拉诺夫(Dranove)和吉恩(Jin)认为,认证机构在实际运行过程中应根据情况的不同选择信息披露的程度。⑥ 王常伟、顾海英指出,要想充分发挥认证机制的作用,不仅需要向消费者普及相关知识,还需要严格规范认证流程。⑦ 樊根耀指出,认证机制的设立能够向消费者提供可靠的信号,但这一机制的良好运行也需要政府机构的监管。⑧ 张立胜和陆娟认为,张贴质量认证标志能够增加消费者对市场中农产品的信任。⑨ 莫家颖等人指出,在声誉机制的建立和维护过程中,认证机制有着重要的影响力。⑩ 张省、常江波认为,可以通过引入认证机制的方法来缓解知识付费市场中的逆向选择问题。⑪ 任怀飞、张旭梅认为,可以引入第三方认证制度来提高应用服务商的效率,但在引入认证机制时还需要考虑认证等

---

① 参见余海宗等:《企业间关系的社会资本租借效应——来自信用担保网络与融资约束的经验证据》,《财经科学》2020 年第 1 期。

② Lizzeri A., 1999: "Information revelation and certification intermediaries", *The Rand Journal of Economics*, Vol.30, No.2, pp.214-231.

③ Albano L., 2001: "Strategic certification and provision of quality", *International Economic Review*, Vol.42, No.1, pp.267-283.

④ Wimmer B. S., Chezum B., 2003: "An empirical examination of quality certification in a 'Lemons Market'", *Economic Inquiry*, Vol.41, No.2, pp.279-291.

⑤ List J. A., 2006: "The behavioralist meets the market: Measuring social preferences and reputation effects in actual transactions", *Journal of Political Economy*, Vol.114, No.1, pp.1-37.

⑥ Dranove D., Jin G. Z., 2010: "Quality disclosure and certification: Theory and practice", *Journal of Economic Literature*, No.6, pp.935-963.

⑦ 参见王常伟、顾海英:《逆向选择、信号发送与我国绿色食品认证机制的效果分析》,《软科学》2012 年第 10 期。

⑧ 参见樊根耀:《第三方认证制度及其作用机制研究》,《生产力研究》2007 年第 2 期。

⑨ 参见张立胜、陆娟:《质量标志与农产品品牌信任研究》,《商业研究》2012 年第 2 期。

⑩ 参见莫家颖等:《集体声誉、认证制度与有机食品行业发展》,《浙江社会科学》2016 年第 3 期。

⑪ 参见张省、常江波:《知识付费"柠檬市场"认证机制研究》,《河南财政税务高等专科学校学报》2019 年第 5 期。

级体系、认证机构的构建、认证机构的监督等重要因素。①

此外，学者们还对中间商机制、激励机制、惩罚机制等进行了探究，如宋波、徐飞研究发现，中间商机制在提高供应链效率上发挥着重要作用，且能在一定程度上规避逆向选择和道德风险问题。② 汪旭晖和张其林研究发现，中间商机制能够较显著地缓解平台型知识付费市场中的柠檬问题。③ 连洪泉等学者通过对外生惩罚、事前内生、事后内生等三种惩罚机制进行分析发现，虽然惩罚机制可以推动市场中各主体间的合作，但机制的不同也会产生不同效果。④ 金帅等人指出，动态惩罚行为能够较明显地影响企业行为，且相关制度的明确性越高，对企业的影响力就越大。⑤ 曹启龙等人研究发现，为加强对企业寻租行为的控制，不仅需要采取激励监督机制，还需要加强惩罚力度。⑥ 楼高翔等人指出，采用激励机制能够推动企业在信息不对称的情况下实现知识共享，但这一机制并不能保证整体的效用最大。⑦ 李晓方认为，激励体系的设计对用户知识共享行为有着重要的影响力。⑧ 姬晓辉等人研究发现，根据用户类别来设计激励机制，不仅能够降低信息的不对称程度，还能够增加用户的自努力程度。⑨

目前，针对柠檬市场的治理问题，一些学者已经展开了研究。在现有的研究成果中，学者们一般只针对某种或某几种治理机制进行探究，全面性、系统性的研究成果较少。此外，现有的研究成果间还存在一些差异：第一，各机制间的界限较模糊，如一些学者将声誉机制和信号传递机制混合在一起进行考察，且在概念界定上也未统一。第二，学者们的研究结论间存在矛

① 参见任怀飞、张旭梅：《应用服务提供商能力的第三方认证研究——基于改善市场效率的视角》，《商业经济与管理》2010 年第 8 期。

② 参见宋波、徐飞：《供应链运营中的逆向选择问题分析——基于中间商交易的视角》，《软科学》2008 年第 11 期。

③ 参见汪旭晖、张其林：《平台型网络市场中的“柠檬问题”形成机理与治理机制——基于阿里巴巴的案例研究》，《中国软科学》2017 年第 10 期。

④ 参见连洪泉等：《惩罚机制真能解决搭便车难题吗？——基于动态公共品实验的证据》，《管理世界》2013 年第 4 期。

⑤ 参见金帅、张洋、孟庆峰：《动态惩罚机制下企业环境遵从行为演化动态分析》，《系统管理学报》2017 年第 6 期。

⑥ 参见曹启龙等：《契约视角下 PPP 项目寻租行为与激励监督模型》，《科学决策》2015 年第 9 期。

⑦ 参见楼高翔等：《非对称信息下供应链减排投资策略及激励机制》，《管理科学学报》2016 年第 2 期。

⑧ 参见李晓方：《激励设计与知识共享——百度内容开放平台知识共享制度研究》，《科学学研究》2015 年第 2 期。

⑨ 参见姬晓辉、张蒙、李玉龙：《非对称信息下电子产品逆向供应链激励机制研究》，《工业技术经济》2018 年第 11 期。

盾，一种机制可能会得出两种截然相反的结论，即有些学者认为会发挥正向作用，而另外一些学者认为会发生反向作用。第三，在不同的市场中，各机制产生的效果可能不同，如高声誉在知识付费市场中会增加产品成交的可能性，而在实体市场中则会给产品带来声誉溢价。存在的这些差异表明，在不同市场中，柠檬问题的治理机制可能存在差异。同时可以发现，以往研究中学者们多针对保险、农产品、劳动力等市场展开研究，且相关的对策建议也多倾向于借用政府力量，而针对知识付费市场的相关研究成果较少。本书将对知识付费市场进行研究，探索柠檬问题的形成机制、治理机制，并以知乎、罗辑思维平台为例，进一步探究知识付费平台的治理机制，从而回答这一系列重要的理论与实践问题。

三、研究内容、思路与方法

(一)研究内容

本书通过对相关理论及实践的分析梳理，能够对知识付费市场柠檬问题的治理方式有一个明确的认识，并为知识付费平台及众多网络平台的治理提供启发。本书的研究内容包括以下几部分。

第一章：导论。这部分主要对本书的研究背景、意义、内容、思路、方法、创新之处、不足之处等进行了阐述。文献综述部分主要从收费机制、信号传递机制、声誉机制、质保机制、认证机制等方面出发，对国内外柠檬问题治理机制的相关研究进行了梳理分析。

第二章：概念界定与理论基础。这部分主要对相关概念、理论及研究框架进行了阐述。无论是在学术界还是在实际应用中，“知识付费”这个概念都饱受争议。为此，这里对知识付费的相关内容做了一个概述，具体对知识共享和知识付费的概念及特征、知识付费的发展以及知识付费平台的分类等进行了说明，为后文的分析和研究设立了前提条件。此外，还对信息不对称理论、逆向选择理论、道德风险理论、信号传递理论、委托代理理论等进行了阐述，为后文研究知识付费柠檬市场的治理机制指明了方向。最后，构建了理论框架，用于探究知识付费市场中柠檬问题的治理机制。

第三章：知识付费柠檬市场的形成机理。首先，对经典的柠檬市场模型进行了分析。其次，对知识付费柠檬市场的形成与表现进行了具体剖析。最后，针对知识付费市场，在对经典柠檬市场模型改进、完善的基础上构建了新的柠檬市场模型。构建知识卖方、知识买方、知识付费平台三方参与的演化博弈模型，分析不同条件下各主体的发展演化趋势，从补贴、惩罚、成本、收益等方面出发，探究影响知识付费柠檬市场发展演化的关键因素。

第四章：知识付费柠檬市场的实验检验。从实验经济学角度出发，对知识付费柠檬市场的原理进行设计、分析和探究，证实知识付费市场柠檬问题的真实存在。利用扑克牌的游戏实验，探讨不完全信息市场带来的问题。实验分三个环节：一是知识产品信息对称的情况，二是知识产品信息不对称但没有保证书的情况，三是知识产品信息不对称但是可以提供保证书的情况。基于实验结论得出知识付费柠檬市场运行的一般规律，并证明知识付费双方在平台上变换自己的博弈策略来获取最大的收益。

第五章：知识付费柠檬市场的实证检验。通过 Python 爬虫收集了知乎平台知识产品付费交易总额、交易过程持续的时间以及知识需求者的性别、年龄等各项注册认证信息，实证检验知识付费交易双方信息不对称与知识产品付费率之间的关系，为知识付费柠檬市场的逆向选择如何影响知识产品市场效率提供直接的证据，同时探讨知识付费平台定价机制在两者之间的作用机理，为后续的治理机制研究奠定理论基础。

第六章：知识付费柠檬市场的收费机制。构建以知识需求者、知识供给者、知识付费平台为主体的三方博弈模型，比较知识产品质量水平、知识产品价格、增值服务水平和交易佣金收费比例等变量对各博弈主体决策的作用，并对博弈模型中的三方决策进行算例模拟。

第七章：知识付费柠檬市场的信号传递机制。这部分以知识付费平台和知识供给者为研究主体，构建了以价格为信号的信号传递博弈模型，通过比较知识付费市场部分成功、完全成功和完全失败的均衡状态得出最优的均衡状态，并对影响均衡效率的相关因素进行了分析。

第八章：知识付费柠檬市场的声誉机制。这部分主要对知识付费市场中的声誉机制进行了探究，首先分析了一般模式下知识付费市场的情况，其次对声誉机制进行了分析，具体围绕平台征信系统、第三方征信系统、平台联盟征信系统等三种声誉机制的治理模式展开研究。通过对这几种模式进行比较，可以找到知识付费平台最佳的治理模式，而且可以发现各因素对知识付费平台的影响规律。

第九章：知识付费柠檬市场的质保机制。在知识付费平台中引入质保机制，并对平台质保机构、第三方质保机构、卖家联盟质保机构等三种模式进行比较分析，可以发现卖家联盟质保机构对柠檬问题的治理效果最佳。

本部分还探讨了知识产品利润率、信息收集费用、担保费率等因素对知识付费市场的影响规律。

第十章:知识付费柠檬市场的认证机制。首先,对无外部机制的知识付费市场进行了分析;其次,对引入认证机制的知识付费市场展开探究;最后,从知识产品效用、供给者数量、知识产品质量等因素出发,探究认证机制的治理效果。

第十一章:案例分析——知乎。选取"知乎"这一典型案例进行研究,可以从实证方面出发深入了解知识付费平台柠檬问题的治理现状及具体的治理措施。这部分以收费机制、信号传递机制、声誉机制、质保机制、认证机制等为研究脉络,对知乎平台中的产品价格、成就徽章、知乎众裁、知乎盐值、优秀回答者、七天无理由退款、知乎收录等多方面的措施进行了具体分析。

第十二章:案例分析——罗辑思维。这部分以收费机制、信号传递机制、声誉机制、质保机制、认证机制等为研究脉络,对罗辑思维平台上的产品价格、评论、知识社群、动态、关注、认证等多方面的措施进行了具体分析。

第十三章:结论、启示与展望。本部分对知识付费市场柠檬问题的各种治理机制的优缺点进行了分析,并从奖惩制度、质量保障制度、监管制度、信用评价制度、知识产权制度等方面出发,提出了应对知识付费市场柠檬问题的建议。

(二)研究思路

通过对以往文献进行分析,可为知识付费市场的柠檬问题提出解决方案。本书的研究思路为:第一,整理知识付费、柠檬市场治理机制的相关文献,并据此构建研究框架;第二,分析知识付费柠檬市场的形成机理;第三,通过实验和数据分析来验证知识付费市场柠檬问题的真实性;第四,对知识付费柠檬市场的治理子机制进行探究,具体包括收费机制、信号传递机制、声誉机制、质保机制、认证机制等;第五,以知乎、罗辑思维为例,对知识付费平台柠檬问题的治理机制进行分析研究;第六,从理论和实际出发,总结知识付费柠檬市场治理机制的治理效果,并提出缓解柠檬问题的对策和建议。具体的研究思路如图 1-1 所示。

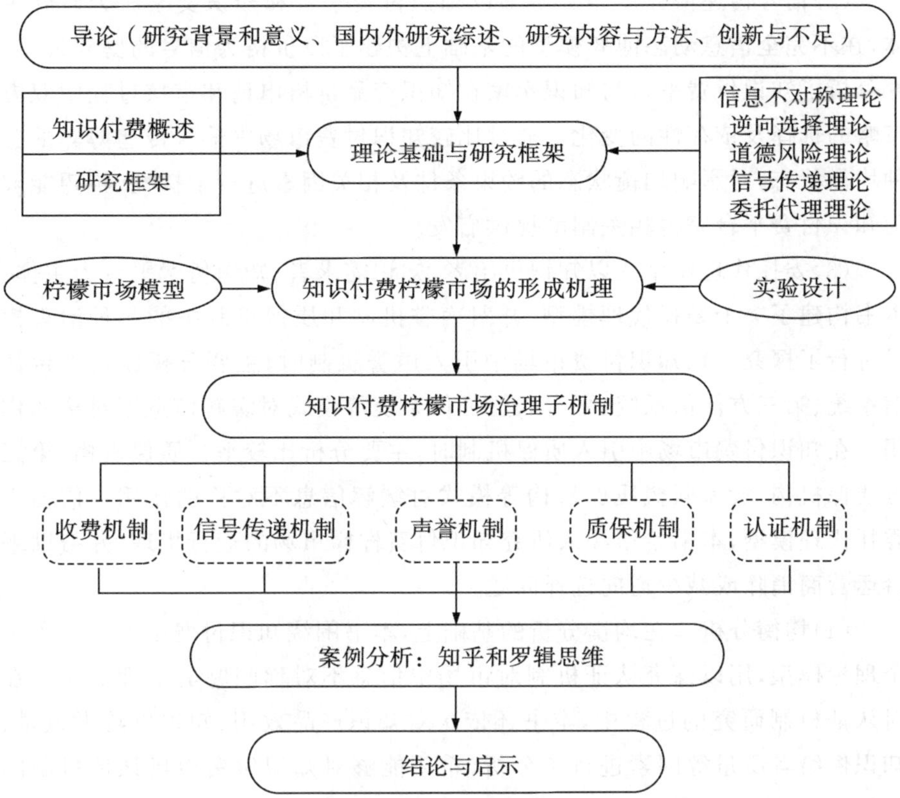

图 1-1 研究思路

(三)研究方法

由于知识付费柠檬市场模型和逆向选择理论是主流经济学和管理学涉足较少的领域，因此，有关知识付费柠檬问题的专著很少，但已有传统市场和知识付费平台对柠檬问题的相关研究可以为本书提供思路，并为各种治理机制研究的展开提供必要的理论背景材料。在研究中，本书将综合运用博弈论、信息经济学、统计学等多学科理论，分析历史沿革，归纳知识付费柠檬市场的治理机制，综合运用三方博弈模型、信号传递博弈模型、委托代理模型、均衡分析、案例研究等方法进行探究。

(1)三方博弈模型。本书基于知识需求者行为的相关研究，从知识产品质量、知识付费平台增值服务水平、知识产品价格出发，选取知识付费平台、知识供给方、知识需求方为参与主体构建了三方博弈模型，对知识付费平台的佣金收费和增值服务收费进行了研究，并对博弈模型中的三方决策进行算例模拟，以期为知识付费平台的收费机制优化提供参考。

(2)信号传递博弈模型。本书以知识付费平台和知识卖家作为研究主体,在不完全信息动态博弈模型的基础上构建了以价格为信号的博弈模型,并分析了知识付费平台与知识卖家在知识产品价格申请和审核过程中双方策略的选择及依存性的变化。通过比较知识付费市场中信号传递博弈的三种均衡状态,对影响均衡状态的约束条件及相关因素进行了探究,希望能够为知识付费平台完善相关制度提供启发。

(3)委托代理模型。以知识供给者、知识需求者、知识付费平台为主体,本书构建了一个委托代理模型,并对声誉机制和质保机制中的各种治理模式进行了探究。在知识付费市场中引入声誉机制时,主要分析比较平台征信系统、第三方征信系统、平台联盟征信系统等模式对缓解信息不对称的作用。在知识付费市场中引入质保机制时,主要分析比较平台质保机构、第三方质保机构、卖家联盟质保机构等模式对缓解信息不对称的作用。借助于委托代理模型,本书希望深入研究知识付费柠檬市场的运行机理,并帮助平台运营商消除或减少逆向选择问题。

(4)均衡分析。在均衡分析的基础上,本书围绕知识付费市场构建了一个理论模型,用以探究认证机制对市场中信息不对称问题的治理效果。在对认证机制研究的过程中,本书还依次对知识产品效用、知识供给者数量、知识供给者质量等因素进行了分析,希望能够对知识付费市场认证机制的运行规律有一个系统了解,进而让各知识付费平台对认证机制有一个更深入的认识。

(5)案例研究。研究理论模型的正确与否需要实践的支撑,选择有代表性的事件进行个案解剖,可以取得鲜活的第一手资料。对于知识付费市场柠檬问题这一全新研究领域,个案分析是非常重要的,也是不可替代的。本书选取了“知乎”“罗辑思维”这两个典型的知识付费平台,从知识产品的价格,知识产品详情,知识供给者声誉、成就、身份认证等多方面出发,对知识付费平台上的收费机制、信号传递机制、声誉机制、质保机制、认证机制等进行了具体分析。通过对具体案例进行研究,可以对相关成果和结论进行分析验证,进而揭示相关理论的有用性和可行性。

四、创新与不足

(一)创新之处

知识付费是一种全新的经济现象,作为学术概念尚未被大家知晓。相应地，知识付费研究也是一片亟待开垦之地，知识付费的柠檬问题已经悄然出现，相关研究相对滞后。本书从学理上论证知识付费柠檬问题的形成机理并提出相应的治理机制，对知识付费市场的良性发展有一定参考价值。整体来看，本书的创新之处有以下几点。

第一，针对知识付费市场柠檬问题的选题具有一定新颖性。一直以来，市场柠檬问题受到部分学者的极大关注，但就知识付费领域而言，学者们的关注还较少。主要原因是：(1)“知识付费”这一概念兴起时间较短。在知网搜索“知识付费”的相关文献可知，2015 年发文数仅为 2 篇，但从 2016 年开始，相关文献的数量就快速飙升，2016～2020 年的文献数量依次为 16，209，529，573，656。当然，知识付费的快速兴起与共享单车、共享医疗、共享住宿等的发展密不可分。(2)针对“知识付费”这一新兴概念，学者们的研究大多集中在概念解释以及对商业模式、盈利模式、影响因素等的探究方面，而知识付费市场柠檬问题这一话题具有一定的前瞻性，暂时并未受到学者们的过多关注。要想让知识付费市场持续繁荣发展，离不开对市场的治理以及对秩序的维护。现阶段，知乎、喜马拉雅、得到等知识付费平台已经开始对相关问题进行探索，并制定了相应的措施。例如，知乎平台推出了“优秀回答者”“知乎众裁”“成就徽章”“试听、试看、试读”等一系列具有信号传递、声誉、质保、认证等特质的措施，希望能够维护平台的秩序并推动市场进一步繁荣。本书构建了知识付费交易柠檬市场模型，并将它作为分析知识付费市场逆向选择问题的基本理论模型。本书基于网络交易的虚拟性，将理论模型的前提假设放宽为买主和买主之间、买主和卖主之间存在着对产品质量偏好的差异。

第二，对知识付费市场柠檬问题治理机制的研究具有一定系统性。本书以知识付费柠檬问题为出发点，构建了知识付费市场治理机制的运行模型，认为作为第三方的中介在消除知识付费逆向选择中具有特别重要的作用，它应该并将会长期存在下去。以往，众多学者从收费机制、信号传递机制、声誉机制、质保机制、认证机制、惩罚机制、激励机制等方面对市场柠檬问题的治理机制进行了探究，但相关文献还较有限且零散，使得对柠檬问题治理机制的探究出现了分类不清、机理不明等问题。鉴于此，本书在梳理众多文献的基础上，系统分析了知识付费市场柠檬问题的治理体系，从收费机制、信号传递机制、声誉机制、质保机制、认证机制等出发，对各机制的内在机理进行了深入探究，且对相关因素也进行了全面的剖析。通过研究，本书为知识付费市场柠檬问题的治理机制提供了一个系统的分析框架，也为相关研究厘清了理论层面的冲突。同时，还可以将知识付费市场柠檬问题的治理体系推广到医疗、食品、信贷等更多行业，进而帮助企业从全局出发去制定相应的管理策略。

（二）不足之处

本书对知识付费市场柠檬问题的治理机制进行了探究，但整体来看，研究还存在以下几点不足。

第一，实证研究的信度和效度需进一步提高。本书试图通过收费机制、信号传递机制、声誉机制、质保机制、认证机制等来对知识付费市场柠檬问题进行分析研究，但是，在研究过程中很难找到相关数据来对上述机制中的一些研究结论（博弈策略和治理效果）进行验证。虽然运用 Python 爬虫收集了知乎平台知识产品付费交易总额、交易过程持续的时间以及知识需求者的性别、年龄等各项注册认证信息，来实证检验知识付费交易双方信息不对称与知识产品付费率之间的关系，但知识付费平台运行的真实数据的缺失使得研究结果的可靠性和有效性有所降低。

第二，选择的案例与研究的问题结合得不是很贴切。在分析知识付费平台柠檬问题的治理机制时，本书仅仅选择了知乎和罗辑思维这两家知识付费平台。虽然知乎和罗辑思维平台在整个知识付费市场中较为典型，但总的来说，研究结果的普适性还有一定欠缺。一方面，因为知识付费在中国方兴未艾，很多柠檬问题没有暴露出来；另一方面，涉及知识付费平台的运营机制，无法获得更详细、更深入的一手资料，而且仅仅用知乎和罗辑思维两个案例来分析知识付费平台的柠檬问题，影响了研究结果的普适性。

第三，无法对各治理机制的治理效果进行比较。本书选取了不同的研究方法来探究收费机制、信号传递机制、声誉机制、质保机制、认证机制等，但研究方法的不同导致很难比较各治理机制的治理效果。在知乎、罗辑思维等知识付费平台中，收费机制、信号传递机制、声誉机制、质保机制、认证机制等融合在一起共同运行，由此产生的数据会受到多重因素的影响，因而很难对各机制进行单独分析并比较相应的治理效果。

第二章　概念界定与理论基础

从 2016 年开始，一系列标志性的事件让知识付费渐渐成为一个产业。2016 年 5 月 15 日，付费语音问答平台“分答”上线。随后，罗辑思维创始人罗振宇全力打造“得到”App，喜马拉雅 FM 创办知识付费“123 知识狂欢节”，知乎上线“知乎 Live”，等等。进入 2017 年，这一趋势丝毫没有减速的迹象。3 月 7 日，豆瓣网推出了首款付费产品“豆瓣时间”；随后腾讯 CEO 马化腾表示，微信公众号正加快上线付费订阅。2018 年 6 月，知识付费技术服务商“创客匠人”知识付费系统 2.0 版上线；2019 年 12 月 30 日，“创客匠人”新三板挂牌上市；2020 年 12 月 2 日，“创客匠人”荣获腾讯教育年度盛典“2020 年度影响力教育品牌服务商”称号。

据艾媒咨询发布的《2020 年中国知识付费行业运行发展及用户行为调研分析报告》，2020 年中国知识付费行业规模达 392 亿元，预计 2021 年将达到 675 亿元。一面是互联网时代各类信息汹涌而来，一面是用户对高质量信息需求旺盛，“信息降噪”成为品牌和消费者的共识，知识分享类平台成为消费者决策参考的重要渠道。除了对知识付费的概念、发展、平台的分类等内容进行了阐述，本章还梳理了信息不对称、委托代理、逆向选择、道德风险、信号传递等与柠檬市场相关的理论，形成了知识付费柠檬市场形成机理与治理机制研究的理论基础。

一、知识付费概述

（一）知识共享的概念

在“知识付费”这个概念尚未被普及和认可之前，学术界常使用“知识共享”这一概念。这两个概念都与“知识”息息相关。知识，是人们对客观世界的认识。柏拉图在《泰阿泰德》中将经过实践检验的、正确的，且为人们所相信的内容定义为“知识”。从哲学认识论的角度也可以将有实用价值的内容看作知识。① 对于知识，学者们作出了不同的分类，如简单知识和复杂知识、具体知识和抽象知识等。其中，迈克尔·波兰尼认为知识具有隐性和显性之分，那些可以从图表、文字中直接获取的内容被称为“显性知识”，而那些没有固定形式表达且不可直接获取的内容被称为“隐性知识”。②

对于“知识共享”这一概念，布卢姆菲尔德(Bloomfield)指出，其实质就是知识(隐性知识和显性知识)在人们之间交流、传递的过程。③ 胡佛(Hooff)、德里德(De Ridder)认为，知识共享就是知识供给者和知识需求者以知识为媒介进行的交换活动，而这一过程也会产生新的知识。④ 王传珍指出，整合人们的技能、经验，并在社会、企业或个体间以免费或付费的方式传播、分享的过程即为知识共享。而随着互联网技术的快速发展，知识共享的途径、形式也变得更加多样化，知识共享的成本大幅降低而效率大幅提升。⑤ 陆春晖将知识共享的发展历程划分为三个阶段：第一阶段主要指2010年之前，在此阶段人们多以免费的方式在百度百科、维基百科等平台上分享、传播知识，此阶段的人们多以阅读、查询等方式获得静态的知识，且这些知识多为显性知识。第二阶段发生在2011～2015年，此阶段互动式的动态知识开始发展，人们可以在贴吧、论坛、社区等平台上分享、交流、提问、解答相关知识，人们也由单纯的显性知识共享开始向隐性知识共享过渡，即人们会在相关知识平台上交流和传递自己的意见、经验、看法等隐性知识。第三阶段主要指2016年至今，在此阶段，“知识付费”的概念逐渐被提及，人们开始在知乎、得到、分答、喜马拉雅等平台上分享文档、图片、视频、音频等多种形式的知识，而人们也会从中获取相应的收益。⑥

---

① 参见乔丽媛：《共享经济下知识付费商业模式研究》，北京交通大学硕士学位论文，2018年。

② 参见〔英〕迈克尔·波兰尼：《个人知识》，许泽民，译，贵阳，贵州人民出版社，2000年，第32页。

③ Bloomfield L., 2002: “The study and use of language, speech communities and the languages of the world”, *Journal of Language Management*, Vol.6, No.8, pp.56-70.

④ Hooff B. V. D., De Ridder J. A., 2004: “Knowledge sharing in context: The influence of organizational commitment, communication climate and CMC use on knowledge sharing”, *Journal of Knowledge Management*, Vol.8, No.6, pp.117-130.

⑤ 参见王传珍：《知识付费奇点与未来》，《互联网经济》2017年第Z1期。

⑥ 参见陆春晖：《共享经济下知识付费模式研究》，《现代商业》2017年第33期。

(二)知识付费的发展

1.知识付费的发展环境

通常来说,互联网的发展与科技水平的提高密切相关,但是知识付费的发展并非简单地由技术驱动。实际上,知识付费产品使用的通信技术并不是革命性的,并且实时音频和视频技术已经在社交世界中广泛使用。本节将从开发环境和技术条件的角度,研究知识付费与其他社会因素之间的关系,以深刻了解知识付费的发展环境。

1)消费升级驱动知识新经济

我国经济的不断发展使得居民消费结构发生了巨大变化,人们的基本生存需求比例逐渐降低,大众越来越注重以文化、教育、娱乐为主的新型消费方式,追求更多的精神需求。因此,更多的消费者进入中产阶级和上层富裕群体,催生了大量连接用户和内容制作商的知识付费平台。

在共享经济背景下,大众愿意花更多的金钱和时间去获取新知识。首先,参与知识付费不仅能学到新的知识和技能,而且还能丰富生活,广交好友,拓展人际关系。其次,由于工作竞争的压力越来越大,长期保持知识学习和经验的吸收借鉴成为大众的生活常态,人们渴望实现自己的个人价值,特别是在社会竞争日趋激烈的情况下,提高个人能力和竞争力是关键。最后,知识付费产品陆续出现,为那些需要提升自己的人提供了更便捷的获取途径。因此,以消费升级为基础的新型知识经济的兴起,促进知识产业进入快速发展阶段,随着长尾市场和下沉市场不断被开发,知识内容创造者的价值也在不断扩大。

2)信息过载与全民焦虑,催生知识消费场景

相较于传统媒体而言,互联网的海量存储信息优势使其在现代信息传播媒体中独占优势。在互联网发展早期,谁获取了相关信息,谁就能轻易获益,但是如今网络信息的膨胀,使得问题变得愈发复杂,有用的信息被淹没在信息的海洋里,想要及时有效地获取有用的信息变得十分困难。知识付费产品的创造者一般都能很好地了解知识需求者的知识需求。罗振宇在谈到知识焦虑时举过一个例子:用户想要了解新概念和新事物以紧跟时代的潮流,所以报名了相关课程,但忙碌的工作和生活导致没有足够的时间和精力上课等。在信息大爆炸时代,大众焦虑的根源是不同的,但是当人们面对信息过载和失控时,难免会显得无所适从。目前,有必要提供满足个性化需求的知识服务,以帮助人们重新“控制”这个信息超载的世界。知识付费是高度基于场景的,能够让用户在特定领域进行深入的探索,具有很强的实用

价值，并符合特定场景下用户的知识需求。

3)认知盈余提供知识付费的内容支撑

在大众媒体时代，信息传播是单向的，整个传播过程基本上是通过媒体载体将信息传递给用户来完成的，内容制作权掌握在少数人的手中。随着教育水平的提高，大众获得信息的机会也增加了。而且，科学技术的发展释放了人们的劳动力，人们有更多的闲暇时间。克莱·谢基(Clay Sheki)在他的《认知盈余》(*Cognitive Surplus*)一书中指出，除了消费内容之外，人们的休闲时间应该用来共享并创造更多。从百度百科上的简单问答到知乎社区互动，这些平台的发展离不开人们的认知盈余。在认知过剩的背景下，知识问答社区的免费共享可以迅速使大量用户沉淀，推动知识付费进一步发展壮大。

知识付费的实质是将认知盈余转化为知识产品以供输出。那些分享知识的人不是直接获得现金，而是得到大量的拥护者和积极的社会评价，然后知识付费的交易模型会将认知盈余转换为真实货币。用户以共享的形式消费内容，内容生产者也会获得相应的报酬，这对双方都会起到激励作用。以微信公众平台为例，该公众平台就是通过发布文章、视频等形式来吸引用户阅读、观看，激发用户兴趣，并间接引导用户去其他平台消费。微信公众平台实质上是软文广告，最初只有几个主要用户拥有强大的流动性，能够将知识变为现金。因此，该公众平台后期建立了诸如奖励之类的共享方法，为大量腰尾部用户提供了流动性机会，后者也能够获取小部分收益。这种知识共享收益的方式，不仅加强了知识生产者对内容质量的控制，而且激发了许多普通生产者的创作热情。

4)移动支付技术奠定便捷付费的基础

总体来说，中国在知识付费行业走在了世界的前列。部分人认为知乎是Quora的翻版。实际上，知乎对知识付费的研究要早于Quora。在2016年，知乎推出了一个具有付费性质的知识分享专题，而Quora到第二年才推出一个类似的学术奖励功能。除了Quora对知识付费展开研究外，Skillshare、Courser等也曾尝试知识付费，然而没有像中国这样创造出引人注目的知识付费产品。当苹果公司首席执行官(CEO)库克访问中国时，他指出在美国的大部分地区，大部分人更倾向于使用信用卡进行消费，而不选择且不知道移动支付，因此，移动支付方式在美国的普及率远低于中国。

在中国，随着移动互联网、大数据、云计算、人工智能、区块链等技术的发展，微信支付、支付宝支付等在线终端支付方式得到巨大推广，人们已经越来越习惯于在线支付的消费方式。在线支付观念的养成，让消费者与平台知识付费产品进行互动时没有心理负担,用户可以比较便捷地对知识创造者的文章“打赏”,购买线上产品。这使得知识交易能够在线上快速、高效地完成,极大推动了知识付费市场的发展。

5)国家政策愈发完善,网络版权保护得以加强

互联网产业欣欣向荣发展的同时,不可避免地会出现一些版权纠纷的现象。目前,我国还处于网络版权纠纷经常发生的时期,即使是一些“头部”内容生产者也会遭遇侵权,需要努力维权。维权成本较高,而受益较少,会导致一部分人放弃维权,从而助长侵权行为,最终制约知识付费市场的发展。

国家网络版权法律体系的进一步完善,使得网络上的法律环境变好。司法的保护,行政执法和监督机制的不断健全,使公众的版权意识逐渐提升,从而形成了一个良好的网络版权保护氛围。现今,我国用户越来越愿意并习惯于为获取优质和差异化的内容付费。

2.知识付费的发展历程

到目前为止,知识付费主要经历了三个发展阶段。

1)知识付费 1.0 时代

知识付费 1.0 时代主要发生在 2010 年以前,在此阶段,用户多以免费的方式获取知识。工作职位的专业化、精细化虽然让人们对自身岗位有了更深切的了解,但也使得人们在处理复杂、综合性问题时遇到了困难。人们开始寻求外界的帮助,希望通过协同、跨界的方式进行合作。在这一阶段,用户多在知识平台上对自己的原创内容进行分享,此时分享的知识多为免费。而随着豆瓣、百度百科、维基百科等知识分享平台或社区的产生,不同专业、领域的用户能够更有效地合作,原本分散的知识也逐渐向互补、创新的方向转变。① 与此同时,一些平台也开始探索付费模式,如在平台中引入“积分”“虚拟币”等概念。现在再来看这一时期可以发现,虽然平台已经开始探索付费模式,但收效甚微,造成这一情况的原因有三:第一,长久以来,人们习惯于在互联网中获取免费的知识,故面临收费时出现了极大的不适。第二,在这一时期,知识分享平台中的支付方式较烦琐,难以大范围使用。第三,知识分享平台或社区中的相关制度并不完善,且缺乏监督、认证、激励等措施。相关制度、服务的不完善使得用户体验较差,也使得用户与平台或社区的联系并不紧密,且平台很难吸引专业的知识用户主动分享知识。在

---

① 参见苗磊:《基于双边市场的知识付费平台知识获取行为影响因素研究》,广东工业大学硕士学位论文,2018 年。

这一时期，人们倾向于在知识平台中分享静态的知识。

2)知识付费 2.0 时代

知识付费 2.0 时代主要发生在 2011～2015 年，此时，知识付费模式开始萌芽。例如：百度文库推出的“下载券”就在引导用户为知识付费，而平台中的“积分”功能也在激励着更多用户参与到知识分享活动中；在道客巴巴中，用户主要通过支付“积分”来获取在线电子文档；罗辑思维团队推出了会员付费模式；微信、微博等平台推出了打赏模式；等等。知识分享平台推出的这一系列付费模式不仅加快了知识由免费向付费过渡的进程，也慢慢培养了用户“为知识付费”的观念。回首这一时期可以发现，无论各知识分享平台付费模式的效果如何，用户都已产生了对知识付费的意识，且在互联网思维的引导下也逐渐开始重新认识和了解广告、知识、付费等概念。可以说，在知识付费的发展历程中，最难的就是改变用户的“免费观”，而这一时期各平台的努力无疑在消费者心中产生了潜移默化的作用，这也为后期知识付费的爆发积聚了力量。此外，在付费模式的推广过程中，各平台也积累了一定数量的“付费用户”，这些用户在后期大规模推广付费模式的过程中发挥了巨大的作用。在这一时期，知识供给者和知识需求者开始出现交流、互动，知识分享的模式也由静态向动态转变。

3)知识付费 3.0 时代

知识付费 3.0 时代主要指 2016 年及以后，此时，知识付费模式大面积流行，知识付费时代正式来临，而各界也将 2016 年称为“知识付费元年”。在这一时期，知乎、喜马拉雅、得到、分答等知识付费平台快速兴起并积累了大量用户，各知识付费平台也呈现出正规化、系统化的发展态势。知识付费能够爆发的原因在于：第一，知识付费平台中的相关制度已较完善，用户在平台中拥有良好的体验且可以和更多的人分享、交流知识。此外，支付宝、微信支付等移动支付技术的推广也使得交易过程更加简单、快捷和安全，这在无形中推动了知识交易量的增加。第二，经过发展、积累，这一时期已形成一定数量的知识 IP，这些用户的影响力和感召力也为知识付费平台带来了大量交易。此外，一些平台也通过邀请的方式引进了专业化的知识“大 V”，这些用户的加盟不仅提升了平台的可信度、专业化水平，还产生了“名人效应”“粉丝效应”。这些工作都为知识付费平台吸引了大量用户。第三，随着生活水平的提高，人们有了一定的付费能力。而一些知识付费平台所宣传、推广的内容也令大量用户产生了知识焦虑，人们开始在平台的引导下利用碎片化的时间充实、提高自己。此外，随着知识产品或服务种类的增多，人们也开始在平台中寻找符合个人需求的知识和信息。如在知乎平台中，知识需求者会在“付费咨询”模块向专业的知识供给者寻求帮助。在这一阶段，用户多通过动态的方式来获取知识。

(三)知识付费平台的分类

近几年，知识付费的快速发展和人们需求的提升，也催生了大量的知识付费平台。各知识付费平台在丰富平台内容的同时也在不断创新收费模式。当前，各平台主要通过会员推荐、订阅、付费咨询、私家课、读书会等形式为知识用户提供服务。知识供给者提供的知识产品或知识服务的形式也在不断增加，当前平台中主要有文字、图片、表格、视频、音频、直播等形式的知识产品。①

1.分类一

知识付费从酝酿到爆发，各大平台、机构都在积极探索适合自己的商业模式。从阅读打赏、付费会员到付费咨询、付费语音问答，以及付费订阅音频专栏，都极大地促进了知识付费的发展。为了对知识付费有一个更深入的了解，这里将从模式的核心特征、产品形态等方面对各类型的知识付费平台进行探究，具体情况如表 2-1 所示。

表 2-1　知识付费平台的分类(一)

	核心特征	主要产品形态	典型平台
独立型平台	产品类型多样	文档、音频	得到、分答
内容平台转型	以专栏类的知识产品为主	文档、图表、视频、音频	网易公开课、喜马拉雅
社交平台转型	以问答型知识产品为主	文档、视频直播、音频	知乎、微博

当前，可以将知识付费平台分为三类：(1)独立型平台。此类平台中的知识产品类型多样，典型平台有得到、分答等。这类平台的发展历史较短，没有固定的发展模式，而这也使得其能够灵活转型和不断创新。但是，此类平台缺乏相关的内容生产经验，且用户资源较少。(2)内容平台转型。此类平台多以专栏订阅类知识产品为主，典型平台有网易公开课、喜马拉雅等。这类平台主要是从原有的内容分享平台转型而来，拥有丰富的内容生产经验和大量的知识供给者，且在整个行业中具有一定的资源和口碑。(3)社交

① 参见杨舒怡：《知识付费平台的发展现状与发展趋势研究》，东北师范大学硕士学位论文，2019 年。

平台转型。此类平台多以问答型知识产品为主，典型平台有知乎、微博等。这类平台主要是从原来的社交平台转型而来，拥有大量的用户，且用户在平台中的互动参与度较高。

2.分类二

根据知识供给者的类型，可以将知识付费平台分为PGC平台和UGC平台，如表2-2所示。其中，PGC（Professional Generated Content）指专业生产内容，UGC（User Generated Content）指用户生成内容。比较这两种形式可以知道：(1)PGC平台中知识产品的专业化程度较高，知识产品的交易量在整个市场中占比较大，是当前知识付费市场的中坚力量。如得到App中，截至2020年3月末，“薛兆丰的经济学课”交易量已达48万人次，且相关内容也被出版为图书进而得到广泛传播。(2)UGC平台中用户参与度较高，能够满足用户的各类需求。虽然当前平台中知识产品的销量相对较弱，但规模化的用户基数也表明其未来大有可为。如，知乎平台中的“热榜”经过广大用户的参与和编辑，当前已发展成为可以媲美“微博热搜”的新闻获取渠道。

表2-2 知识付费平台的分类(二)

	模式特征	知识供给者特点	核心优势	代表平台
PGC平台	主打精品化内容，运营模式较多	主要来自外部邀请或平台孵化	能够形成一定的知识品牌，头部知识供给者具有较大的号召力、影响力、吸引力	得到、喜马拉雅、蜻蜓
UGC平台	内容覆盖领域广泛，产品内容丰富多样	拥有各类知识供给者	平台中的用户既是供给者又是需求者，平台具有专业化、多元化、生态化等特征	知乎、分答

3.分类三

当前，国内知识付费市场已然形成了以得到、喜马拉雅、知乎、分答为核心的“四国大战”的行业格局。此外，“熊猫书院”“笔记侠”“樊登读书会”“小鹅通”“小密圈”等知识付费平台也在快速发展。整体来看，知乎、喜马拉雅、得到、分答这四个典型知识付费平台间存在着激烈的竞争。这里，本书将对这四个平台的定位、模式、特点等内容进行分析比较，具体见表2-3。

表 2-3　国内四大知识付费平台分析

	知乎	喜马拉雅	得到	分答
平台定位	社交化问答社区	音频分享平台	罗辑思维团队出品的知识服务平台	知识“大 V”代言的付费问答平台
平台模式	市集型	平台型	自营型	商超型
内容来源	知乎“大 V”、UGC	PGC、UGC、版权合作	PGC、版权合作	PGC、UGC、社区问答
付费栏目	付费咨询、电子书、杂志、盐选专栏、读书会、Live 讲座等	有声书、精选好课、口碑节目、喜马讲书、专享专辑等	课程、听书、电子书、讲座、得到商城等	问答、快问、小讲、社区等
服务形式	在免费知识交流和分享的基础上提供咨询和课程学习等付费服务	在免费的基础上推出付费精品专区	知识新闻免费，专栏、课程以及音频电子书等精品服务付费	向他人付费提问，对于答主的回答平台用户可付费收听，同时提供深度知识学习服务
平台特点	在购买前，知识需求者可在平台中查阅知识产品及知识供给者的相关信息	知识产品绝大部分通过声音呈现	专业化的知识产品较多，知识供给者的影响力较大且收益较高	知识供给者拥有较大的权利，且可自行设置产品价格

1）市集型——知乎

知乎可以被简单地理解为百度贴吧和百度问答的升级版。它是通过连接不同行业的知识精英，打造的一个更具专业氛围的在线问答社区。丁栋虹、杨志博认为，社交网络平台是以社会网络关系为基础，搜索用户感兴趣的内容，并对其进行问答，在一个具有社交功能的公共知识平台上进行知识的传播与共享。[①] 知乎平台的付费产品有三种：知乎 Live、值乎和知乎书店。知乎 Live 是一个实时交互产品，解答大师可在特定的时间专门创建一下午直播 Live，当用户对此内容感兴趣并想加入讨论时，需要付一定的入场费才能进入通信组，通过实时交流提高信息交换的效率。值乎是问答模

① 参见丁栋虹、杨志博：《社会化问答网站知识共享的影响因素——基于知乎的案例研究》，《管理案例研究与评论》2016 年第 6 期。

式的升级版，相比于旧问答模式，增添了“一对一”咨询板块，并不断扩大。目前，该板块的功能不断完善，现已迭代到了第3版。该版本相比之前新增了语音应答功能，并根据读者提出的问题进行收费。相较于其他网上书店，知乎书店的特点是不仅可以了解、阅读自己感兴趣的书，还可以与该书的作者或者读者进行讨论，作者可以在这里看到读者对书的评价以及一些新颖的观点。知乎打通了这三者之间的联系。

2)平台型——喜马拉雅

作为音频分享平台的后起之秀，喜马拉雅以YouTube为目标，在成立的两年时间内，就取得了不俗的成绩，不仅用户规模突破了两个亿，而且成为国内发展速度最快的音频分享平台。起初，该分享平台的音频内容都是由用户提供且都是免费的，音频内容的质量由用户的分享次数决定。2016年6月，喜马拉雅作出了一个重要决定——与娱乐节目奇葩说共同打造了一款新的付费音频《好好说话》，该付费音频拉开了喜马拉雅进入知识付费领域的帷幕。同年年底，喜马拉雅平台为了提高知名度，推出了类似于淘宝“双十一”活动的“知识狂欢节”。为了引起大家对知识付费的关注、刺激大家对付费产品的订购，喜马拉雅免费发放价值2亿元的红包。这一行动使大家对知识付费有了更深的认识，也让众多知识“网红”嗅到了商机，更是吸引了2000多个音频课程前来参与。不出所料，喜马拉雅当日的销售额创造了一个奇迹。

3)自营型——得到

得到在知识付费领域具有举足轻重的作用，可以说是该领域的先驱者。得到付费内容订阅平台的一个突出特点就是它是自营型的订阅平台，其产品内容都是由各领域的知名专家打造，并在打造过程中坚守高品质原则，因此提供的产品内容相较于其他平台具有更大的权威性，观众有更高的认可度。该平台提供的产品形式主要有付费订阅专栏、付费听书音频、付费电子书。除此之外，该平台还有根据用户特点提供的礼品商城，出售实物产品，并在粉丝中挑选一些优质粉丝提供精美礼品。

随着社会的不断发展，碎片化学习方式越来越流行，得到抓住这一重要机遇，提供文学、历史、商业等不同领域的知识，让用户在短时间内获得自己想要的知识。得到的创始人罗振宇曾将“得到”比作古代的“翰林院”，学院汇集了不同领域的专家学者来进行授课，这一比喻传神地向读者表达了一个重要信息：我们的资源是最好的。因此，该平台吸引了不少读者前来阅读并愿意为之买单。《2021年中国知识付费市场研究报告》披露，得到App的付费内容涵盖了43个专栏、59位知识“网红”以及21门优选课程。主打高涵养、提供卓越课程的得到 App 上虽然付费知识的数量远不如喜马拉雅、知乎，但是在得到 App 上传播知识的“网红们”都是“顶级大咖”。

4)商超型——分答

分答是知识付费的代表作之一。分答的创始人嵇晓华(网名“姬十三”)以超前的眼光提出了一个新概念 ——“时间电商”，即售卖“专家大咖”的一分钟，在这一分钟内你可以提出自己的问题并得到专家的解答。上线后，分答很快就在互联网上流行起来，并大受欢迎。在 42 天的讨论中，注册用户超过 1000 万，付费用户超过 100 万。分答的产品形式涵盖面广泛，几乎覆盖了各类付费产品，主要形式有四种：付费问答、快问抢答、小讲课堂和付费社区。“知识大咖”、各领域专家为了方便回答大家的问题，可以自己注册为答主，并且根据问题设置问答费用；为了激励答主生产更丰富的内容，允许其中的优质答主开通自己的付费社区。

相较于付费问答，分答的付费社区是更高级的付费形式，于 2017 年 5 月17 日上线。付费社区的开设需要经过严格的程序，由分答的内容团队进行市场调研，根据调研结果(用户偏好等)挑选出高质量、受欢迎的答主。此外，为了保障社区的质量，并非所有的答主都可开通付费社区，仅收到分答官方邀请的答主才有资格。类似于答主，分答的主讲人也由邀请制产生，主讲人在产品端也被称为“社长”。社长的作用非常大，可以和分答团队商量决定有关社区的平台运营、价格机制、内容创新等。社区会按时更新一些音频、图片、文章以及一些互动内容，付费用户不仅可以看到这些产品，还可以在评论区与其他用户进行互动。此外，一些活跃的用户还有机会被选中作为助讲，协助参与社区的互动。

分答的路线一直很明确：粉丝经济路线。以往我们只能在电视上见到的“网红”，现在可以在社区同他们进行交流、讨论、互动。这种“明星效应”带来了大批粉丝。但是，当粉丝们的激情褪去，若平台没有高质量、专业的内容作支撑，粉丝经济便体现出了它的弊端。同时，若“网红”输出的观点不能持续吸引粉丝，当其从事别的工作的效益远大于此时，“网红”会选择收益更高的工作，从而退出平台。平台利用的是“名人效应”，故当“网红”退出后，由“网红”带来的粉丝流量也随之消逝。

前期可以借助名人效应进行营销，但是一旦树立品牌之后，更应该关注的是品牌自身。2018 年，分答正式更名为“在行一点”，其更加注重老师与学生的教学关联，并且推出并不断更新了专家快速回答用户疑问、讲解特定问题、小班互动三个领域，简单来说就是“快问”“小讲”和“社区”。

(四)知识付费的概念及特征

1.知识付费的概念

对于知识付费的概念,当前国外的研究中并没有一个较明确的认识,但国外文献中出现的"付费墙"(pay walls)这一概念与国内文献中提及的"知识付费"(knowledge payment)的概念有相似的含义。在国外,"付费墙"这一概念常被新闻媒体提及,是其主要代表用户通过付费的方式来获取知识的一种模式。对知识内容收费,国外已有先例。如,《华尔街日报》在 1997 年就开始对付费墙模式进行探索,并率先以其网站 wsj.com 为例采取收费模式。而《纽约时报》也进行了相关探索,2012 年其订阅收费的模式为其带来了巨大收益。① 在这些成功经验的引领下,国外付费墙模式也逐渐丰富,一些媒体还探索了会员制度。与此同时,对知识收费的理念也催生了一些知识付费平台,如 Skillshare 和 Udemy。

当前,国内对知识付费已有较多的研究成果。对于"知识付费"的概念,邹伯涵和罗浩认为,知识付费是一种借用传递知识、经验来获取收益的盈利方式,即知识的分享是需要收费的。在认知盈余、名人效应等的推动下,一些知识分享平台开始改造升级,知识付费由此产生、发展。② 喻国明、郭超凯指出,不同于传统意义上的知识,付费的知识主要指某一领域人们所欠缺的知识,主要包括低使用频度、高跨界度、高精粹度、高场景度等类型。③ 全贞花、谢情认为,知识付费中的知识包括技能、数据、信息、观点等,知识供给者和知识需求者会根据各自的需求在知识付费平台中进行信息交流和变现,而涉及的知识也不需具有系统性、可靠性、具体性等特征。④ 极光大数据在《知识付费行业研究报告》中指出,"知识付费"这个概念其实并不新鲜,出版、教育领域中以付费形式输出的书籍、音频、学历等具有普适性、系统性的知识为硬知识。当前提到的知识付费主要指软知识,即知识需求者在相关平台中通过付费的方式购买个性化信息、实践经验、个人体会等一些对自身有价值但不具标准化的知识。⑤ 丁晓蔚等人认为,为获取某种知识而进

---

① 参见王凤一:《欧美报业付费墙模式的经验与启示》,《青年记者》2017 年第 24 期。

② 参见邹伯涵、罗浩:《知识付费——以开放、共享、付费为核心的知识传播模式》,《新媒体研究》2017 年第 3 期。

③ 参见喻国明、郭超凯:《线上知识付费:主要类型、形态架构与发展模式》,《编辑学刊》2017 年第 5 期。

④ 参见全贞花、谢情:《知识付费产品用户使用行为实证研究:以得到 App 为例》,《广告大观》(理论版)2017 年第 4 期。

⑤ 参见极光大数据:《知识付费行业研究报告》,《信息与电脑》(理论版)2017 年第 7 期。

行的支付活动即为知识付费。知识付费的内涵在于:(1)知识付费主要依赖于网络服务;(2)知识需求者购买的知识产品多为信息、经验、建议、技能等形式;(3)知识产品具有一定的稀缺性、实用性;(4)知识付费中涉及的知识产品主要指相关知识付费平台中的知识产品或知识服务。①

关于"知识付费"的概念,不同学者有不同的看法。借鉴简旭、常江波的研究,这里认为知识付费是为达到提升认知、增加经验、提升技能、满足情感等需求而在知识付费平台中购买相关知识产品或服务的行为。② 从本质上来看,知识付费这种独特的经济模式能够推动知识供给者和知识需求者间的知识流动和传播,进而能够对社会的信息资源实现优化配置。知识付费主要涉及三个主体:(1)知识供给者。他们主要分享自身的经验、观点,且可以根据相关需求来提供定制化、个性化的知识分享服务。(2)知识需求者。他们对相关的知识产品、服务有一定的需求,且愿意为了自身需求而买单。(3)知识付费平台。作为连接知识供给者和知识需求者的桥梁,知识付费平台会为用户构建一个和谐、稳定、安全的交易环境。

2.知识付费的特征

1)"头部效应"明显,长尾内容难以满足小众需求

关键意见领袖(key opinion leader,KOL)是指能够获得认可和信任并影响团体的购买行为的人,是一个营销概念。因此,知识付费平台需要一些关键意见领袖前来助阵,以此起到巨大的宣传作用,吸引大量用户注册。如,罗永浩是得到最重要的关键意见领袖,得到平台通过此种方式在初期就可以将罗辑思维的用户吸引过来,培养一批忠实用户。在完全开放之前,知乎邀请了三位演讲者,他们都是社交网络中有一定影响力的人物,各自大约拥有 25 万粉丝。之后,知乎推出了各种营销活动,并且为李开复等知名人士打造实时语音问答产品(Live),再一次拓展了潜在用户群。

知乎 Live 在没有开放申请之前,已经提出了内容生产领域常见的"赢家通吃"的现象,此种现象致使 20%的用户能够获得 80%的吸引力。在 Live 开放申请后,一些具有个性特色的"Live 主"吸引了一部分用户,这些博主会在自己的专业领域传播知识,创造一个巨大的长尾市场。因此,知识付费平台像一个聚合器,不断吸引潜在用户,聚集知识付费的长尾,推动知识供给者和知识需求者的"长尾"相匹配,以促进知识付费平台长尾经济的

① 参见丁晓蔚、王雪莹、高淑萍:《知识付费:概念涵义、兴盛原因和现实危机》,《当代传播》2018 年第 2 期。

② 参见简旭、常江波:《知识付费盈利模式研究——以知乎为例》,《郑州轻工业学院学报》(社会科学版)2018 年第 5 期。

实现。目前,知识付费模式还不太成熟,长尾思维还存在很多问题。

一方面,由于知识付费长尾产品的种类数量太少,无法做到专业领域的全方位覆盖,并且某些领域的相关知识点太少造成长尾知识无法持续获取,用户所需的一些冷门知识点很难得到及时有效的传达。另一方面,针对用户体验的供需知识匹配技术尚未成熟,导致知识付费平台的搜索引擎和按照用户喜好自动推荐知识的功能还需要进一步研发升级。总体来说,知识产品的专业细化和用户体验的供需匹配这两方面的欠缺,正是知识付费平台需要进一步发展的方向。

2)从 UGC 到 PGC,"业余的专业化"趋势明显

传统网络媒体平台的内容生产模式以 PGC 为主,居于首位的平台会开放平台申请权限,让普通用户参与到知识供需匹配中来。例如,喜马拉雅 FM 推出的"我要当主播"栏目,用户能够在平台上自由录制、上传作品,创办个性化的电台;知乎 Live 的"对外开放",其电子书也会在众多普通用户中寻找高质量的知识进行收录。这种共享并开放权限的做法是为了弥补知识内容的缺口。传统使用 PGC 方式生产的知识内容无法满足用户越来越多元化的需求,因此 UGC 的生产模式需要用来满足市场的"长尾"。

作为一个成熟的面向互联网的内容产品,常见的产品逻辑是使用 UGC 来确保知识内容的广泛性,这样能够帮助平台吸引流量和增加用户参与感;PGC 则是保持知识内容的深度,不断创立和打造平台的品牌和创造价值。需要明确的是,UGC 和 PGC 中间不是一个不可逾越的鸿沟。从 UGC 的发展历史可以知道,过去质量较低的 UGC 已经转向"业余专业化"。以知乎社区为例,它有一个成熟的用户增长系统,用户增长的指标是知识共享的质量。然而,知识产品的碎片化和同质化是不可避免的,高质量的知识内容难以被生产出来,导致核心知识资源一直匮乏。

一般来说,知识类别的扩展和内容的丰富是一件不错的事,然而如果平台生产的知识产品的质量不能达到标准化控制,没有合理的推荐算法,就会使用户失望,进而造成注册用户量的流失。因此,知识付费平台的价值主要表现为通过算法不断满足用户的个性化需求,并实时监控知识内容质量,解决当前 UGC 内容生产模式的最大缺陷。

3)知识消费场景的多层次拓展尚未形成规模

现今,从总体上来看,知识付费行业已经完成了知识的生产、消费、盈利等基本功能的构建、测试和局部优化,行业正处于快速发展阶段。首先,它涉及内容,主要是指平台知识质量的控制和提升,知识生产和消费环节的精细化设计以及评价和筛选机制的升级;其次,它涉及利润,针对当前短期的

变现模式，需要逐渐扩大长期稳定的盈利模式；最后，情景关联，基于平台程序设计和技术升级的不断发展，构建多层次的知识付费情景。

从本质上来说，场景的扩展是提供可以满足用户当前个人或时间场景下个性化需求的知识服务，以提升用户体验。具体来说，它可以分为两个方面。第一，内容的丰富与扩展。按照用户需求，根据用户不同的内容消费习惯设计相应的内容产品，具有不同功能的产品所携带的内容也有自己的重点。与其他平台相比，知乎作出了更多尝试来扩展内容场景的丰富性。例如，知乎 Live 的语音讲座就建立了一个高密度知识互动的社交场景，知乎电子书恢复了个性化的传统阅读方式。理想情况下，多层次内容是在用户需求和产品设计之间建立一对一的对应关系。用户带着对特定知识的需求，可以在知识付费平台上快速找到适合其特定内容形式的知识。但是，目前在同一平台上的不同产品之间还没有实现很好的区分和补充，这使得用户很难根据他们的需求找到解决方案。相反，他们会迷失在无规律的知识迷宫中。第二，练习场景的渗透。通过识别用户的生活场景，挖掘出用户对这些场景中内容的需求形式，进行智能硬件设计，以构建适合用户的场景，从而更方便地获取知识，增加使用知识产品的频率。针对生活场景定制知识付费产品解决方案的问题是，由于利基市场的需求，市场规模很小，从设计到促销的成本很高。另外，这个市场不稳定。随着科学技术的进步，人们生活习惯的改变速度和方向难以估计，因此知识付费平台需要承担产品方向错误的高风险。

二、相关理论

在探究知识付费市场柠檬问题的治理机制时，涉及了信息不对称、逆向选择、信号传递、委托代理等内容。本节对相关理论进行说明，不仅能为后续研究奠定理论基础，还能为理论框架的构建提供逻辑指导。

（一）信息不对称理论

信息不对称（asymmetric information）这一概念，早在 20 世纪 70 年代就受到了学者的关注。其中，阿克洛夫、斯宾塞、斯蒂格利茨等的研究成果为后续研究奠定了理论基础。信息不对称是指在市场交易中，不同的人拥有不同的信息，即市场中会出现部分主体拥有较多信息而部分主体拥有较少信息的情况。市场中信息不对称问题的产生既有客观原因又有主观原因。客观来讲，随着社会的快速发展，市场中人们的分工逐渐向专业化、精细化发展，这使得不同人群间专业化水平差距越来越大，即人群中的信息不对称情况越来越明显，且市场中的信息分布也越来越不均匀。这一系列情况是市场机制发展完善的必然结果，很难人为地进行控制，因而称之为客观原因。主观来讲，在身份、职位、经历、人脉等因素的影响下，人们可能会获得不同的信息，且他们获取信息的能力也会有所差别。此外，为了获取更多收益，信息优势方还可能会对信息劣势方隐瞒部分信息，这会拉大他们之间的信息差距。

在市场中，信息不对称的情况普遍存在，同样地，知识付费市场中也存在信息不对称。例如，知识供给者对自身的身份、知识产品、专业水平、实践经验、教育经历等信息具有一定的优势，知识需求者对自身的购买需求、购买能力、评论信息、知识水平等信息具有一定的优势，知识付费平台拥有海量的知识用户信息。在知识付费市场中，为减少信息不对称，各主体会作出一系列努力。其中，知识需求者会通过查询知识供给者发布的知识产品及知识供给者个人信息来降低彼此间的信息不对称程度。知识供给者会查询同类型知识产品质量、价格、销售量等相关信息，为下一次创作知识产品提供决策支持。知识付费平台会与征信机构、教育机构等合作来查询用户信息。此外，知识付费平台还会借助平台系统来对用户动态信息进行记录、监测。

随着越来越多的知识付费平台的涌现，人们获取知识的渠道被不断拓宽。借助于互联网技术及移动互联网技术等，人们能够快速获取海量知识，收集信息的时间和成本都被大大压缩。但是，海量信息在为人们带来便利的同时也带来了难题，即大量的信息要求人们花费更多的时间进行筛选、判断，这个过程要求用户具备一定的信息筛选能力和专业的基础知识。当前，在知识付费市场中，知识用户面对更多的也是来自信息筛选、处理、决策等方面的困扰，而这也是知识付费市场中出现信息不对称问题的重要根源。具体而言，知识付费市场中存在信息不对称问题的主要原因在于以下几点。

1.信息超载

随着“认知盈余”“知识焦虑”“粉丝经济”“知识经济”等概念的兴起，大量知识用户聚焦于知识付费平台，他们在平台中分享、学习或寻找相关的知识、经验、技能等内容。大规模用户在交流互动中产生了海量信息，这使得知识付费平台中的信息量剧增，出现了“信息爆炸”的情况。海量信息的出现大幅增加了知识用户的筛选、决策时间，知识用户的耐心不断地被消耗，他们会逐渐对检索信息产生疲劳感，且会减少信息查询数量及频率。这一现象颠覆了人们对海量信息的认识，指出通过传递信息来缓解信息不对称问题时，不仅要注重信息的数量，更要注重信息的质量。在知识付费市场中，知识供给者也应该传递高质量、关键性的信息来提升知识需求者对信息的处理效率，这样能让知识需求者对购买活动有一个较好的体验。

2.信息衰减

知识是体验商品。对于相同的知识，不同的人可能有不同的想法和感受，而且人们很难准确地描述或表达自己的感受。知识在传递的过程中，其能量会逐渐被消耗，影响力也会逐渐减弱。在知识付费平台中，知识用户能够便捷地发布各种信息。信息发送成本的降低意味着知识供给者可能会向知识需求者发送虚假信息，当知识需求者缺乏相关知识或经验时，其就很可能会被虚假信息误导。相比线下或实体的知识交易，知识需求者在知识付费平台中购买的知识产品多为视频、音频、电子文档等，他们所需要承担的风险更大、时间更久，因为随着交易量的增多，对知识产品的认识有可能发生改变。例如，在知识产品的评价信息中，可能会出现两种截然不同的评价，这会对知识需求者的购买决策产生较大影响。

3.信息投机

为了吸引更多知识需求者的关注，知识供给者可能会出现信息投机行为，具体包括以下几种：(1)“干扰”行为。这一行为是指知识供给者会通过重复发送信息、发送广告信息、发送过时信息、发送虚假信息等方式来对知识需求者进行“信息轰炸”，大量信息的发布能够让更多知识需求者认识并关注他们。(2)“刷单”行为。这一行为是指为了营造一个知识产品质量优良、销量高的假象，知识供给者会雇佣人来进行交易，借助这一行为能够增加知识产品详情中的交易量和好评量。(3)“包装”行为。这一行为是指知识供给者会通过包装知识产品、包装自身来增加知识需求者的体验感和满意度。例如，他们会对自己的身份进行包装，借助学校、企业、名人等的品牌力量赢得知识需求者的信任。(4)“行贿”行为。这一行为是指为了得到好评，知识供给者会向有关知识需求者提供返现、满减、折扣等服务。这一系列信息投机行为都表明：在知识付费平台中，虽然知识产品的销量和评价信息来自知识付费平台和知识需求者，但是知识供给者可以通过其他方式来间接影响这些数据，因而，在知识付费市场中还是存在着一定的信息不对称。

(二)逆向选择理论

关于逆向选择(adverse selection)，最为经典的模型是“柠檬市场”模型

(lemon market model),又称“旧车市场模型”。柠檬是美国对次品或二手货的经验称呼,由美国经济学家乔治·阿克洛夫于 1970 年引入信息经济学。

逆向选择指的是在信息不对称的影响下,市场中的资源无法实现有效配置的情况。在市场中交易的人们拥有不同的信息,其中,一些人可能会因为自身的信息优势而产生机会主义行为,他们的行为可能会损害信息劣势方的利益。长此以往,信息劣势方很难根据市场中的价格信息来作出购买决策,这样会导致价格信息的信号显示功能丧失,最终将使市场效率变得低下。逆向选择理论的核心在于:当市场中出现逆向选择行为时,买方将通过“出低价”的方式来保障自身的利益,而低价将会对市场中的高质量卖家产生“挤出效应”,最终的结果将是市场中的高质量卖家被低质量卖家驱逐,且整个市场的平均质量下降。在极端情况下,随着市场中产品质量的下降,买方会逐渐退出市场,整个交易市场也将逐渐消失。

在知识付费市场中,知识产品和知识服务属于体验品和信任品。对于这些知识产品或服务的质量,知识供给者和知识需求者所掌握的信息是不同的。知识付费市场中可能存在“金玉其外,败絮其中”的情况,例如,知识供给者会对试听、试用的知识产品进行包装,但当知识需求者真正购买后,会发现知识产品的质量存在前后不一的情况。此外,由于知识水平的差异,一些知识需求者还很难直接对知识产品的质量进行辨别。这些都使得知识供给者容易实施欺骗行为。在知识付费市场中,很容易出现逆向选择现象。因为无法准确识别知识产品的质量,知识需求者会根据市场中知识产品的平均质量来支付,这样就容易对优质知识供给者形成打击并迫使他们退出市场。此外,在一些知识付费平台中,知识产品的定价权掌握在平台手中,例如,在知乎平台中,“Live 讲座”的价格多为 19.99 元或 9.99 元。平台中知识产品或服务价格的一致性使得价格的“质量暗示”功能丧失,且加剧了对优质知识供给者的“挤出”效应。

(三)道德风险理论

道德风险(moral hazard)这一概念,是在 20 世纪 80 年代由西方经济学家所提出的,也可以称之为“道德危机”。道德风险是指为使得自身效用达到最大化,市场中的一些人会作出有损其他人利益的行为,抑或是指市场中的交易双方在签订合同之后,一方会因不需承担风险而作出最大化自身利益的行为,而他们的行为可能直接或间接地使另一方利益受损。例如,有些购买了医疗保险的人会频繁出入医院并大量购买药物,有些购买了车辆保险的人会不再小心驾驶。从根本上来讲，市场中道德风险的存在是不可避免的，而道德风险的存在将会对市场的资源配置能力、均衡效率等产生影响。

在知识付费市场中，知识付费平台、知识供给者、知识需求者等主体间存在着多种交易。例如，知识需求者会向知识供给者购买知识产品或知识服务，知识需求者会向知识付费平台购买会员服务，知识供给者会向知识付费平台购买增值服务，等等。当知识付费市场中各主体签订交易合同后，由于彼此信息分布的不均匀，就可能使知识付费市场中出现道德风险。与此同时，知识产品或服务本身的特性以及各交易主体间知识水平的差异也会加剧知识付费市场中的道德风险。例如，知识需求者可能会订阅知识产品，在相关的订阅信息中会明确标出知识产品的标准或更新日期，但是，知识需求者很难对知识产品的创作过程进行监督，这使得知识供给者容易出现投机行为，即不按照原本的合同信息创作高质量的知识产品，而这样的行为将会对知识需求者和知识付费平台的利益产生直接或间接的损害。

(四)信号传递理论

信号传递是指市场中信息优势方向信息劣势方发送信息的现象。1973年，斯彭斯(Spence)对教育信号进行了探究，其所提出的信号传递模型(signaling model)也为后续研究作出了开创性的贡献。① 当出现以下情形时，市场中的信息不对称问题将得到缓解：信息优势方主动发送信息，信息劣势方诱导信息优势方披露信息。在信号传递理论中，信号是核心。一般而言，教育经历、价格、销售量、认证、评价、广告等信息都可以作为信号来反映产品的质量。在治理柠檬问题的过程中，若想充分发挥信号的作用，需要满足以下条件：优质卖家和劣质卖家发送相关信号所需花费的成本不同，优质卖家发送相关信号所需花费的成本较低。

通过对信号传递理论进行分析，能够为治理知识付费市场中的柠檬问题指明方向。例如，知识供给者会向知识需求者传递教育信息、工作信息、知识产品制作过程、知识产品详情等来帮助其判断、预估知识产品的质量。通过传递这些信息，知识供给者会对知识需求者形成一种“质量暗示”，即敢于传递各种信息表明自己的作假成本很高，因而不存在欺骗行为。因而，知

① Spence A. M., 1973: “Job market signaling”, *Quarterly Journal of Economics*, Vol.87, No.3, pp.355-374.

识需求者在购买知识产品前，可以先对相关的信息进行浏览、查阅，以便更好地辨别知识产品质量。与此同时，受到技术水平、传递成本等的影响，也有部分知识供给者较少或不传递相关信息。但是，随着知识付费市场的完善以及相关技术水平的提升，越来越多的知识供给者开始加入传递相关信号的行列中，这不仅提升了他们的声誉、影响力以及吸引力，还营造了一个安全、有序、可信赖的知识交易环境。

（五）委托代理理论

委托代理理论（principal-agent theory）①诞生于 20 世纪 60 年代末 70 年代初，是在信息不对称和激励问题的基础上发展起来的。这一理论的核心问题是：在信息不对称且存在利益冲突的环境中，应该如何设计契约来对代理人行为进行激励和约束。在委托代理理论中，所涉及的委托代理关系是指为达成某种目的，一些人（委托人）通过雇佣、指定的方式将决策权授予另外一些人（代理人），从本质上来看，这其实就是一种契约关系。此外，这一理论所涉及的委托代理问题是指由于代理人和委托人利益的不一致，且委托人很难对代理人的行为进行检测，使得代理人可能会作出损害委托人利益的行为。对于委托代理问题的治理，主要通过设计相应的合同来激励和约束代理人行为，以使他们按照委托人的期望工作。

在知识付费市场中，知识供给者和知识需求者之间、知识付费平台和知识供给者之间、知识付费平台和知识需求者之间都存在着委托代理关系。由于各主体利益的不一致、责任的不一致、所拥有信息的不一致等，市场中存在委托代理问题。为解决这些问题，可以考虑设计相应的机制来激励和约束各主体的行为。例如，可以考虑构建信号传递机制、认证机制、声誉机制、质保机制等来对知识供给者、知识需求者等的行为进行管控，此外，还可以引入第三方独立机构来对知识付费平台的行为进行检测，以免其出现投机行为。

1.委托代理关系

信息在传递、交流的过程中，天然存在着信息优势方和信息劣势方，代理人和委托人之间也是如此。分析知识付费市场中各主体的关系，可以知道他们之间存在着委托代理关系，具体有以下几点。

1）知识供给者和知识需求者之间的委托代理关系

在知识供给者和知识需求者交易的过程中，知识供给者比知识需求者

① 参见刘有贵、蒋年云：《委托代理理论述评》，《学术界》2006 年第 1 期。

掌握更多的产品信息,即在他们的委托代理关系中,知识供给者为代理人,知识需求者为委托人。

2)知识付费平台与知识供给者间的委托代理关系

在知识付费市场中,知识付费平台主要发挥促成交易、提供基础服务等作用。当知识供给者创作出知识产品后,他们会在知识付费平台中销售,与此同时,知识付费平台还会委托知识供给者提供即时或定制化的知识产品或服务。在这段委托代理关系中,知识供给者处于信息优势方,知识付费平台处于信息劣势方。考虑到知识需求者的存在,可以将知识付费平台看作"中间委托人"。

3)知识付费平台与知识需求者间的委托代理关系

在知识付费市场中,知识需求者想要获取信息,需要依靠知识付费平台,即知识需求者会委托知识付费平台来查找相关的知识产品。相比知识需求者,知识付费平台拥有更多的知识产品及知识供给者信息,且平台会按照自身算法来对知识产品进行排列。在其委托代理关系中,知识需求者为委托人,知识付费平台为代理人。因为最终的知识产品或服务是由知识供给者提供,故将知识付费平台看作"中间代理人"。

2.委托代理问题

在委托代理关系中,当代理人为了自身利益而损害委托人利益时,他们的关系就出现了问题,即存在委托代理问题。① 基于对知识付费市场中委托代理关系的分析,这里将对市场中的委托代理问题进行探究,具体有以下几点。

1)知识供给者和知识需求者间的委托代理问题

在知识付费市场中,为获取某种知识、信息,知识需求者会委托知识供给者为他们提供知识产品或知识服务,知识需求者会发生以下行为:支付相应的金额,对知识产品进行评价,对知识产品进行宣传,重复购买该知识供给者的知识产品或服务,等等。知识需求者的这些行为不仅会以物质的方式激励知识供给者提供更多的优质产品,还会以声誉的形式对知识供给者产生约束。但是,知识需求者对于知识产品或服务并不具有信息优势,他们甚至无法准确地判断知识产品的质量。这样就容易使知识供给者发生投机行为,且他们会利用"知识势差"(知识供给者和知识需求者之间的知识差距)来获取更多的利益。此外,知识供给者和知识需求者之间的交易通常

---

① Sappington D. E. M., 1991: "Incentives in principal-agent relationships", *Journal of Economic Perspectives*, Vol.5, No.2, pp.45-66.

是短期的，在专业领域、创作周期、实用性等因素的影响下，知识需求者重复购买的可能性较低，这样使得一些知识供给者更注重短期收益，且更倾向于做“一锤子买卖”。因而，在知识供给者和知识需求者间存在委托代理问题。

2)知识付费平台和知识供给者间的委托代理问题

在知识付费市场中，知识付费平台会委托知识供给者为平台提供知识产品或服务，相应地他们会向知识供给者提供一系列服务，如对知识供给者及其产品进行宣传推广，推荐更多知识需求者进行购买，颁发荣誉徽章，降低平台分成比例，等等。知识付费平台的这些行为会以间接物质激励和直接声誉激励、约束的方式影响知识供给者的行为。但是，知识付费平台对于海量的知识产品并不具有信息优势。虽然平台工作人员具备一定的专业知识，但是他们很难对平台中所有的知识供给者和知识产品进行监督。知识供给者可能会作出投机行为，即他们会以高价格在平台中售卖低质量的知识产品，长久下去，将会对整个知识付费平台的声誉有所损害。因而，知识付费平台和知识供给者间存在委托代理问题。

3)知识付费平台和知识需求者间的委托代理问题

在知识付费市场中，知识需求者会委托知识付费平台为其搜寻、推荐知识供给者或知识产品，相应地知识需求者会用以下方式来激励平台：向更多人推荐知识付费平台，购买平台提供的会员服务，花费更多时间浏览平台信息，多次购买平台中的知识产品，等等。知识需求者在以物质、声誉等资源激励知识付费平台的同时还会对平台形成一定的约束。一般来说，知识付费平台的收益主要在于整个市场的交易规模而非单笔交易，这使得平台和知识需求者间不存在直接利益冲突。但是，在知识供给者较少的知识付费平台中，容易出现平台和供给者“合谋”的问题，这样可能会对知识需求者的利益有所损害。此外，随着知识付费平台中会员制度的出现，平台与知识需求者之间产生了直接的利益连接，这也容易催生平台的投机行为。因而，知识付费平台和知识需求者间存在着委托代理问题。

3.委托代理问题出现的原因

整体来看，知识付费市场中出现委托代理问题的主要原因在于以下几点。

1)利益冲突

知识付费市场中存在委托代理问题的根本原因是知识供给者、知识需求者、知识付费平台之间存在利益冲突。在知识付费市场中，各主体的利益都不相同，其中，知识供给者希望获得最大收益，知识需求者希望通过购买知识产品或服务来获取最大效用，知识付费平台希望获取最大收益。[①] 利益的不一致使得各主体可能发生机会主义行为，例如：在知识供给者和知识需求者的委托代理关系中，知识供给者可能会实施隐瞒知识产品信息、提供低质量的产品或服务等行为；在知识付费平台和知识供给者的委托代理关系中，知识供给者可能会实施高价出售低质量产品、输入假的身份信息、对销售量及评价信息造假等行为；在知识付费平台和知识需求者的委托代理关系中，知识付费平台可能会实施重复推荐知识供给者或知识产品、推送过时信息、推送广告等行为。在利益不一致的推动下，知识付费市场中的各主体容易发生利益冲突，这将导致市场中出现委托代理问题。

2）信息不对称

在知识付费市场的各段委托代理关系中，委托人和代理人之间存在信息不对称的问题。例如：在知识供给者和知识需求者的委托代理关系中，相比知识需求者，知识供给者拥有更多的产品信息，且熟知知识产品的质量；在知识付费平台和知识供给者的委托代理关系中，对于知识供给者的产品信息、身份信息、学历信息、专业水平等信息，知识付费平台都很难全面而真实地了解；在知识付费平台和知识需求者的委托代理关系中，知识付费平台拥有更多的知识供给者和知识产品信息，但平台仅会向知识需求者推送部分信息且会对相关信息进行排序处理。各主体间信息的不对称使得市场中很容易出现委托代理问题。

3）责任不对称

在知识付费市场中，各主体角色的不同也使得其责任不同。例如，知识付费平台是为所有用户服务的，其不仅要保障知识需求者的利益，还要保障知识供给者的利益。当前，知识付费平台间发生了“人才争夺战”，如今日头条向优质用户提出了高价邀请，喜马拉雅平台也与易中天、“郭德纲相声”“明朝那些事儿”等具有较大影响力的作者或机构合作。知识供给者的主要责任是创作知识产品，但市场并未对知识产品的质量提出明确的要求，容易出现责任不清晰的情况。知识需求者的主要责任是在知识付费平台中购买知识产品，但不是所有知识需求者都会作出购买行为，知识需求者购买行为的不确定使得他们的责任在市场中出现了错位，这将对知识付费平台和知识供给者的机会主义行为起到“催化剂”作用。因而，各主体责任的不一致

① Xing Zhang, Jiangbo Chang, 2019: “The study of charging mechanism of knowledge payment platform based on tripartite game model”, 2019 International Conference on Industrial Engineering and Systems Management (IESM), Shanghai, China, doi: 10.1109/IESM45758.2019.8948092.

也容易使知识付费市场中出现委托代理问题。

4.解决委托代理问题的措施

回顾知识付费市场中委托人和代理人的关系可以发现,他们之间虽存在着一些矛盾,但也在相互依赖。为解决知识付费市场中的委托代理问题,可以采取以下措施。

1)设立约束激励机制

在约束激励机制下,不仅要对代理人的行为进行约束,还要对其进行激励。例如:可以采用声誉机制来激励和约束各主体的行为,其中,知识付费平台的声誉能够促使其为用户提供更好的基础服务,投机、违约等行为造成的声誉损失和用户流失也会使平台更好地约束自身行为;知识供给者的声誉能够激励和约束他们创作和销售高质量的知识产品或服务;知识需求者的声誉能够激励和约束他们客观、公正地对知识产品或服务进行评价。

2)完善代理人市场

在知识付费市场中,知识供给者、知识付费平台都充当着“代理人”身份。为完善代理人市场,首先,应建立一套完整、真实的代理人身份信息档案。对于知识付费平台,可以由政府机构、行业联盟、第三方专业机构等对相关信息进行审核、认证;对于知识供给者,可以由政府部门、教育部门、公司、平台等多方机构联合认证。其次,应加强对知识供给者、知识付费平台等主体声誉信息的监督、管理。其中,知识付费平台的声誉可以由知识供给者、知识需求者、政府部门、行业协会、其他知识付费平台等来监督;知识供给者的声誉主要由知识付费平台、知识需求者、其他知识供给者等来监督。最后,可以鼓励更多的知识付费平台、知识供给者参与竞争。市场中竞争者的增多,不仅能够激励知识付费平台和知识供给者努力创新,还能较好地约束其投机行为。

3)设置独立机构

设立独立于代理人之外的机构,能够对代理人行为起到监督之效。在知识付费市场中,为更好地对知识供给者、知识付费平台进行监督,可以以知识需求者为主体,邀请政府机构、第三方机构等参与设立独立机构。例如,知乎平台设立了“众裁议事厅”,用以解决平台中出现的争议问题。

三、研究框架

柠檬问题是指市场中的信息优势方会欺骗信息劣势方，并据此来获得更多的收益。造成这种情况的原因主要有两种：第一，市场中交易双方之间存在信息不对称问题，信息优势方会借助信息优势欺骗信息劣势方；第二，市场中交易双方之间存在委托代理问题，利益、责任、信息等的不一致使得信息优势方容易产生机会主义行为。一般而言，主要借助两种方式来对市场中的柠檬问题进行治理：一种是行政治理，即通过政府制定一系列制度来规制柠檬问题；另一种是市场治理，即通过交易双方或市场自发形成的制度来阻止市场柠檬化。在本书的研究中，主要对市场治理机制进行探究。市场治理的方法主要有两种：一种是传递更多的信息以缓解信息不对称问题，另一种是制定相应的激励机制以缓解委托代理问题。实际上，在知识付费市场中明显存在柠檬问题。知识是人们在实践中对客观世界的认识，其本身带有一定的主观性，这使得知识产品的质量不易被检验。与此同时，知识产品质量、知识用户信息等的不易获取性也使知识付费市场中的信息不对称问题更加严峻。当前，柠檬问题的市场治理机制主要从收费机制、信号传递机制、声誉机制、质保机制、认证机制等方面展开。①②③

总体来说，本书通过信息不对称理论和委托代理理论对市场中柠檬问题的成因进行了分析。对于柠檬问题的治理机制，当前学术界已有了一定的研究成果且已形成比较成熟的理论框架。尽管在知识付费市场中一些研究结论发生了变化，但这些核心理论也为本书的研究奠定了基础。在此，本书构建了图 2-1 所示的理论框架，用于对知识付费市场中柠檬问题的治理机制进行探究。

---

① Dewally M., Ederington L., 2006: "Reputation, certification, warranties, and information as remedies for seller-buyer information asymmetries: Lessons from the online comic book market", *Journal of Business*, Vol.79, No.2, pp.693-730.

② Mavlanova T., Benbunan-Fich R., Koufaris M., 2012: "Signaling theory and information asymmetry in online commerce", *Information & Management*, Vol.49, No.5, pp.240-247.

③ 参见周波：《柠檬市场治理机制研究述评》，《经济学动态》2010 年第 3 期。

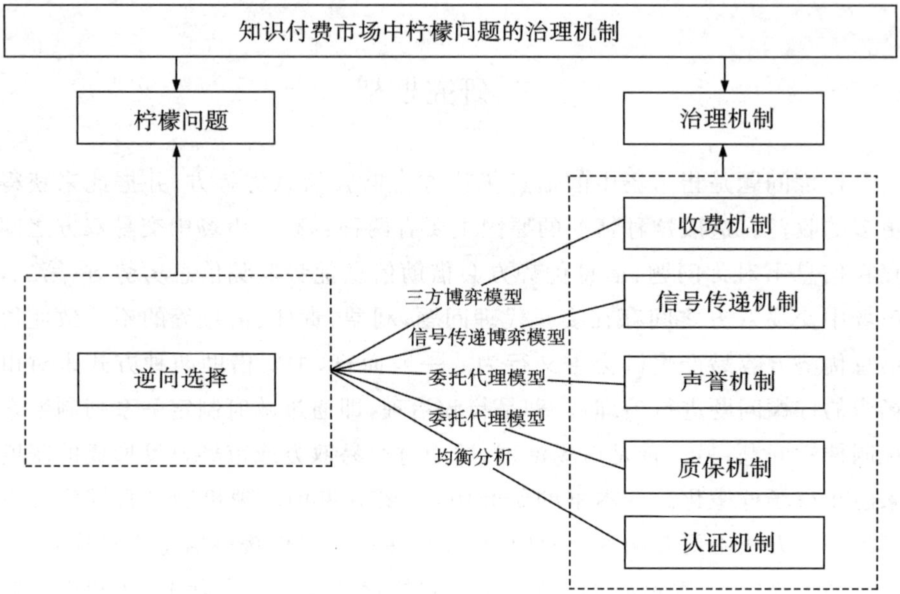
知识付费市场中柠檬问题的治理机制
柠檬问题
治理机制
收费机制
信号传递机制
声誉机制
质保机制
认证机制
逆向选择
三方博弈模型
信号传递博弈模型
委托代理模型
委托代理模型
均衡分析

图 2-1　研究框架

第三章　知识付费柠檬市场的形成机理

知识生产、交易过程中的"信息不对称""信息悖论"问题导致知识付费市场中的柠檬问题异常复杂。要想实现柠檬问题的有效治理，就需要深入剖析问题产生的原因、过程以及关键性影响因素。本章构建知识卖方、知识买方、知识付费平台三方参与的演化博弈模型，分析不同条件下各主体的发展演化趋势，从补贴、惩罚、成本、收益等方面出发，探究影响知识付费柠檬市场发展演化的关键因素。研究发现：柠檬问题会随着知识付费市场的发展演化而产生，且不会随之消散。知识卖方、知识买方、知识付费平台的策略选择会受到多个因素的影响，且不同因素对主体策略选择的影响方向不同。从审核制度、奖惩制度、监管制度等方面出发构建完善、规范的知识付费市场制度体系，能够为有效缓解市场中的柠檬问题指明路径方向。

一、引　言

在经济全球化、价值网络重构等复杂背景下，知识付费的兴起和发展在创造社会经济效益的同时也促生了新的问题——柠檬问题。随着知识付费市场的发展和互联网应用的常态化，知识付费平台数量不断增加，企业类型更为多样，由此产生的柠檬问题类型更加复杂，影响更为广泛与恶劣，治理难度也不断加大。鉴于知识付费市场具有行业交叉属性，且成熟的相关法律法规建设过程比较复杂，商家多、监管难、技术和执法人员数量有限等现实困境使得知识付费市场中的柠檬问题难以解决。

演化博弈理论最早由梅纳德（Maynard）提出，其以有限理性群体的行为为研究对象，解释了生物物种长期进化博弈的过程。[①] 群体中个体对不

① Maynard S. J., 1974: "The theory of games and the evolution of animal conflicts", *Journal of Theoretical Biology*, Vol.47, No.1, pp.209-221.

同策略的选择和演化需要经历漫长的过程，但最终系统会收敛于一个稳定状态。① 演化博弈在动态系统中不断进行反馈活动，具有博弈方相互制约、相互依赖及双赢互惠的特性②，其核心概念是演化稳定策略（evolutionarily stable strategy，ESS）。在以往的研究中，众多学者对演化博弈的应用进行了深入探究。一些学者分析了在不同演化规则下合作的时间演化过程，他们发现典型的进化过程可以分为两个明显的时期：持久的时期和扩展的时期。前者是合作者试图忍受叛逃者的入侵，后者表明完美的合作者迅速扩展了他们的区域。③ 王永平和孟卫东对供应链企业合作竞争机制进行了分析，发现系统的演化方向与双方博弈的支付矩阵相关，且会受到系统初始状态的影响。④ 曲薪池等人研究发现，政府规制策略对企业绿色创新生态系统的不同发展阶段均会产生显著影响，且三方参与主体的初始意愿会显著影响系统的演化。⑤ 针对知识付费市场中的情况，一些学者也从演化博弈角度进行了探究。张省、袭讯对线上知识共享付费形成机理进行了探究，并采用演化博弈方法对线上知识共享付费知识供求双方的均衡策略进行了分析，且从实际案例“知乎”出发对相关结论进行了验证。⑥ 李钢和卢艳强从囚徒困境的博弈关系出发，运用完全信息静态与重复博弈方法进行研究，发现参与双方合作选择“提供知识、付费”是最优策略，有利于减少虚拟社区知识共享的囚徒困境的发生，同时有益于提供高质量知识内容以及持续满足知识需求者。⑦ 王鹏民等人构建了社会化问答社区用户知识共享的演化博弈模型，并对不同博弈假设下问答社区知识共享的均衡状态进行了分析。他们指出，社会化问答社区共享知识质量与用户共享行为策略会受到用户

① Friedman D.，1998：“On economic applications of evolutionary game theory”，*Journal of Evolutionary Economics*，Vol.8，No.1，pp.15-43.

② 参见蔡玲如、王红卫、曾伟：《基于系统动力学的环境污染演化博弈问题研究》，《计算机科学》2009 年第 8 期。

③ Wang Z.，Kokubo S.，Tanimoto J.，et al.，2013：“Insight into the so-called spatial reciprocity”，*Physical Review E Statistical Nonlinear & Soft Matter Physics*，Vol.88，No.4，pp.42-145.

④ 参见王永平、孟卫东：《供应链企业合作竞争机制的演化博弈分析》，《管理工程学报》2004 年第 2 期。

⑤ 参见曲薪池、侯贵生、孙向彦：《政府规制下企业绿色创新生态系统的演化博弈分析——基于初始意愿差异化视角》，《系统工程》2019 年第 6 期。

⑥ 参见张省、袭讯：《线上知识共享付费稳定性演化博弈分析》，《图书馆学研究》2018 年第 5 期。

⑦ 参见李钢、卢艳强：《虚拟社区知识共享的“囚徒困境”博弈分析——基于完全信息静态与重复博弈》，《图书馆》2019 年第 2 期。

共享意愿与能力、用户认可与社区激励、感知共享成本等因素的影响。①

当前，对知识收费已成为一种必然趋势，那么知识付费在发展过程中，是否会产生柠檬问题？产生柠檬问题的原因是什么？如何治理知识付费市场中的柠檬问题？这些需要我们进行深入探究。基于此，本书以知识卖方、知识买方、知识付费平台为主体构建了演化博弈模型，从发展演化的角度刻画了知识付费市场各主体的相互作用关系及柠檬问题的形成机理，对影响各参与主体策略选择的因素进行了深入剖析，希望能够为知识付费柠檬市场的治理提供借鉴。

二、经典柠檬市场模型

阿克洛夫的贡献就在于将信息不对称引入我们的分析视角，从而为 20 世纪 80 年代兴起的新凯恩斯经济学奠定了基础。更重要的是，他不仅提出了减少和避免逆向选择的方法，还为我们提供了一个分析问题的基本透视方法。为了分析知识付费柠檬市场的形成机理，我们先对阿克洛夫的经典理论和经典模型作一个评析和阐释。还需要指出的是，目前国内对该理论只是停留在对其思想进行概括性描述，还缺乏对原始模型的深入研究。

阿克洛夫的经典理论体现在他发表在美国《经济学季刊》上的论文《“柠檬”市场：质量的不确定性和市场机制》，这篇论文使他荣获了诺贝尔经济学奖。为了更好地了解逆向选择理论尤其是柠檬市场模型的内在含义，下面将对相关内容进行介绍。

阿克洛夫认为：市场交易最大的特点是卖方掌握着商品从生产到销售整个过程所有的信息，而买方所能知道的仅仅是个别商品的基本性能和外观，为了确定该商品对自己的效用，消费者只能采用市场的平均统计价格给商品定价。在这种情况下，根据效用最大化原则，商品的卖方有足够的动力售卖低于平均质量的商品以实现收益最大化；虽然整个市场需要高质量商品的交易增长，但对个体商户而言，他们宁愿去生产、交易低质量的商品。多次交易的结果往往导致交易商品的质量降低和市场规模逐渐退化。

阿克洛夫通过观察二手车市场发现了这个经济规律。为此，他建立了均衡分析模型，探讨了在质量信息不对称（卖方比买方掌握更多信息）的前

---

① 参见王鹏民、侯贵生、杨磊：《基于知识质量的社会化问答社区用户知识共享的演化博弈分析》，《现代情报》2018 年第 4 期。

提下二手车市场的演变机制。为了增加论证的逻辑性和严密性，阿克洛夫区分了三个子命题。①

（一）汽车市场

二手车市场上"新"车和"旧"车的概念是相对的，即使是"新"车也可能质量低劣（有过事故或大修过）。阿克洛夫将二手车市场上的车分为四类："新"车、"旧"车、"新"的好车、"新"的坏车（美国称之为"柠檬"）。初次交易，消费者并不确定他所买的车是好车还是"柠檬"车，但根据经验和数据，他可以掌握"柠檬"车出现的概率。假设好车出现的概率为 q，那么"柠檬"车出现的概率即为 $(1-q)$。

阿克洛夫发现，当汽车购买者驾驶自己购买的二手车一段时间之后，他通过自身的体验会重新判断该车的质量，换句话说，他会重新判断这辆车是"柠檬"车的概率。这样，信息的非对称性在二次交易或者多次交易中被凸显：卖者总是比买者拥有更多关于汽车质量的信息。但是，在隐藏关键质量信息后，同档次的二手车（使用年限、新车价格）会按照相同的价格出售。这样，真正高质量的好车车主就不会出售自己的汽车，因为他在二手车交易市场上不能卖出他想获得的真实质量好车的价格。

（二）非对称信息

阿克洛夫假定对旧车的需求取决于两个变量——二手车的价格 p 和发生交易的二手车的平均质量 μ，需求函数则为 $Q^d=D(p,\mu)$；二手车的供给和平均质量取决于二手车的价格，即有 $\mu=\mu(p)$ 和 $S=S(p)$；在均衡的状态下对于给定的平均质量，二手车的需求应等于供给，即有 $S(p)=D(p,\mu(p))$。当二手车的价格下降时质量也会随之下降，最终有可能导致在任何价格水平上都不会有交易发生。

阿克洛夫使用效用理论来构造他的模型。

首先，假定有两组市场交易者：第一组交易者和第二组交易者。假定第一组交易者的效用函数为：

$$U_1=M+\sum_{i=1}^{n}x_i$$

其中，M 为除了汽车以外的其他消费品的数量，x_i 为第 i 辆车的质量，n 为

① 参见潘勇：《逆向选择环境下电子商务市场研究——基于信息经济学的视角》，《经济经纬》2011 年第 1 期。

汽车的数量。

同理，阿克洛夫构造的第二组效用函数为：

$$U_2 = M + \sum_{i=1}^{n} 3x_i/2$$

为了研究的继续，阿克洛夫又假定这两组交易者都是追求期望效用的最大化者。同时，又假定第一组交易者拥有 N 辆质量为 x 并且在[0,2]上服从均匀分布的汽车，第二组交易者没有汽车。另外，把“其他商品”M 的价格看成是一个单位。

假定第一组交易者有总收益 Y_1（包括销售二手车所带来的收入），第二组交易者有总收益 Y_2。对二手车的需求即为两类交易者对二手车需求的总和。这样，就得到了第一组交易者对汽车的需求为：

$$D_1 = Y_1/p \qquad (\mu/p > 1)$$
$$D_1 = 0 \qquad (\mu/p < 1)$$

由于假定汽车质量是均匀分布的，这样，第一组交易者对汽车的供给为：

$$S_1 = pN/2 \qquad (p \leqslant 2)$$

平均质量与价格的关系则为：

$$\mu = p/2$$

同理，第二组交易者的市场需求为：

$$D_2 = Y_2/p \qquad (3\mu/2 > p)$$
$$D_2 = 0 \qquad (3\mu/2 < p)$$

而供给为：

$$S_2 = 0$$

于是，总需求函数 $D(\mu, p)$ 则为：

$$D(\mu, p) = Y_1/p + Y_2/p \qquad (p < \mu)$$
$$D(\mu, p) = Y_2/p \qquad (\mu < p < 3\mu/2)$$
$$D(\mu, p) = 0 \qquad (3\mu/2 < p)$$

将供求关系进行对比，显然只有在价格满足 $3\mu/2 < p$ 时才会具有瓦尔拉斯均衡（Walrasian equilibrium）。然而，因为在价格为 p 的水平上提供汽车的平均质量为 $p/2$，因此，在任何价格水平上都不会有交易：尽管有这样的事实，即在 0～3 的某个价格下第一组交易者愿意卖掉他们的车，而第二组交易者愿意在这一价格下购买，而这种情况已没有什么实际意义。

这一部分内容是柠檬市场模型的核心部分。我们可以以一个图示（见图 3-1）来更好地说明和解释阿克洛夫的分析过程和结论。

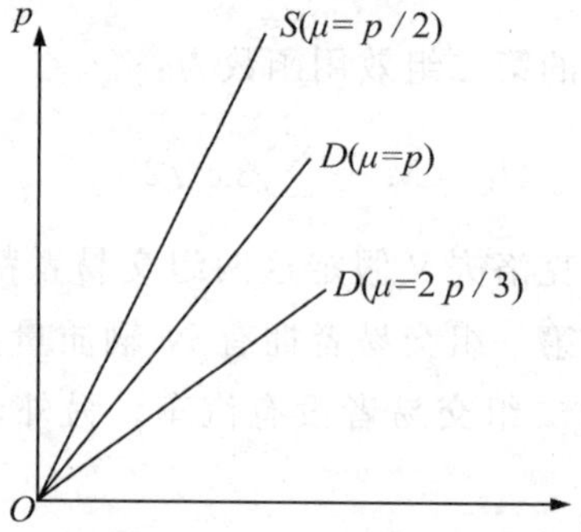

图 3-1　供需分析

在图 3-1 中，射线 $S(\mu=p/2)$ 表达了市场上汽车的平均质量，同时也是供给方的决策意愿和依据；而射线 $D(\mu=p)$ 的右下方和射线 $D(\mu=2p/3)$ 的右下方则为需求者的决策边界。显然，供给和需求边界的唯一交点只能是 $p=0$ 和 $\mu=0$ 这一点，也就是说，只有在这个点上才有可能出现瓦尔拉斯均衡。但这种均衡意味着实际交易量为零，已经没有实际意义了。因此，整个市场也就崩溃了。

（三）对称信息

在这一部分，阿克洛夫假定所有的买主和卖主都获得了完全信息，那么整个市场中不同质量水平的汽车都可以按不同的价格售出。

通过以上三个部分富有逻辑性的分析，阿克洛夫以严密的数学推导证明了自己提出的假说，从而奠定了柠檬理论的基础。

三、知识付费柠檬市场的形成与表现

（一）知识产品及其交易特点

1.知识产品的定义

从经济学本质上讲，产品是一个收益的集合。它能满足一个组织或消费者的愿望，从而使他们愿意以货币或者其他有价值的东西来交换它。随着互联网的发展，交易市场中知识产品的基本特征也将会改变。尽管在网络上销售知识产品或服务是很多知识供给者的主要目标，但其核心目标是提高知识交易的效率或提高个人影响力、扩大市场份额，其创造性的想法可以使很多经验、看法、观点、技能转变成知识产品。

信息是知识产品的首选实例，信息产品包括范围广泛的纸上产品，如图书、杂志、报纸等，在过去，这些知识产品主要以实体形式存在，而在知识付费市场中，这些产品更多的是以视频、音频、图片、文档等形式存在，且不具有实际的物理形态。另外，在知识付费市场上，随着越来越多用户的涌入，很多的知识产品、知识服务都开始被发掘。例如，医生可以借助于相关平台来传递专业知识，同时还能获得一定报酬；计算机爱好者可以帮助人们解决实际中遇到的问题，还可以为用户推荐合适的硬件设施；爱好唱歌、跳舞、画画的人不仅可以在平台中分享自己的相关作品，还能为其他用户提供相关指导；企业的人事主管可以向人们分享求职的经验、技巧以及择业分析，帮助人们寻找合适的工作；等等。人们从未想过，这些曾经以无形的形式存在于脑海中的东西现在可以有形化处理，且能为其带来一定收益。

在知识付费市场上，一些产品或服务虽然没有相应的实物形式，但它们只要是以知识或过程的形式存在，都可以被称为“知识产品”。例如，售货员或医生的知识和经验可以数字化，做成一个文件或程序，然后卖给顾客。类似地，人们之间相互作用与相互交流的过程也可以归整成一个数字过程或一个电子化的市场。

2.知识产品交易的特征

知识产品是一种特殊的产品，在很多情况下是虚拟的，不需要物理存在，同时可以以多种方式传播。我们应该把它作为可消费的产品来分析其经济学内涵。

(1)知识产品效用评价的主观性。对任何产品的需求都随消费者口味的变化而变化，而对知识产品的需求似乎更容易变化。因为知识产品或服务没有实物形式，从而造成消费者对其效用的评价具有主观性。因此，知识产品的供给者要更多地依赖知识需求者的信息，以便根据其偏好来进行分类。另外，在网络营销中根据知识需求者的类型或其他身份信息所进行的产品定制和差别定价，用途和价值是相对不同的，因而对它效用的评价也就具有一定主观性。

(2)知识产品效用的短期性和积累性。西方谚语说，“过时的信息就不是信息”，这是因为时间可以消散掉知识产品的价值。天气预报就是例证，只有当下的预报有价值，过去的天气预报信息只能用作归档和参考。但是知识慢慢积累也会产生价值，哪怕是短期的、琐碎的知识，被循环利用或者稍加制作，就可能生产出新的知识产品。历史学就是这样一门学科，通过不断修史，大量的史料通过积累、修订、增加和改良而得到传播，历史真相被慢慢发掘，历史规律被慢慢发现。

(3)知识产品的外部性。在经济学中，外部性(extensity)是指不能完全用价格原理和市场理论解释的经济后果，这种后果既可能是没预料到的收益，也可能是没预料到的损失。例如，许多厂商在生产的过程中会排污(废水、废气)，但因污染环境而增加的社会成本没有反映在厂商所生产的产品的价格中，这是负的外部性。如果一个农民种植的树木给路人带来了阴凉，这是正的外部性。很多知识产品都有正外部性。知识的卖者往往不知道知识的效用，尤其是某些公共知识。例如，如果有很多用户购买了法律类知识产品，那么社会中的违法犯罪行为就会有所减少。

(4)知识产品内容的可变性和差别化。知识产品的内容是随时可变的，它们很容易被定制或随时被修改。这种修改——无论是无意的、有意的还是欺诈性的都是不可避免的。由于知识产品的本质，知识供给者不能控制其产品的完整性。尽管知识付费市场中知识产品的使用、转载需要知识供给者的授权，但是在网络的世界里，这种规定实际上是很难执行的。尽管如此，知识供给者仍在使用各种办法对付这种修改行为，如 PDF 文件可用 Adobe 的 Acrobat Reader 来读，但用户不能用数字形式来存储文件。知识产品的可变性使得知识供给者将更多的精力用于实现产品的差异化方面。产品差异化不仅是可能的，而且更多的是知识供给者的经营战略。

(5)知识产品的先验性。随着数字化产品消费偏好的确立，消费者必须事先试用产品，然后才能进行效用比较并进行选择。

(6)知识产品的物理特征。知识产品不可能磨损，它一经创生就可以永远存在下去。无论用得多久，知识产品的质量是不会下降的，这是它和一般物质产品最大的不同。

以上我们分析了线上市场产品的特点，这些特点是区别于传统市场产品而言的。事实上，正是这些不同于实物市场的特点，加上知识付费的虚拟性，决定了发生在知识付费市场中的柠檬问题，也会具有不同于传统市场的特点。这就是我们下面要讨论的内容。

(二)知识付费市场中信息的不对称性与柠檬问题

知识付费市场相比传统市场，具有进入障碍、管理成本较低与易获取市场信息的优势。其进入障碍低的原因是，在知识付费平台上，所有知识供应商的机会都是平等的。譬如，一些影响力较大的知识“大 V”和知识机构等与非著名的知识创造者们相比没有很大的优势。在实物市场中，我们知道“名人效应”带来的效益，以及知名作家和大额销量传递的市场信号；但在虚拟的知识市场中，创作者与知识产品的质量之间其实没有必然的联系，因此大大减少了进入市场的障碍。知识付费市场的另一个特点是它能够以低成本或免费的方式进行全面搜索和获取信息，能够解决这一问题，主要归功于该市场的自动搜索和分类技术。借助搜索服务，你可以大规模、高效地搜索信息。因此，相比于传统市场，知识付费市场能以更高的效率和更低的成本来获取市场信息，这意味着信息获取的完整性更高。

同时，在线信息搜索的低成本甚至无成本，也意味着相对较低的交易成本。尽管知识支付市场具有高信息效率等优势，但这并不代表高市场效率。事实上，与传统市场相比，知识产品质量信息不对称导致的知识付费市场逆向选择问题不仅存在，而且更为严重。其主要原因在于以下几点。

1.知识产品效用评价的主观性和网络的外在性所导致的产品质量评价的主观性

因为知识产品不仅可以是数字版本的纸质产品，还具有电子媒介的特点，比如，网报是个性化定制的，可以在任何时间更新，所以质量评价会越来越主观化、个性化，不确定性更大。此外，由于网络的负外部性，知识供给者在一个知识需求者身上建立的信誉难以传播到其他知识需求者身上，从而加剧了信息不对称的存在。

2.知识产品的物理特征所导致的信息不对称性

这主要指的是由知识产品的不可破坏性所带来的问题。在知识付费市场中，知识产品占据重要份额。由于知识产品自身的特性，它不会像其他产品那样出现有形磨损，即它具有不可破坏性，所以知识产品自被创造出来便会一直存在。也就是说，知识产品无耐用和不耐用之分，我们从知识供给者那里买到的新知识产品和二手产品没有区别。知识产品的上述特点，导致知识产品的供给者是在和自己已卖出的产品竞争。但是对于同一种产品，消费者不会重复购买，此时，知识供给者需要采取一些措施来提高销量，例如，知识供给者会声称知识升级，以此吸引消费者再次购买此类知识产品，但这种经过“升级”的产品里面不仅没有新观点、新内容的产生，甚至会有一些滥竽充数的内容，浪费消费者的学习时间。因此，在知识付费市场上购买知识产品时，要综合考虑各种因素的影响，价格只是其中的一方面，且传递的信息非常有限。

3.知识产品内容的可变性和差别化，以及知识供给者身份的不易识别性所导致的信息不对称性

在知识付费市场上，我们无法了解知识供给者的具体情况，故很难对其身份进行识别：一个知识供给主体可以在今天“出现”，也可以在明天就“消

失”。由于这种情况的存在，市场运作的效率非常低，甚至根本无法运作。另外，知识需求者身份的不易识别性也导致了网络柠檬问题的存在。比如，知识交易平台的出现在一定程度上提高了交易效率，降低了交易成本，但在该平台上进行交易的双方都是用虚拟身份，无法了解双方的真实身份，若其中一方变更了自己的ID账户，另一方将无法识别。此外，该平台上的交易是一次性的，交易过程中双方互不碰面，交易完成后双方基本上没有别的联系，这就导致交易双方存在严重的信息不对称问题。

此外，知识供给者往往奉行一种差异化战略，这就阻止了通过信息比较出价的可能性，进而导致了一部分信息不能或不会具有可比性和可核实性。另外，由于知识产品效用的短期性，一些信息经常被演化，这也加重了知识需求者的信息劣势。

4.知识产品的先验性导致的质量不易检验性

知识产品具有质量不易检验性，其中绝大部分属于经验产品(experience goods)的范畴，而这些知识产品的内容与服务质量只有让用户先体验，用户才能知道该产品是否好用。但是，知识产品也存在部分局限性，比如当用户体验了某一经验产品后，他便了解了自己所需要的知识，那么其需求便被满足，他也就不必再付费购买——这就是经验产品生产中无法克服的“信息悖论”。经验产品的这一局限性，导致知识需求者无法在付费前就了解该产品的质量，所以即使经验产品的提供方投入大量的广告去宣传该产品，知识需求者也会因为不了解而不冒险付费。若知识需求者预先了解产品信息是有利于产品销售的话，那么提供方当然会愿意尝试，同时知识需求者也会甘愿冒一次险，但是因为知识产品具有一次性使用的性质，缺乏重复使用的功能，所以买方愿意尝试的可能性是极小的。知识产品的先验性要求知识供给者通过种种营销手段减少知识产品质量信息的不确定性和信息的非对称性，来帮助知识需求者了解新产品的效用，从而确立他的购买偏好。比如，在20世纪80年代，微软公司旗下的MS-DOS(微软磁盘操作系统)和微软操作系统先后进入了中国市场，为了使产品在中国达到普及的效果，公司采取赠送、白菜价销售以及免费安装等方式，甚至并不对频繁出现的盗版侵权现象采取抵制之类的行动。到了90年代末，微软操作系统在中国已经并不少见了，甚至达到了基本普及的状态，此时，微软公司便立刻抬高了微软操作系统以及其他产品在中国的零售价格，甚至超过了在美国的价格，并且开始严厉打击盗版的产品。微软公司的这种做法或营销策略就是利用知识产品的先验性，使消费者对其知识产品产生路径依赖，增加消费者的转移成本。尽管我们不好评价微软公司这种做法的优劣，但这种做法无疑对处于信息劣势的消费者进行了锁定(lock-in)。

5.知识生产者的多样性所导致的信息不对称性

与实物产品不一样,知识付费市场上的产品是电子产品即虚拟产品,这种产品经网络销售,由网络创造。所有这些特性导致了知识产品所需的销售时间短而且知识产品的数量多。在现代社会,互联网的普及使得每个用户都能够自由地进入知识付费市场,且市场中的每个用户都是潜在的知识供给者和知识需求者。因此,在这种情况下,每个用户掌握的信息都是不对称的,随之造成知识产品的质量信息的不对称性更大,这种信息的不对称性导致逆向选择更加严重。

四、知识付费柠檬市场模型

前文我们对知识付费市场中的柠檬问题进行了定性的分析和描述。现在我们将通过建立知识付费逆向选择模型(柠檬市场模型),来探讨在质量信息不对称和不确定的情况下市场运行的机制,从而为知识付费市场中的柠檬现象提供一个学理基础和理论解释,并得出结论。

(一)模型说明

根据我们前面的分析,知识付费柠檬市场模型应具有两个突出的特点:首先,在经典阿克洛夫模型中,由效用函数推导出需求发生的条件都是建立在平均质量 μ 与价格 p 的关系上的。但由于知识付费具有虚拟性的特点,它使得知识需求者期望通过产品质量的概率分布来对产品平均质量进行判断要比传统市场更为困难,这样的一个特点导致知识需求者通过降低自身对知识产品的质量偏好来弥补他对质量判断的不足。其次,在阿克洛夫模型中,所有的卖主实际上都隐含这样的假设,即被认为具有相同的质量偏好。但在知识付费市场中,由于网络的虚拟性和便利性,出于某种营销策略(比如"价格歧视")的需要,卖主对产品质量的评价可能对同一产品的不同销售群有所不同,也就是说对质量的评价会更具主观色彩。

(二)模型构建

现在,我们来构建一个知识付费的阿克洛夫模型或者柠檬模型。在模型构建过程中,主要参考了莫尔霍(Molho)和威尔逊(Wilson)在分析、扩展阿克洛夫模型时的部分工具和结论①，同时根据前面的讨论，加入买卖双方在知识付费中有关的行为特征来进一步构建模型。在此基础上，使用了冯·诺伊曼-摩根斯坦(Von Neumann-Morgenstern)期望效用函数，并考虑知识产品连续质量分布对市场均衡所产生的影响。

我们将知识付费市场分为卖方和买方两部分，并以 $q \in (q^0, q^1)$ 表示知识产品的质量，而且它的质量分布函数为 $f(q)$。下面分几个部分来进行讨论。

1.卖方

对知识供给者(即潜在的卖方)来讲，他的效用函数为：

$$U_s = U_s(c, n \mid m, q) = c + mqn$$

这里 c 为卖方对其他物品的消费；n 是离散的二元变量，它表示卖方是否出售产品，$n=1$ 表示不出售产品，$n=0$ 表示出售产品；m 是一种效用指数，反映的是卖方对知识产品质量的评价。因为影响决策的是绝对价格而不是相对价格，我们可以用 p 代表知识产品的价格，把其他知识产品的价格定义为 1。

卖方在收入预算约束下面临的问题是：

$$\max_{c,n} U_s = c + mqn$$

假定他的预算约束为 $Y_s = c + pn$，这里 Y_s 为卖方的收入。当我们把预算约束式代入效用函数后就有：

$$U_s = Y_s + (mq - p)n$$

这里，使卖方出售知识产品(即 $n=0$ 时)效用最大化，也就是所有者卖掉知识产品的充要条件是：

$$mq - p < 0，即\ mq < p\ 或\ q < \frac{p}{m} \tag{3-1}$$

那么，在任何价格下，满足条件 $q < \frac{p}{m}$ 的产品所占的比例为：

$$S(p) = \text{prob}\left(q < \frac{p}{m}\right) = \begin{cases} \int_{q^0}^{p/m} f(q)\mathrm{d}q, & p > mq^0 \\ 0, & 其他情况下 \end{cases} \tag{3-2}$$

2.买方

对于知识需求者(即潜在的买方)来讲，我们假设他的效用函数为：

$$U_B = U_B(c, r \mid t, q) = c + tqr$$

① Molho B., Wilson C., 1980:"The nature of equilibrium in markets with adverse selection", *Bell Journal of Economics*, Vol.11, No.1, pp.108-130.

这里 c 为买方对其他物品的消费；r 表示买方是否购买产品，$r=1$ 表示购买，$r=0$表示不购买；t 表示知识产品质量与其他物品消费相比的相对评价参数，为了保证交易能够顺利进行，应有 $t\geqslant m$。我们同样以 p 代表产品的价格，而把其他商品的价格定义为1。

买方在收入预算约束下面临的问题是：

$$\max_{c,r} U_B = c + tqr$$

假定他的预算约束为 $Y_B = c + pr$，这里 Y_B 为买方的收入。与阿克洛夫模型的基本假定一样，虽然消费者并不知道每件产品的实际质量，但可以通过推测和估计等方式来确定产品的平均质量。因此，我们现在假定知识产品的平均质量水平为 μ。

在存在质量不确定性的前提下，决定买方是否购买的决策依据应是期望效用：

$$E(U_B) = c + tE(q)n = c + t\mu r$$

这里 $E(q)$所反映的是知识产品的期望质量水平，实际上也就是其平均质量，即 $\mu = E(q)$。

我们把预算约束式代入期望效用函数有：

$$E(U_B) = Y_B + (t\mu - p)r$$

如果要使买方在购买产品即 $r=1$ 时效用提高，应有：

$$t\mu - p > 0\text{，即 } t\mu > p \text{ 或 } \mu > p/t \tag{3-3}$$

实际上，式(3-3)向我们表明了需求方的决策边界。

3.供需双方可能的均衡结果

和阿克洛夫模型一样，我们将供求函数建立在平均质量与价格的关系之上。按照威尔逊模型(Wilson model)，产品价格与平均质量的关系应为：

$$\begin{aligned}\mu &= E(p \mid mq < p) = \int_{q^0}^{p/m} qf(q)\mathrm{d}q / S(p) \\ &= \int_{q^0}^{p/m} qf(q)\mathrm{d}q \Big/ \int_{q^0}^{p/m} f(q)\mathrm{d}q \quad (q^0 < p < q^1)\end{aligned} \tag{3-4}$$

由于供需函数同时满足式(3-1)的条件，因此，式(3-4)实际上表明了达成交易的产品的平均质量水平，更重要的是表明了供给方的决策边界。将式(3-4)与式(3-3)联立，我们就可以分析出供需双方的交易均衡条件，也就是瓦尔拉斯均衡区域。

为了说明问题，我们赋予知识产品质量以一定的概率分布，假定 q 服从均匀分布，则它的密度函数应为 $f(q) = 1/(q^1 - q^0)$。现在，我们根据 m 的大小分两种情况来讨论市场的均衡和价格的变化。

【情形 1】 $m=1$，这样，式(3-4)就变为：

$$\mu=\int_{q^0}^{p}\frac{q}{q^1-q^0}\mathrm{d}q\Big/\int_{q^0}^{p}\frac{1}{q^1-q^0}\mathrm{d}q=\frac{p+q^0}{2} \tag{3-5}$$

那么，知识供给者和知识需求者之间可能的均衡结果如图 3-2 所示。

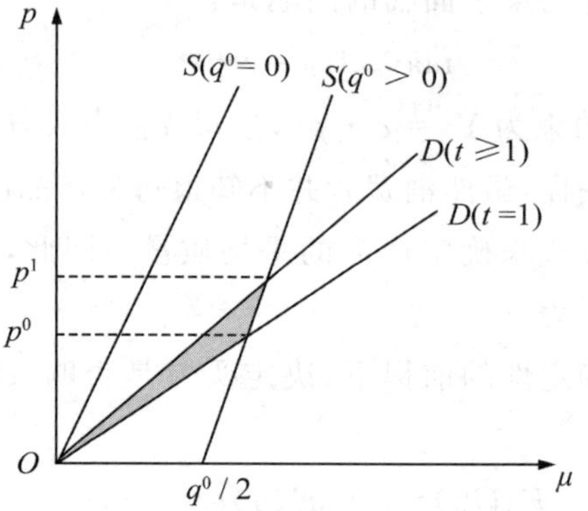

图 3-2　供需双方的均衡结果

在图 3-2 中，式(3-4)所表达的就是射线 $S(q^0>0)$ 和射线 $S(q^0=0)$，它是两条质量分布起点不同的供给曲线，反映了供给方的决策意愿和依据。式(3-3)在图 3-2 中所表达的就是射线 $D(t\geqslant1)$ 的右下方，其为需求者的决策边界。由前所述，为了保证交易能够顺利进行，需要有 $t\geqslant1$，所以，射线 $D(t=1)$、$D(t\geqslant1)$ 和 $S(q^0>0)$ 为所有表达需求区域的交集，就是瓦尔拉斯均衡区域。

如果产品的最低质量为 0(即 $q^0=0$)，相应的 $S(q^0=0)$ 和 $D(t\geqslant1)$ 的右下方区域的交集也就是唯一可能的均衡点，为原点(0,0)，其实际上已经没有什么意义，可以不予考虑。现在我们来看最低质量非 0 的情况(即 $q^0>0$)。从图 3-2 中可以看出，如果消费者通过降低他对知识产品的质量偏好来弥补他对质量判断不足的话(t 值会更加趋近于 1)，反映在图中就是形成均衡的边界会缩小，所反映的均衡价格会下降(在图中由 p^1 趋于 p^0)。这就说明，由于网络的虚拟性，知识付费市场容易形成低价格的均衡。

【情形 2】 $m\neq1$ 时，式(3-4)就变为：

$$\mu=\int_{q^0}^{p/m}\frac{q}{q^1-q^0}\mathrm{d}q\Big/\int_{q^0}^{p/m}\frac{1}{q^1-q^0}\mathrm{d}q=\frac{1}{2}\left(\frac{p}{m}+q^0\right) \tag{3-6}$$

因为卖方对产品的质量偏好 $m\neq1$，这样将式(3-6)与式(3-3)联立以后，供需双方可能的均衡范围如图 3-3 所示。

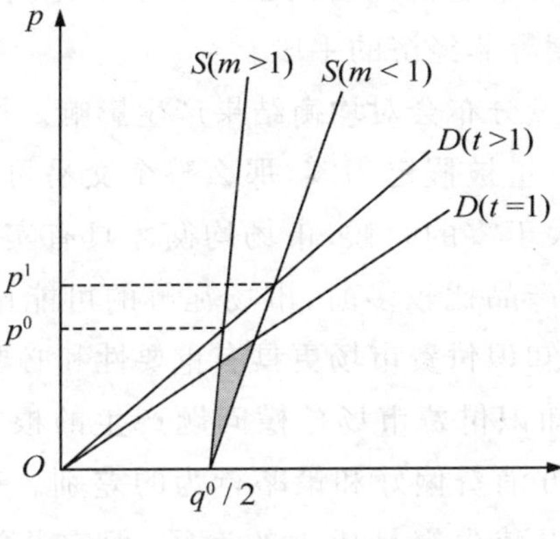

图 3-3　供需双方的均衡范围

从图 3-3 中可以看出，随着 m 的增加，也就是当潜在的知识卖家对产品的质量效用偏好增加时，供给区域（也就是射线 S）和需求区域（也就是射线 D）右下方的交集会缩小，这同样意味着瓦尔拉斯均衡区域在缩小，所反映的均衡价格会下降（在图中由 p^1 趋于 p^0）。

（三）基本结论

根据以上分析可以得出以下结论。

（1）买卖双方对产品质量偏好的差异会造成瓦尔拉斯均衡区域缩小和瓦尔拉斯均衡价格下降。也就是说，在知识产品上，买卖双方对产品质量偏好的差异会形成低价格的均衡。直观地解释这种现象，就是在知识付费市场虚拟性的条件下，消费者要购买产品，不仅要设法了解产品的质量分布，还要了解卖方的销售动机。而网络的虚拟性加大了消费者的信息劣势。因此，体现在知识产品上的柠檬问题在某种程度上比传统市场更加严重，或者换句话讲，知识需求者的"柠檬敏感性"更强。

（2）由于知识付费市场可能更趋近低价格的均衡，所以，威尔逊等人所论证的多重瓦尔拉斯均衡解（multiple-Walrasian equilibrium）或者多重帕累托（multiple-Pareto）最优解会表现为低价格的多重均衡。因此，知识产品价格所能体现的质量信号的强度比传统市场要低。由此可以推断，我们需要更多地使用除了价格手段以外的其他方法来解决知识产品中的柠檬问题，比如中介、信号和声誉等方法。

（3）如果一个知识付费市场是在低价格水平上取得的均衡，这可能意味着该市场福利水平的下降和市场自发协调的失灵。所以，与实物市场比较起来,知识产品更加期待市场协调者的出现。这个协调者可能是作为第三方的质量中介或者制度等非经济的手段。

(4)知识产品的质量分布会对均衡结果产生影响。极端的情况是,如果某种知识产品的最低质量被假定为零,那么整个交易可能会完全瓦解。只有当最差产品的质量大于零的时候,市场均衡才具有实际的意义。这也就说明,如果市场上劣质产品比较多时,市场瓦解的可能性会比较大。因此,与传统市场相比,规范知识付费市场更具有重要性和必要性。

(5)从本质上讲,知识付费市场柠檬问题产生的根本原因在于知识需求者和知识供给者双方消费偏好和策略行为的差别。基于网络的知识产品虽然提供了一个可以减少交易成本的途径,但它并没有改变交易中的信息非对称性。这是我们观察和利用知识产品的前提。

五、知识付费市场中的演化博弈模型

(一)基本假设

在不考虑知识付费市场环境的前提下,根据各主体的作用,假设卖方、买方、知识付费平台能够组成一个完整的知识付费市场,且各参与主体均为有限理性个体,彼此间存在信息不对称。基于演化博弈理论,对参与博弈的三方主体提出如下假设:

博弈主体1:卖方。随着知识付费的兴起,参与知识交易的用户逐渐增多,人们的付费意愿也日益增长,这极大地提高了知识卖家的收益。在知识付费平台的监管下,知识卖家为了维持用户黏性,吸引更多的知识买家,他们会积极为买家提供优质服务。与此同时,随着知识付费市场的发展,知识产品同质化现象日益严重,且平台也逐渐显现出高额佣金、霸王条约等问题,这使得部分知识卖家选择提供劣质知识产品以获取更高的利润。因而,在知识付费市场中,卖家可以选择的策略为{积极履职,消极履职}。假设卖方在积极履职过程中会为买方提供优质的知识产品,在消极履职过程中会为买方提供劣质的知识产品,且卖方积极履职的概率为 $x(0\leqslant x\leqslant 1)$,消极履职的概率为 $1-x$,其中,x 为时间 t 的函数,卖方的初始意愿为 $x_0(0\leqslant x_0\leqslant 1)$。卖方消极履职时生产知识产品的费用为 C_1;在积极履职时,卖方会对生产知识产品投入更多精力 M,其积极履职的成本为 $M+C_1$。当买方积极参与时,卖方积极履职时的基本收益为 R_1,卖方消极履职时的基本收益为 R_2;

当买方消极参与时，卖方积极履职时的基本收益为 R_3，卖方消极履职时的基本收益为 R_4。当知识付费平台积极规制时，积极履职的卖方会获得额外收益 R_5。

博弈主体 2：买方。在知识付费市场中，卖方为买方提供了多样化的知识产品。买方在面对劣质知识产品时，一方面会采取多种方法来维护自身的合法权益，另一方面会因流程、成本、自身知识水平等原因而采取漠视态度。此外，有些买方会发布虚假信息以获取个人利益，这种投机行为将严重影响知识付费市场的秩序。因此，知识付费市场中买方的策略空间为{积极参与，消极参与}，买方积极参与的概率为 $y(0 \leqslant y \leqslant 1)$，消极参与的概率为 $1-y$，y 为时间 t 的函数，买方的初始意愿为 $y_0(0 \leqslant y_0 \leqslant 1)$。当卖方积极履职时，买方能够获得的基本收益为 R_6；当卖方消极履职时，买方消极参与的基本收益为 R_7，买方积极参与的收益为 R_7+N，其中，N 为积极参与买方对消极履职卖方的惩罚。买方积极参与时，需要对知识产品的质量进行鉴别，且需通过一定方式来维护自己的权益，这将需要一定的成本 C_2。当知识付费平台积极规制时，积极参与的买方会获得额外收益 R_8。

博弈主体 3：知识付费平台。在知识付费平台快速发展的过程中，平台可能会投入大量精力去规范卖方的行为，对知识产品的质量进行审核。与此同时，为了吸引更多知识卖方入驻、降低平台审核的运营成本，知识付费平台可能会对知识卖方的投机行为采取放任态度。因此，假设知识付费平台的策略为{积极规制，消极规制}，知识付费平台积极规制的概率为 $z(0 \leqslant z \leqslant 1)$，消极规制的概率为 $1-z$，z 为时间 t 的函数，知识付费平台的初始意愿为 $z_0(0 \leqslant z_0 \leqslant 1)$。在积极规制的情况下，知识付费平台会对积极履职的卖方给予补贴 H，会对积极参与的买方给予补贴 I，会对消极履职的卖方给予惩罚 J，会对消极参与的买方给予惩罚 K。知识付费平台积极规制时会对卖方、买方的行为进行监督，这将花费一定的规制成本 C_3。此外，卖方积极履职时知识付费平台将得到感知收益 R_9，买方积极参与时知识付费平台将得到感知收益 R_{10}。相关的参数及含义如表 3-1 所示。

表 3-1　参数的符号与含义

符号	含义
M	卖方积极履职与消极履职的成本差额
N	积极参与买方对消极履职卖方的惩罚

续表

符号	含义
H	积极规制平台对积极履职卖方的补贴
I	积极规制平台对积极参与买方的补贴
J	积极规制平台对消极履职卖方的惩罚
K	积极规制平台对消极参与买方的惩罚
R_1	买方积极参与,积极履职卖方的基本收益
R_2	买方积极参与,消极履职卖方的基本收益
R_3	买方消极参与,积极履职卖方的基本收益
R_4	买方消极参与,消极履职卖方的基本收益
R_5	平台积极规制,积极履职卖方的额外收益
R_6	卖方积极履职时买方的基本收益
R_7	卖方消极履职、买方消极参与的基本收益
R_8	平台积极规制,积极参与买方的额外收益
R_9	卖方积极履职时平台的感知收益
R_{10}	买方积极参与时平台的感知收益
C_1	卖方消极履职时的投入成本
C_2	买方积极参与时的投入成本
C_3	平台积极规制时的投入成本
x	卖方积极履职的概率
y	买方积极参与的概率
z	平台积极规制的概率

(二)三方博弈模型构建

根据上述分析假设,构建以卖方、买方、知识付费平台为主体的三方博弈收益矩阵,如表 3-2 所示。

表 3-2　卖方、买方、知识付费平台的三方博弈收益矩阵

卖方	买方	知识付费平台	
		积极规制(z)	消极规制($1-z$)
积极履职(x)	积极参与(y)	$R_1+R_5+H-M-C_1$ $R_6+R_8+I-C_2$ $R_9+R_{10}-H-I-C_3$	R_1-M-C_1 R_6-C_2 R_9+R_{10}
	消极参与($1-y$)	$R_3+R_5+H-M-C_1$ R_6-K $R_9+K-H-C_3$	R_3-M-C_1 R_6 R_9
消极履职($1-x$)	积极参与(y)	$R_2-N-J-C_1$ $R_7+R_8+N+I-C_2$ $R_{10}+J-I-C_3$	R_2-N-C_1 R_7+N-C_2 R_{10}
	消极参与($1-y$)	R_4-J-C_1 R_7-K $J+K-C_3$	R_4-C_1 R_7 0

1.卖方

卖方选择“积极履职”的期望收益为：

$$E_x=y(R_1-R_3)+z(R_5+H)+R_3-M-C_1$$

卖方选择“消极履职”的期望收益为：

$$E_{1-x}=y(R_2-N-R_4)-zJ+R_4-C_1$$

卖方的平均期望收益为：

$$\overline{E_a}=xE_x+(1-x)E_{1-x}$$

卖方的复制动态方程为：

$$\begin{aligned}U(x)&=\frac{\mathrm{d}x}{\mathrm{d}t}=x(E_x-\overline{E_a})\\&=x(1-x)[y(R_1+R_4-R_2-R_3+N)\\&\quad+z(R_5+H+J)+R_3-R_4-M]\end{aligned}\tag{3-7}$$

2.买方

买方选择“积极参与”的期望收益为：

$$E_y=x(R_6-R_7-N)+z(R_8+I)+R_7+N-C_2$$

买方选择“消极参与”的期望收益为：

$$E_{1-y}=x(R_6-R_7)-zK+R_7$$

买方的平均期望收益为：

$$\overline{E_b}=yE_y+(1-y)E_{1-y}$$

买方的复制动态方程为：

$$U(y)=\frac{dy}{dt}=y(E_y-\overline{E_b})$$
$$=y(1-y)[z(R_8+I+K)+N(1-x)-C_2] \quad (3\text{-}8)$$

3.知识付费平台

知识付费平台选择“积极规制”的期望收益为：

$$E_z=x(R_9-H-J)+y(R_{10}-I-K)+J+K-C_4$$

知识付费平台选择“消极规制”的期望收益为：

$$E_{1-z}=xR_9+yR_{10}$$

知识付费平台的平均期望收益为：

$$\overline{E_c}=zE_z+(1-z)E_{1-z}$$

知识付费平台的复制动态方程为：

$$U(z)=\frac{dz}{dt}=z(E_z-\overline{E_c})$$
$$=z(1-z)[x(-H-J)+y(-I-K)+J+K-C_3] \quad (3\text{-}9)$$

(三)稳定性分析

联立公式(3-7)、(3-8)、(3-9)可得到知识付费市场的复制动力系统，即：

$$\begin{cases}U(x)=x(1-x)[y(R_1+R_4-R_2-R_3+N)+z(R_5+H+J)\\ \quad +R_3-R_4-M]\\ U(y)=y(1-y)[z(R_8+I+K)+N(1-x)-C_2]\\ U(z)=z(1-z)[x(-H-J)+y(-I-K)+J+K-C_3]\end{cases} \quad (3\text{-}10)$$

根据微分方程的稳定性原理①，令式(3-10)中的 $U(x)=0\cap U(y)=0\cap U(z)=0$，即可得到复制动力系统的均衡点：$E_1(0,0,0)$、$E_2(0,0,1)$、$E_3(0,1,0)$、$E_4(0,1,1)$、$E_5(1,0,0)$、$E_6(1,0,1)$、$E_7(1,1,0)$、$E_8(1,1,1)$、$E_9(x^*,y^*,z^*)$。泽尔腾(Selten)②、里兹伯格(Ritzberger)和威布尔

① Weinstein M. I., 1986: “Lyapunov stability of ground states of nonlinear dispersive evolution equations”, *Communications on Pure & Applied Mathematics*, Vol.39, No.1, pp.51-67.

② Selten R., 1980: “A note on evolutionarily stable strategies in asymmetric animal conflicts”, *Journal of Theoretical Biology*, Vol.84, No.1, pp.93-101.

(Weibull)①、曾德宏②、肖忠东等人③的研究表明,多群体演化博弈的演化稳定点(ESS),也必然为纯策略纳什均衡,即在非对称博弈中混合策略均衡一定不是演化稳定均衡。因此,本书将分析 8 个纯策略均衡点。针对三方演化博弈的稳定性分析,通过均衡点雅可比(Jacobian)矩阵的行列式($\det \boldsymbol{J}$)和迹($\mathrm{tr}\boldsymbol{J}$)的正负性判别稳定性已不再适用。这里,均衡点的渐进稳定性须根据李雅普洛夫稳定性理论加以判定,即对于复制动力系统的 ESS,其雅可比矩阵特征值均为负。④

对 $U(x)$、$U(y)$、$U(z)$ 分别求关于 x、y、z 的偏导,可以得到知识付费市场的复制动力系统的雅可比矩阵:

$$\boldsymbol{J}=\begin{bmatrix} (1-2x)\begin{bmatrix} y(R_1+R_4-R_2 \\ -R_3+N)+ \\ z(R_5+H+J) \\ +R_3-R_4-M \end{bmatrix} & x(1-x)(R_1+R_4-R_2-R_3+N) & x(1-x)(R_5+H+J) \\ -y(1-y)N & (1-2y)[z(R_8+I+K)+N(1-x)-C_2] & y(1-y)(R_8+I+K) \\ z(1-z)(-H-J) & z(1-z)(-I-K) & (1-2z)\begin{bmatrix} x(-H-J) \\ +y(-I-K) \\ +J+K-C_3 \end{bmatrix} \end{bmatrix}$$

下面将以 $E_1(0,0,0)$ 为例,探讨其特征值及渐进稳定条件。平衡点 $E_1(0,0,0)$ 的雅可比矩阵为:

$$\boldsymbol{J}_1=\begin{bmatrix} R_3-R_4-M & 0 & 0 \\ 0 & N-C_2 & 0 \\ 0 & 0 & J+K-C_3 \end{bmatrix} \tag{3-11}$$

由式(3-11)可以看出,$E_1(0,0,0)$ 的特征值分别为:$\lambda_1=R_3-R_4-M$;$\lambda_2=N-C_2$;$\lambda_3=J+K-C_3$。同理,可以得到复制动力系统的雅可比矩阵特征值,如表 3-3 所示。

---

① Ritzberger K., Weibull J. W., 1995: "Evolutionary selection in normal-form games", *Econometrica*, Vol.63, No.6, pp.1371-1399.

② 参见曾德宏:《多群体演化博弈均衡的渐近稳定性分析及其应用》,暨南大学硕士学位论文,2012 年。

③ 参见肖忠东等:《环境规制下的地方政府与工业共生链上下游企业间三方演化博弈和实证分析》,《系统工程》2020 年第 1 期。

④ 参见赵道致等:《考虑平台网络外部性的分享经济中三方演化博弈分析》,《控制与决策》2020 年第 7 期。

表 3-3 复制动力系统的雅可比矩阵特征值

均衡点	特征值 λ_1	特征值 λ_2	特征值 λ_3
$E_1(0,0,0)$	R_3-R_4-M	$N-C_2$	$J+K-C_3$
$E_2(0,0,1)$	$R_5+H+J+R_3-R_4-M$	$R_8+I+K+N-C_2$	$-(J+K-C_3)$
$E_3(0,1,0)$	R_1+N-R_2-M	$-(N-C_2)$	$J-I-C_3$
$E_4(0,1,1)$	$R_1+R_5-R_2+N+H+J-M$	$-(R_8+I+K+N-C_2)$	$-(J-I-C_3)$
$E_5(1,0,0)$	$-(R_3-R_4-M)$	$-C_2$	$K-H-C_3$
$E_6(1,0,1)$	$-(R_5+H+J+R_3-R_4-M)$	$R_8+I+K-C_2$	$-(K-H-C_3)$
$E_7(1,1,0)$	$-(R_1+N-R_2-M)$	C_2	$-H-I-C_3$
$E_8(1,1,1)$	$-(R_1+R_5-R_2+N+H+J-M)$	$-(R_8+I+K-C_2)$	$H+I+C_3$

对于各均衡点而言，若其特征值 λ_1、λ_2、λ_3 皆为负，那么其是系统的演化稳定点。依据知识付费市场的实际运营情况对各均衡点进行分析可知，$C_2>0$，$H+I+C_3>0$，也就是说，$E_7(1,1,0)$、$E_8(1,1,1)$这两个均衡点是不稳定点。要想使知识付费市场实现演化稳定，就需要对均衡点 $E_1(0,0,0)$、$E_2(0,0,1)$、$E_3(0,1,0)$、$E_4(0,1,1)$、$E_5(1,0,0)$、$E_6(1,0,1)$的渐进稳定性进行分析。各均衡点的渐进稳定性条件如表 3-4 所示。

表 3-4 复制动力系统在均衡点处的渐进稳定性条件

均衡点	渐进稳定性条件	编号
$E_1(0,0,0)$	$R_3-R_4-M<0, N-C_2<0, J+K-C_3<0$	①
$E_2(0,0,1)$	$R_5+H+J+R_3-R_4-M<0, R_8+I+K+N-C_2<0, -(J+K-C_3)<0$	②
$E_3(0,1,0)$	$R_1+N-R_2-M<0, -(N-C_2)<0, J-I-C_3<0$	③
$E_4(0,1,1)$	$R_1+R_5-R_2+N+H+J-M<0, -(R_8+I+K+N-C_2)<0, -(J-I-C_3)<0$	④
$E_5(1,0,0)$	$-(R_3-R_4-M)<0, -C_2<0, K-H-C_3<0$	⑤
$E_6(1,0,1)$	$-(R_5+H+J+R_3-R_4-M)<0, R_8+I+K-C_2<0, -(K-H-C_3)<0$	⑥

根据表 3-4 可知，卖方收益、卖方成本、买方成本、知识付费平台成本、知识付费平台对卖方的补贴和惩罚、知识付费平台对买方的补贴和惩罚、买

方对卖方的惩罚等诸多因素都会影响复制动力系统的雅可比矩阵特征值。下面将对渐进稳定性条件①～⑥中各均衡点的稳定性进行分析(见表3-5)。

表 3-5 各渐进稳定性条件下各均衡点的稳定性

		E_1	E_2	E_3	E_4	E_5	E_6
条件①	正负性	－－－	?? ＋	? ＋－	?? ＋	＋－－	?? ＋
	稳定性	ESS	不稳定	不稳定	不稳定	不稳定	不稳定
条件②	正负性	－－＋	－－－	? ＋?	? ＋?	＋－?	＋－?
	稳定性	不稳定	ESS	不稳定	不稳定	不稳定	不稳定
条件③	正负性	? ＋?	? ＋?	－－－	? －＋	? －?	???
	稳定性	不稳定	不稳定	ESS	不稳定	不确定	不确定
条件④	正负性	?? ＋	? ＋?	－? ＋	－－－	? －?	???
	稳定性	不稳定	不稳定	不稳定	ESS	不确定	不确定
条件⑤	正负性	＋??	＋??	???	???	－－－	－? ＋
	稳定性	不稳定	不稳定	不确定	不确定	ESS	不稳定
条件⑥	正负性	?? ＋	＋??	???	???	? －＋	－－－
	稳定性	不稳定	不稳定	不确定	不确定	不稳定	ESS

根据表3-5可知,在各渐进稳定性条件下,复制动力系统可能存在多个均衡点。具体来说:

在条件①的情况下,除了 E_1 为复制动力系统雅可比矩阵的稳定点外,其他均衡点皆为不稳定点。此时,卖方消极履职、买方消极参与、知识付费平台消极规制这一策略子集为系统的演化稳定点。

在条件②的情况下,系统中只有 E_2 这一个稳定点。此时,卖方消极履职、买方消极参与、知识付费平台积极规制这一策略子集为系统的演化稳定点。

在条件③的情况下,E_3 为稳定点,即卖方消极履职、买方积极参与、知识付费平台消极规制这一策略子集为系统的演化稳定点。此外,E_5、E_6 的稳定性不确定。具体情况有:第一,满足条件③、条件⑤,此时 E_3、E_5 为稳定点,E_6 为不稳定点。第二,满足条件③、条件⑥,此时 E_3、E_6 为稳定点,E_5 为不稳定点。总体而言,在条件③的情况中,系统中最多存在两个稳定点。

在条件④的情况下,E_4 为稳定点,E_5 和 E_6 的稳定性不确定。具体情况有:第一,满足条件④、条件⑤,此时 E_4、E_5 为稳定点,E_6 为不稳定点。

第二，满足条件④、条件⑥，此时 E_4、E_6 为稳定点，E_5 为不稳定点。因此在条件④的情况中，系统最多存在两个稳定点。

在条件⑤的情况下，E_5 为稳定点，E_3、E_4 的稳定性不确定。具体情况有：第一，满足条件⑤、条件③，那么 E_5、E_3 为稳定点，E_4 为不稳定点。第二，满足条件⑤、条件④，那么 E_5、E_4 为稳定点，E_3 为不稳定点。因此在条件⑤的情况中，系统最多存在两个稳定点。

在条件⑥的情况下，E_6 为稳定点，E_3、E_4 的稳定性不确定。具体情况有：第一，满足条件⑥、条件③，那么 E_6、E_3 为稳定点，E_4 为不稳定点。第二，满足条件⑥、条件④，那么 E_6、E_4 为稳定点，E_3 为不稳定点。因此在条件⑥的情况中，系统最多存在两个稳定点。

总体来说，当满足条件①或条件②时，系统中仅存在一个稳定点；当满足条件③⑤或条件③⑥或条件④⑤或条件④⑥时，系统中存在两个稳定点。

六、知识付费柠檬市场的形成与演化分析

知识付费市场中存在着多种复杂的演化路径，本章以知识付费市场为研究基点，希望能够探讨卖方、买方、知识付费平台的演化博弈过程及各自的演化稳定策略。基于 MATLAB 仿真分析软件，本章对系统中三方参与者行为策略的演化轨迹进行了模拟分析。

（一）参数设置

借鉴以往演化博弈分析中对系统初始值的设定方法①②③，本书将卖方初始意愿、买方初始意愿、知识付费平台初始意愿分布设定为低、中、高等级，即 $x_0, y_0, z_0 \in \Omega(0.2, 0.5, 0.8)$。根据知识付费市场中各主体初始意愿的不同，卖方、买方、知识付费平台的初始意愿组合有 27 种，具体包括{低，低，低}、{低，中，中}、{低，高，高}、{中，中，中}、{高，高，高}等情况。为方便比较，下面仅探究三方主体初始意愿一致的情况，即 x_0, y_0, z_0 取值为

① 参见刘峰涛、赵袁军、刘玮：《对赌协议机制下企业再融资阶段三方博弈》，《系统管理学报》2016 年第 2 期。

② 参见曹霞、于娟、张路蓬：《不同联盟规模下产学研联盟稳定性影响因素及演化研究》，《管理评论》2016 年第 2 期。

③ 参见陈伟、周文、郎益夫：《集聚结构、中介性与集群创新网络抗风险能力研究——以东北新能源汽车产业集群为例》，《管理评论》2015 年第 10 期。

{0.2,0.2,0.2}、{0.5,0.5,0.5}、{0.8,0.8,0.8}的情况。

为方便探究知识付费市场中各主体的变化情况，本书以渐进稳定性条件①为基础，参照卖方、买方、知识付费平台组成的知识付费市场的实际运营结构和利益关系，对渐进稳定性条件①、②、③、④、⑤、⑥、③⑤、③⑥、④⑤、④⑥等不同情境下的变量进行了赋值，具体赋值情况如表 3-6 所示。

表 3-6　知识付费市场中的变量赋值

条件	M	N	H	I	J	K	C_2	C_3	R_1	R_2	R_3	R_4	R_5	R_8
①	2	1	1	1	1	1	2	3	22	21	2	1	1	1
②	5	1	1	1	1	1	5	1	22	21	2	1	1	1
③	5	3	1	1	1	1	2	3	22	21	2	1	1	1
④	10	1	1	1	5	1	2	3	22	21	2	1	1	1
⑤	2	1	1	1	1	1	2	3	22	21	4	1	1	1
⑥	2	1	1	1	1	5	8	3	22	21	2	1	1	1
③⑤	4	2	1	1	1	1	1	3	22	21	6	1	1	1
③⑥	11	9	1	1	1	5	8	3	22	21	10	1	1	1
④⑤	10	1	1	1	5	1	2	3	22	21	12	1	1	1
④⑥	11	2	1	1	5	5	8	3	22	21	6	1	1	1

（二）仿真分析

在知识付费市场中，要想让系统实现演化稳定均衡，可能会出现多种情况。基于知识付费市场演化博弈模型和 MATLAB 仿真分析，下面将对渐进稳定性条件①、②、③、④、⑤、⑥、③⑤、③⑥、④⑤、④⑥等不同情境下卖方、买方、知识付费平台等博弈主体的策略选择行为进行仿真分析。

1.渐进稳定性条件①下的仿真分析

在条件①的情况下，假设系统中各主体的初始意愿一致，此时，卖方、买方、知识付费平台三方的策略演化如图 3-4 所示。

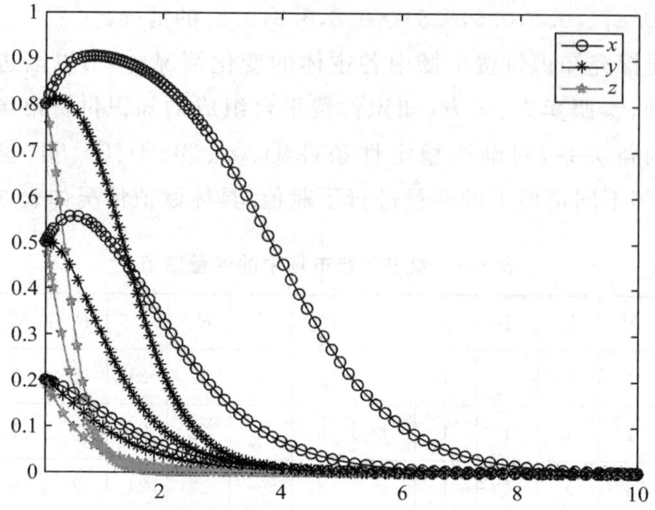

图 3-4 渐进稳定性条件①下三方策略演化趋势

在渐进稳定性条件①的情况下，卖方、买方、知识付费平台等三方主体的策略最终将稳定于{消极履职；消极参与；消极规制}。知识付费平台的策略会快速趋近于消极状态，卖方、买方趋向于消极状态的速度相对较慢。随着初始意愿的增加，各主体向消极状态演化的速度和概率都在逐渐降低。在中初始意愿和高初始意愿的情况下，卖方的策略会呈现先向积极状态演化再向消极状态演化的趋势，且初始意愿越高，卖方向积极状态演化的趋势就越明显。

2.渐进稳定性条件②下的仿真分析

在条件②的情况下，假设系统中各主体的初始意愿一致，此时，卖方、买方、知识付费平台三方的策略演化如图 3-5 所示。

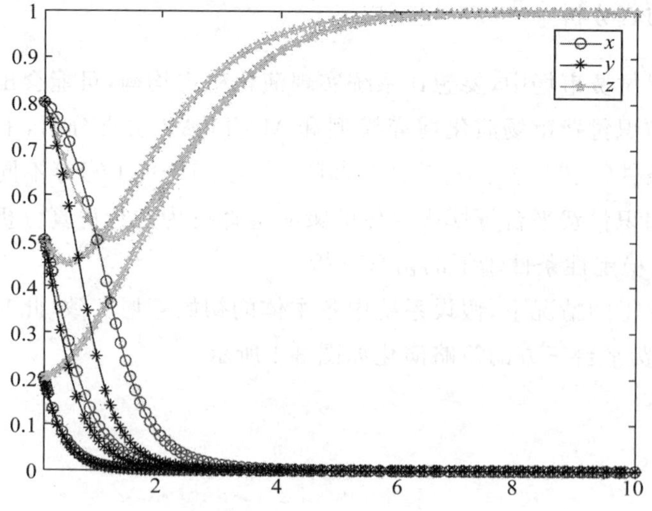

图 3-5 渐进稳定性条件②下三方策略演化趋势

在渐进稳定性条件②的情况下，卖方、买方、知识付费平台等三方主体的策略最终将稳定于{消极履职；消极参与；积极规制}。卖方、买方的策略会快速向消极状态演化，且初始意愿越低，主体趋向于消极状态的速度和概率就越大。对于知识付费平台，其策略会呈现先向消极状态演化再向积极状态演化的趋势，且初始意愿越高，知识付费平台向消极状态演化的趋势就越明显。

3.渐进稳定性条件③下的仿真分析

在条件③的情况下，假设系统中各主体的初始意愿一致，此时，卖方、买方、知识付费平台三方的策略演化如图 3-6 所示。

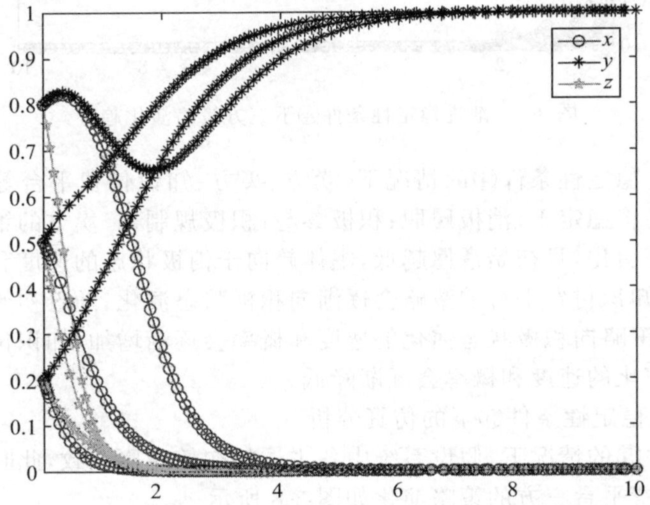

图 3-6　渐进稳定性条件③下三方策略演化趋势

在渐进稳定性条件③的情况下，卖方、买方、知识付费平台等三方主体的策略最终将稳定于{消极履职；积极参与；消极规制}。知识付费平台的策略会快速向消极状态演化，且初始意愿越低，主体趋向于消极状态的速度和概率就越大。卖方向消极状态演化的速度相对较慢，在高初始意愿的情况下，卖方还出现向积极状态演化的趋势。买方的策略会向积极状态演化，在中初始意愿情况下买方向积极状态演化的速度和概率都较大，其次是低初始意愿的情况，在高初始意愿的情况下买方向积极状态演化的趋势最慢，且其策略在前期会有一定程度的波动。

4.渐进稳定性条件④下的仿真分析

在条件④的情况下，假设系统中各主体的初始意愿一致，此时，卖方、买方、知识付费平台三方的策略演化如图 3-7 所示。

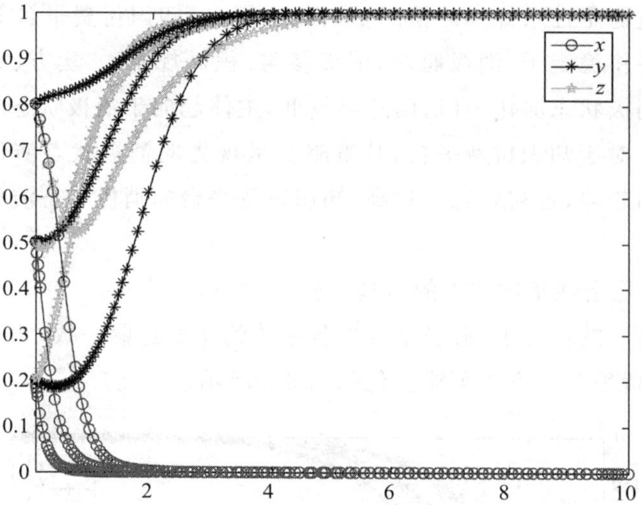

图 3-7 渐进稳定性条件④下三方策略演化趋势

在渐进稳定性条件④的情况下，卖方、买方、知识付费平台等三方主体的策略最终将稳定于{消极履职；积极参与；积极规制}。卖方的策略会快速向消极状态演化，且初始意愿越低，主体趋向于消极状态的速度和概率就越大。买方、知识付费平台的策略会逐渐向积极状态演化，随着初始意愿的增加，买方的策略向积极状态演化的速度和概率会逐渐增加，知识付费平台向积极状态演化的速度和概率会逐渐降低。

5.渐进稳定性条件⑤下的仿真分析

在条件⑤的情况下，假设系统中各主体的初始意愿一致，此时，卖方、买方、知识付费平台三方的策略演化如图 3-8 所示。

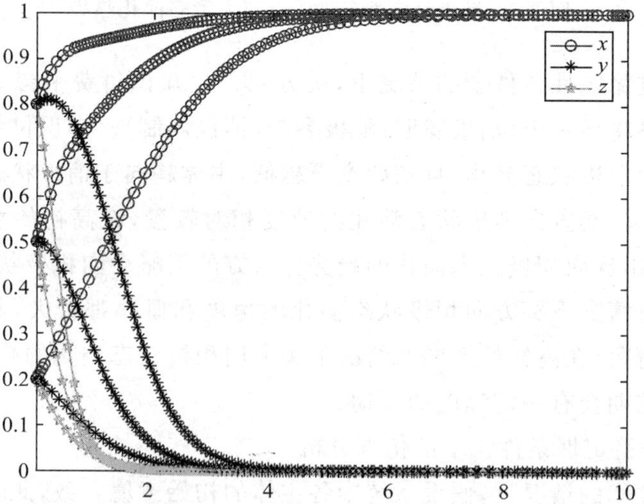

图 3-8 渐进稳定性条件⑤下三方策略演化趋势

在渐进稳定性条件⑤的情况下，卖方、买方、知识付费平台等三方主体的策略最终将稳定于{积极履职；消极参与；消极规制}。买方、知识付费平台的策略会逐渐向消极状态演化，且初始意愿越低，主体趋向于消极状态的速度和概率就越大；卖方的策略会逐渐向积极状态演化，且初始意愿越高，主体向积极状态演化的速度和概率就越大。

6.渐进稳定性条件⑥下的仿真分析

在条件⑥的情况下，假设系统中各主体的初始意愿一致，此时，卖方、买方、知识付费平台三方的策略演化如图 3-9 所示。

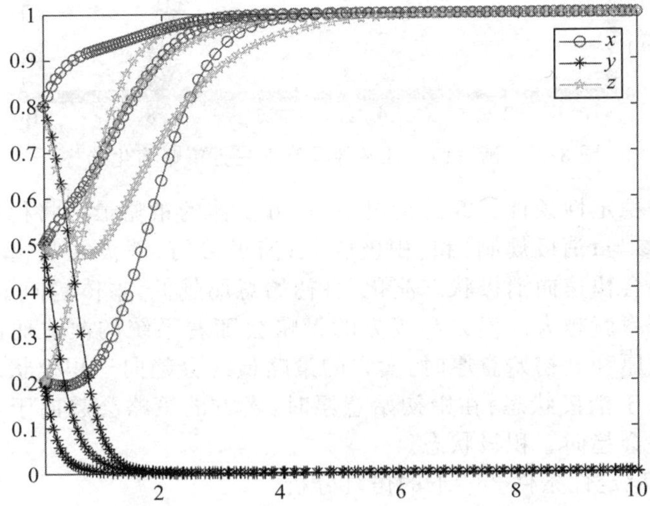

图 3-9　渐进稳定性条件⑥下三方策略演化趋势

在渐进稳定性条件⑥的情况下，卖方、买方、知识付费平台等三方主体的策略最终将稳定于{积极履职；消极参与；积极规制}。买方的策略会快速向消极状态演化，且初始意愿越低，主体趋向于消极状态的速度和概率就越大；卖方、知识付费平台的策略会逐渐向积极状态演化，随着初始意愿的增加，卖方的策略向积极状态演化的速度和概率会逐渐增加，知识付费平台向积极状态演化的速度和概率会逐渐降低。

7.渐进稳定性条件③⑤下的仿真分析

在条件③⑤的情况下，假设系统中各主体的初始意愿一致，此时，卖方、买方、知识付费平台三方的策略演化如图 3-10 所示。

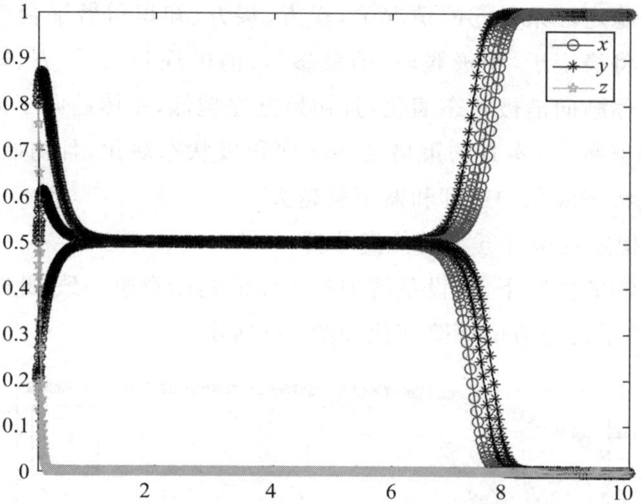

图 3-10 渐进稳定性条件③⑤下三方策略演化趋势

在渐进稳定性条件③⑤的情况下，三方主体的策略最终将稳定于{消极履职；积极参与；消极规制}和{积极履职；消极参与；消极规制}。知识付费平台的策略会快速向消极状态演化，且初始意愿越低，主体趋向于消极状态的速度和概率就越大。卖方和买方的策略会随着系统的演化而出现分化，在低初始意愿和高初始意愿时，卖方的策略最终会趋向于积极状态，买方的策略会趋向于消极状态；在中初始意愿时，卖方的策略会趋向于消极状态，买方的策略会趋向于积极状态。

8.渐进稳定性条件③⑥下的仿真分析

在条件③⑥的情况下，假设系统中各主体的初始意愿一致，此时，卖方、买方、知识付费平台三方的策略演化如图 3-11 所示。

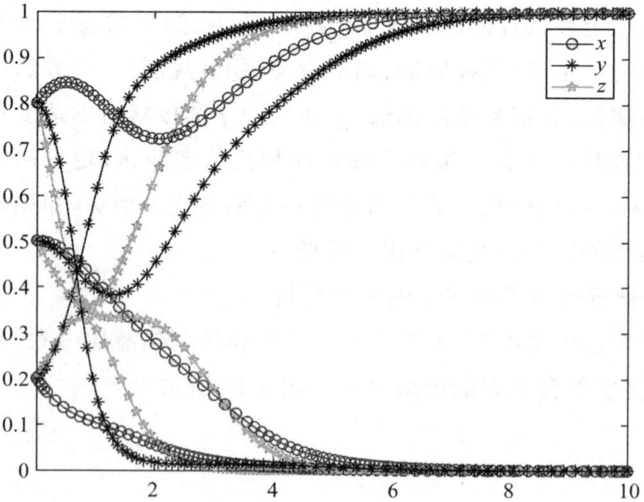

图 3-11 渐进稳定性条件③⑥下三方策略演化趋势

在渐进稳定性条件③⑥的情况下，卖方、买方、知识付费平台等三方主体的策略最终将稳定于{消极履职；积极参与；消极规制}和{积极履职；消极参与；积极规制}。在低初始意愿和中初始意愿时，卖方、知识付费平台的策略会向消极状态演化，买方的策略会向积极状态演化；在高初始意愿时，卖方、知识付费平台的策略会向积极状态演化，买方的策略会向消极状态演化。

9.渐进稳定性条件④⑤下的仿真分析

在条件④⑤的情况下，假设系统中各主体的初始意愿一致，此时，卖方、买方、知识付费平台三方的策略演化如图 3-12 所示。

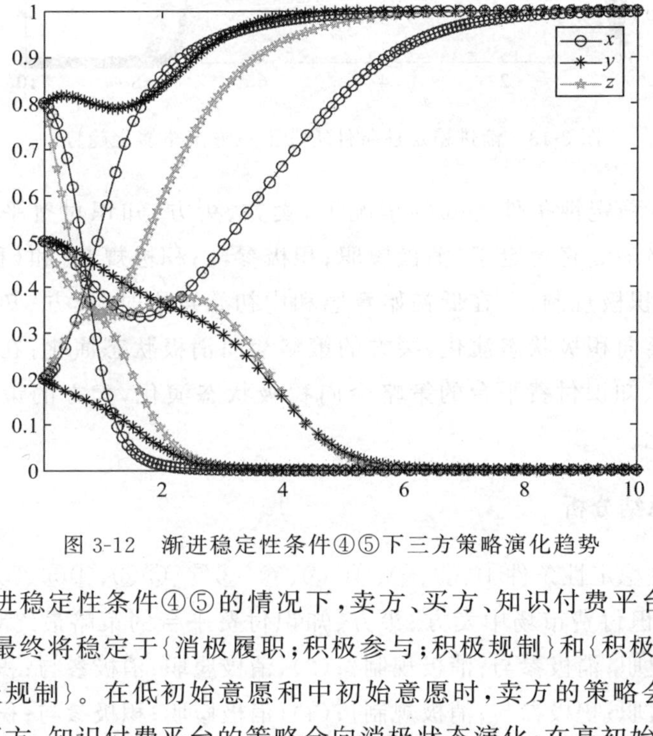

图 3-12　渐进稳定性条件④⑤下三方策略演化趋势

在渐进稳定性条件④⑤的情况下，卖方、买方、知识付费平台等三方主体的策略最终将稳定于{消极履职；积极参与；积极规制}和{积极履职；消极参与；消极规制}。在低初始意愿和中初始意愿时，卖方的策略会向积极状态演化，买方、知识付费平台的策略会向消极状态演化；在高初始意愿时，买方、知识付费平台的策略会向积极状态演化，卖方的策略会向消极状态演化。

10.渐进稳定性条件④⑥下的仿真分析

在条件④⑥的情况下，假设系统中各主体的初始意愿一致，此时，卖方、买方、知识付费平台三方的策略演化如图 3-13 所示。

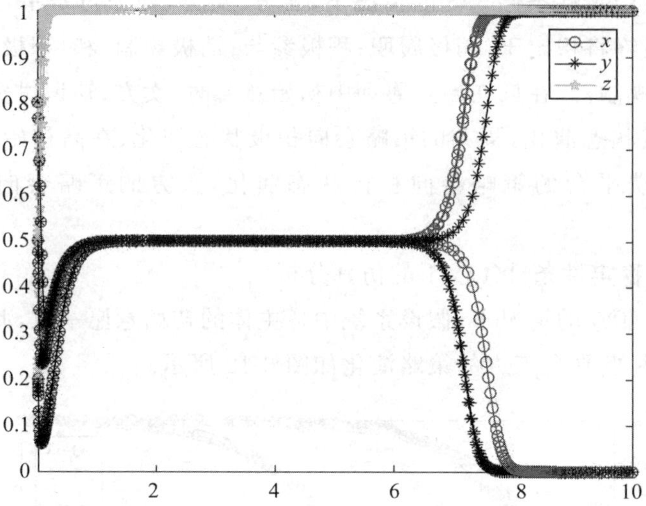

图 3-13　渐进稳定性条件④⑥下三方策略演化趋势

在渐进稳定性条件④⑥的情况下，卖方、买方、知识付费平台等三方主体的策略最终将稳定于{消极履职；积极参与；积极规制}和{积极履职；消极参与；积极规制}。在低初始意愿和中初始意愿时，卖方、知识付费平台的策略会向积极状态演化，买方的策略会向消极状态演化；在高初始意愿时，买方、知识付费平台的策略会向积极状态演化，卖方的策略会向消极状态演化。

(三)总结分析

在渐进稳定性条件①、②、③、④、⑤、⑥、③⑤、③⑥、④⑤、④⑥等十种情境下，知识付费市场中卖方、买方、知识付费平台的策略最终将稳定于：(1){消极履职；消极参与；消极规制}；(2){消极履职；消极参与；积极规制}；(3){消极履职；积极参与；消极规制}；(4){消极履职；积极参与；积极规制}；(5){积极履职；消极参与；消极规制}；(6){积极履职；消极参与；积极规制}。具体而言：在{消极履职；消极参与；消极规制}、{消极履职；消极参与；积极规制}、{消极履职；积极参与；消极规制}、{消极履职；积极参与；积极规制}情况中，知识卖方最终都选择消极策略，也就是说，随着知识付费市场的发展，市场中越来越多的知识卖方会选择提供劣质的知识产品，而选择提供优质知识产品的卖方会逐渐被挤出市场，最终造成知识付费市场柠檬问题的形成。在{积极履职；消极参与；消极规制}情况中，卖方会选择积极策略，买方、知识付费平台会选择消极策略，但满足这一情景要求卖方积极策略的收益要远大于消极策略的收益。而在实际情况中，当买方、知识付费平台选择消极策略时，卖方提供劣质知识产品获得的收益可能会更高。在{积极履职；消极参与；积极规制}情况中，卖方、知识付费平台会选择积极策略，买方会选择消极策略，但满足这一情景要求买方积极参与的成本较高，且要求知识付费平台给予消极买方较高的惩罚。而在实际情况中，知识买方积极参与的成本相对较低，且知识付费更多的是鼓励买方积极参与，不会对买方进行较高的惩罚，因为较高的惩罚会使大量买方退出市场进而使得整个知识付费市场消散。

总体而言，知识付费市场在发展演化过程中，柠檬问题会随之出现且不会消散。要想对知识付费市场中的柠檬问题进行治理，就需要对影响知识付费市场发展演化的因素进行分析，并制定相应的措施来减少、抑制柠檬问题的发生。

七、知识付费柠檬市场的影响因素分析

根据上述分析可以知道，知识付费市场的演化路径较为复杂。那么，卖方、买方、知识付费平台的演化博弈过程及各自的演化稳定策略会受到哪些因素的影响呢？通过对渐进稳定性条件①～⑥分析发现，知识付费市场中各主体的策略会受到 M、N、H、I、J、K、C_2、C_3、R_1、R_2、R_3、R_4、R_5、R_8 等变量的影响。为了深入分析卖方、买方、知识付费平台等博弈主体的策略选择行为，探明影响各主体策略变化的核心要素，本章将以渐进稳定性条件①为基础，对影响各参与主体变化的因素进行具体分析。

(一)卖方积极履职与消极履职的成本差额 M

为了探究变量 M 对知识付费市场中各主体策略选择的影响，这里将以渐进稳定性条件①为基础，对比分析 $M=1$，$M=2$，$M=3$ 时各主体策略的演化规律。

当卖方积极履职与消极履职的成本差额 M 变化时，卖方、买方、知识付费平台三方主体的策略均会发生一定变化。其中，卖方的策略变化最显著，买方次之，知识付费平台的策略变化较小。具体而言，随着 M 的增加，卖方选择消极策略的概率和速度会逐渐增加，买方、知识付费平台选择消极策略的概率和速度会逐渐减小；随着 M 的减小，卖方选择积极策略的概率和速度会逐渐增加，买方、知识付费平台选择积极策略的概率和速度会逐渐减

小。因而可知，卖方积极履职与消极履职的成本差额 M 会对卖方的积极策略选择产生负向影响作用，会对买方、知识付费平台的积极策略选择产生正向影响作用。

（二）积极参与买方对消极履职卖方的惩罚 N

为了探究变量 N 对知识付费市场中各主体策略选择的影响，这里将以渐进稳定性条件①为基础，对比分析 $N=0.1, N=1, N=2$ 时各主体策略的演化规律。

当积极参与买方对消极履职卖方的惩罚 N 变化时，卖方、买方、知识付费平台三方主体的策略均会发生一定变化。其中，卖方、买方的策略变化较显著，知识付费平台的策略变化较小。具体而言，随着 N 的增加，知识付费平台选择消极策略的概率和速度会逐渐增加，卖方、买方选择消极策略的概率和速度会逐渐减小；随着 N 的减小，知识付费平台选择积极策略的概率和速度会逐渐增加，卖方、买方选择积极策略的概率和速度会逐渐减小。因而可知，积极参与买方对消极履职卖方的惩罚 N 会对知识付费平台的积极策略选择产生负向影响作用，会对卖方、买方的积极策略选择产生正向影响作用。

（三）积极规制平台对积极履职卖方的补贴 H

为了探究变量 H 对知识付费市场中各主体策略选择的影响，这里将以渐进稳定性条件①为基础，对比分析 $H=0.1, H=1, H=2$ 时各主体策略的演化规律。

当积极规制平台对积极履职卖方的补贴 H 变化时，卖方、买方、知识付费平台三方主体的策略均会发生较小的变化。具体而言，随着 H 的增加，买方、知识付费平台选择消极策略的概率和速度会逐渐增加，卖方选择消极策略的概率和速度会逐渐减小；随着 H 的减小，买方、知识付费平台选择积极策略的概率和速度会逐渐增加，卖方选择积极策略的概率和速度会逐渐减小。因而可知，积极规制平台对积极履职卖方的补贴 H 会对买方、知识付费平台的积极策略选择产生负向影响作用，会对卖方的积极策略选择产生正向影响作用。

（四）积极规制平台对积极参与买方的补贴 I

为了探究变量 I 对知识付费市场中各主体策略选择的影响，这里将以渐进稳定性条件①为基础，对比分析 $I=0.1, I=1, I=2$ 时各主体策略的演化规律。

当积极规制平台对积极参与买方的补贴 I 变化时，卖方、买方、知识付费平台三方主体的策略均会发生较小的变化。具体而言，随着 I 的增加，卖方、知识付费平台选择消极策略的概率和速度会逐渐增加，买方选择消极策略的概率和速度会逐渐减小；随着 I 的减小，卖方、知识付费平台选择积极策略的概率和速度会逐渐增加，买方选择积极策略的概率和速度会逐渐减小。因而可知，积极规制平台对积极参与买方的补贴 I 会对卖方、知识付费平台的积极策略选择产生负向影响作用，会对买方的积极策略选择产生正向影响作用。

（五）积极规制平台对消极履职卖方的惩罚 J

为了探究变量 J 对知识付费市场中各主体策略选择的影响，这里将以渐进稳定性条件①为基础，对比分析 $J=0.1$，$J=1$，$J=2$ 时各主体策略的演化规律。

当积极规制平台对消极履职卖方的惩罚 J 变化时，卖方会发生显著变化，知识付费平台的变化较小，买方不会发生变化。具体而言，随着 J 的增加，卖方、知识付费平台选择消极策略的概率和速度会逐渐减小；随着 J 的减小，卖方、知识付费平台选择积极策略的概率和速度会逐渐减小。因而可知，积极规制平台对消极履职卖方的惩罚 J 会对卖方、知识付费平台的积极策略选择产生正向影响作用。

（六）积极规制平台对消极参与买方的惩罚 K

为了探究变量 K 对知识付费市场中各主体策略选择的影响，这里将以渐进稳定性条件①为基础，对比分析 $K=0.1$，$K=1$，$K=2$ 时各主体策略的演化规律。

当积极规制平台对消极参与买方的惩罚 K 变化时，卖方、买方、知识付费平台均会发生一定变化。具体而言，随着 K 的增加，卖方、买方、知识付费平台选择消极策略的概率和速度会逐渐减小；随着 K 的减小，卖方、买方、知识付费平台选择积极策略的概率和速度会逐渐减小。因而可知，积极规制平台对消极参与买方的惩罚 K 会对卖方、买方、知识付费平台的积极策略选择产生正向影响作用。

（七）买方积极参与时的投入成本 C_2

为了探究变量 C_2 对知识付费市场中各主体策略选择的影响，这里将以渐进稳定性条件①为基础，对比分析 $C_2=1$，$C_2=2$，$C_2=3$ 时各主体策略的演化规律。

当买方积极参与时的投入成本 C_2 变化时，卖方、买方会发生显著变化，知识付费平台的变化较小。具体而言，随着 C_2 的增加，卖方、买方选择消极策略的概率和速度会逐渐增加，知识付费平台选择消极策略的概率和速度会逐渐减小；随着 C_2 的减小，卖方、买方选择积极策略的概率和速度会逐渐增加，知识付费平台选择积极策略的概率和速度会逐渐减小。因而可知，买方积极参与时的投入成本 C_2 会对卖方、买方的积极策略选择产生负向影响作用，会对知识付费平台的积极策略选择产生正向影响作用。

（八）平台积极规制时的投入成本 C_3

为了探究变量 C_3 对知识付费市场中各主体策略选择的影响，这里将以渐进稳定性条件①为基础，对比分析 $C_3=2$，$C_3=3$，$C_3=4$ 时各主体策略的演化规律。

当平台积极规制时的投入成本 C_3 变化时，卖方、买方、知识付费平台均会发生一定变化。具体而言，随着 C_3 的增加，卖方、买方、知识付费平台选择消极策略的概率和速度会逐渐增加；随着 C_3 的减小，卖方、买方、知识付费平台选择积极策略的概率和速度会逐渐增加。因而可知，平台积极规制时的投入成本 C_3 会对卖方、买方、知识付费平台的积极策略选择产生负向影响作用。

（九）买方积极参与时卖方积极履职与消极履职的收益差额 R_1-R_2

对 R_1、R_2 分析可以发现，变量 R_1、R_2 非直接影响系统的演化博弈，而是借助卖方积极履职与消极履职间的收益差额来对系统产生影响，即通过 R_1-R_2 影响系统的演化轨迹。

为了深入探究变量 R_1-R_2 对买方及整个创业生态系统的影响，这里将对比分析 $R_1-R_2=0.1$，$R_1-R_2=1$，$R_1-R_2=2$ 时各主体策略的演化规律。

当卖方积极履职与消极履职的收益差额 R_1-R_2 变化时，卖方会发生显著变化，买方次之，知识付费平台的变化较小。具体而言，随着 R_1-R_2 的增加，买方、知识付费平台选择消极策略的概率和速度会逐渐增加，卖方选择消极策略的概率和速度会逐渐减小；随着 R_1-R_2 的减小，买方、知识付费平台选择积极策略的概率和速度会逐渐增加，卖方选择积极策略的概率和速度会逐渐减小。因而可知，买方积极参与时卖方积极履职与消极履职的收益差额 R_1-R_2 会对买方、知识付费平台的积极策略选择产生负向影响作用，会对卖方的积极策略选择产生正向影响作用。

(十)买方消极参与时卖方积极履职与消极履职的收益差额 R_3-R_4

对 R_3、R_4 分析可以发现，变量 R_3、R_4 并非直接影响系统的演化博弈，而是借助卖方积极履职与消极履职间的收益差额来对系统产生影响，即通过 R_3-R_4 影响系统的演化轨迹。

为了深入探究变量 R_3-R_4 对买方及整个创业生态系统的影响，这里将对比分析 $R_3-R_4=0.1$，$R_3-R_4=1$，$R_3-R_4=2$ 时各主体策略的演化规律。

当卖方积极履职与消极履职的收益差额 R_3-R_4 变化时，卖方会发生显著变化，买方次之，知识付费平台的变化较小。具体而言，随着 R_3-R_4 的增加，买方、知识付费平台选择消极策略的概率和速度会逐渐增加，卖方选择消极策略的概率和速度会逐渐减小；随着 R_3-R_4 的减小，买方、知识付费平台选择积极策略的概率和速度会逐渐增加，卖方选择积极策略的概率和速度会逐渐减小。因而可知，买方消极参与时卖方积极履职与消极履职的收益差额 R_3-R_4 会对买方、知识付费平台的积极策略选择产生负向影响作用，会对卖方的积极策略选择产生正向影响作用。

(十一)平台积极规制时积极履职卖方的额外收益 R_5

为了探究变量 R_5 对知识付费市场中各主体策略选择的影响，这里将以渐进稳定性条件①为基础，对比分析 $R_5=0.1$，$R_5=1$，$R_5=2$ 时各主体策略的演化规律。

当平台积极规制时积极履职卖方的额外收益 R_5 变化时，卖方的变化较显著，买方、知识付费平台的变化较小。具体而言，随着 R_5 的增加，买方、知识付费平台选择消极策略的概率和速度会逐渐增加，卖方选择消极策略的概率和速度会逐渐减小；随着 R_5 的减小，买方、知识付费平台选择积极策略的概率和速度会逐渐增加，卖方选择积极策略的概率和速度会逐渐减小。因而可知，平台积极规制时积极履职卖方的额外收益 R_5 会对买方、知识付费平台的积极策略选择产生负向影响作用，会对卖方的积极策略选择产生正向影响作用。

（十二）平台积极规制时积极参与买方的额外收益 R_8

为了探究变量 R_8 对知识付费市场中各主体策略选择的影响，这里将以渐进稳定性条件①为基础，对比分析 $R_8=0.1$，$R_8=1$，$R_8=2$ 时各主体策略的演化规律。

当平台积极规制时积极参与买方的额外收益 R_8 变化时，卖方、买方、知识付费平台会发生较小的变化。具体而言，随着 R_8 的增加，知识付费平台选择消极策略的概率和速度会逐渐增加，卖方、买方选择消极策略的概率和速度会逐渐减小；随着 R_8 的减小，知识付费平台选择积极策略的概率和速度会逐渐增加，卖方、买方选择积极策略的概率和速度会逐渐减小。由此可知，平台积极规制时积极参与买方的额外收益 R_8 会对知识付费平台的积极策略选择产生负向影响作用，会对卖方、买方的积极策略选择产生正向影响作用。

第四章　知识付费柠檬市场的实验检验

实验研究方法是自然科学研究的主要方法。随着现代科技的广泛渗透与应用，社会科学家，特别是经济学家也开始学习实验研究方法，实验经济学迎来了新的发展阶段。尤其是可控实验，由于其针对性强、因果识别简单、成本低和易重复等，可以胜任很多观察数据不存在或难以获得的理论检验任务，以及实行起来潜在风险或损失大且效果不可逆的政策和市场机制的测试等方面的问题研究。①

在知识付费市场，知识生产者和购买者之间的信息不对称，会让购买者不了解产品质量，使得知识创造者会生产低质量产品，从而扰乱市场秩序。知识生产者和购买者在交易时，交换的信息往往被看作有价值的私人信息，它不能无偿暴露给市场上的观望者，因此，这些信息是难以观察和测量的。简单来说，由知识所获取的效益也是很难被考察的。

然而，如果在实验室条件下，则可以确保信息的准确性、有效性、及时性。基于此，可以通过实验研究方法解决知识付费市场中由知识生产者和购买者的信息不对称问题所引发的柠檬问题。除此之外，实验研究方法不仅可以较好地展现知识购买者和生产者的信息不对称问题对于买卖双方行为的影响、对于市场效率的影响，而且可以为建立信息传播机制打下基础，更能为研究实验经济学提供理论依据和数据支撑。

一、实验目的和实验内容

在美国俗语中，“柠檬”一词表示“次品”或者“不中用的东西”。因而，“柠檬市场”就代表着次品市场。在市场中，只要生产者和购买者之间存在

---

① 参见包特、王国成、戴芸：《面向未来的实验经济学：文献述评与前景展望》，《管理世界》2020 年第 7 期。

信息不对称问题，就会使得“劣币驱逐良币”，进而导致市场中全是次品，最后形成次品市场。因此，柠檬理论使用于众多领域。

沟通是解决买卖双方间信息不对称问题和减少柠檬市场的重要手段。在当今社会，诚实也可以看作解决问题的方法。由于买卖双方间存在信息不对称现象，因此，购买者和生产者需要通过充分的信息交换来达成交易目的。在不了解对方意图的前提下，买卖双方主要聚焦于信息的真伪性，只能凭借曾经的交易记录和外在的声誉来甄别信息。因此，“诚实”这种传统美德变成了买卖双方间进行沟通的有效“工具”，并且买卖双方间的有效沟通也是减少信息不对称问题的有效途径。

考虑到知识付费过程中影响因素众多，且知识付费参与者的态度和意愿至关重要，本书基于行为经济学视角，从知识付费的供给者、消费者、知识付费平台三个层面综合分析知识付费柠檬市场的形成原理。

当今西方经济学重点关注的问题是信息经济学，其经典内容即是信息不对称。信息不对称深深影响着市场经济运行的效率，从而带来了许多市场经济的问题。“柠檬市场”的出现就能说明这个问题。在现实的知识付费领域中，这种“柠檬市场”也真实存在：知识产品供给方会比知识消费者掌握更多关于知识产品的信息，故产品提供方就在知识付费交易过程中占据了信息优势，容易通过伪装、造假等手段，让知识消费者多次买到质次价高的产品，长此以往，当消费者作出理性购买决策时，只愿意付出低价来购买知识产品，优秀的知识内容供应者会逐渐退出市场，知识付费市场会逐步萎缩甚至消亡。

本章的实验主要分为三项内容：研究知识产品在信息对称的情况下是怎样的，在没有保证书的前提下研究知识产品信息不对称的情况是怎样的，在能够提供保证书的情况下研究知识产品信息不对称的情况是怎样的。这三项内容无疑都在探讨、研究以及比较不完全信息市场带来的一些现实问题，这项实验会用到实验经济学的一些方法，道具主要是一些扑克牌。

二、实验要求

(一)实验需要的工具和材料

实验需要扑克牌 24 张[红牌 12 张(A～Q)、黑牌 12 张(A～Q)]，计时器 1 个，公告板 1 个，交易记录表 24 份。

(二)实验参与人员

1.市场监督人员

市场监督人员负责告知每次交易的知识优品与次品的成本价格,并监督交易时不得有违规暗箱操作行为。交易后,负责记录每位参加者的利润额,实验结束后根据公式核算每位参加者的利润总额。

2.买方

抽到红色牌的人为买方(共 12 人),交易前由市场监督员告知资产数额。

3.卖方

抽到黑色牌的人为卖方(共 12 人),其中 A-6 为优品所有者,7-Q 为次品所有者,交易前由市场监督员告知商品的成本。

(三)关于实验的补充

1.由于此项实验是模拟知识付费市场的交易活动,因此为激励买方和卖方追求收益或利润最大化,实验的主持人可以以金钱、分数、奖品等作为激励物。

2.实验的主持人可以在最后调整参加者获得的总利润和总激励物品之间的比重,这样的做法能够抵消此次实验中为了凸显经济学原理而出现的买卖双方获利不公平的地方。

3.为了简便,本实验参与的人数较少。为了使得实验的结果更为可靠,实验的主持人可以增加参与实验的人数,比方说提供数值为 1～30 的纸牌,或者每个数值的纸牌数量提供 2 张以上。

(四)实验用表

在实验过程中将要用到的表格为表 4-1 和表 4-2。

表 4-1　交易结果记录表

交易	成交价					
	第一轮(信息对称)	第二轮(信息对称)	第三轮(信息不对称)	第四轮(信息不对称)	第五轮(信息不对称、提供保证书)	第六轮(信息不对称、提供保证书)
1						
2						

续表

交易	成交价					
	第一轮(信息对称)	第二轮(信息对称)	第三轮(信息不对称)	第四轮(信息不对称)	第五轮(信息不对称、提供保证书)	第六轮(信息不对称、提供保证书)
3						
4						
5						
6						
7						
8						
9						
10						
11						
12						
平均价						

表 4-2 交易所得表

姓名	利润						
	第一轮(信息对称)	第二轮(信息对称)	第三轮(信息不对称)	第四轮(信息不对称)	第五轮(信息不对称、提供保证书)	第六轮(信息不对称、提供保证书)	利润总计
买方							
1							
2							
3							
4							
5							
6							
7							
8							
9							

续表

姓名	利润						
	第一轮(信息对称)	第二轮(信息对称)	第三轮(信息不对称)	第四轮(信息不对称)	第五轮(信息不对称、提供保证书)	第六轮(信息不对称、提供保证书)	利润总计
10							
11							
12							
卖方							
1							
2							
3							
4							
5							
6							
7							
8							
9							
10							
11							
12							

三、实验程序

本实验共分为六轮，前两轮是在信息对称的情况下(即买方知道知识产品的质量)进行的，第三、四轮是在信息不对称的情况下(即买方不知道知识产品的质量)进行的，最后两轮是在信息不对称但卖方提供保证书的情况下进行的。以下是实验的具体程序。

(一)信息对称时的交易实验(第一、二轮)

1.12 个买方随机抽取 A～Q(即 1～12)的红色纸牌，其中 A-6 为富有者，拥有资产 70 元，7-Q 为贫困者，拥有资产 60 元；12 个卖方随机抽取 A～

Q(即 1～12)的黑色纸牌。待交易开始后,买卖双方自由交易,卖方须告诉买方出售商品的质量(优品或次品,即 1～6 还是 7～12)。为了鼓励买方购买优品,我们设置优品购买系数为 1.5。

2.规定时间为 3 分钟,双方需在 3 分钟之内完成所有的交易。在知识付费交易过程中,卖方可以随意调价,买方可讨价还价,目的是使自己的利润额最大。

买方的利润(次品时)按照下面的公式进行计算:

买方利润＝资产－成交价格

买方的利润(优品时)按照下面的公式进行计算:

买方利润＝(资产－成交价格)×1.5

对于卖方,假如交易价格在其成本之上,那么他将从中获利。卖方的利润可以按照下面的公式进行计算:

卖方利润＝成交价格－商品成本

注:卖方若在某一时期内没有销售,则所得收益为 0 元。

3.当所有卖方和买方完成交易后,记录成交价格以及双方的利润。

4.重复进行一次,记录结果。

(二)信息不对称时的交易实验(第三、四轮)

1.12 个买方随机抽取 A～Q(即 1～12)的红色纸牌,12 个卖方随机抽取 A～Q(即 1～12)的黑色纸牌,待交易开始后,买卖双方自由交易。在这一轮游戏中,卖方可以不用告诉买方知识产品的质量信息,此时卖方可以以次品充当优品,且买方对知识产品的质量毫不知情。此时,所有买方的资产均为 60 元,每次交易前,由市场监督员临时告知知识优品与次品的价值。

2.规定时间为 3 分钟,双方需在 3 分钟之内完成所有的交易。利润的计算公式同上。

3.当所有卖方和买方完成交易后,记录成交价格以及双方的利润。

4.重复进行一次,记录结果。

(三)信息不对称但卖方可提供保证书时的交易实验(第五、六轮)

1.12 个买方随机抽取 A～Q(即 1～12)的红色纸牌,12 个卖方随机抽取 A～Q(即 1～12)的黑色纸牌,待交易开始后,买卖双方自由交易。卖方可以为自己的知识产品提供保证书,即向买方承诺所出售的知识产品的质量有保证,但如果卖优品(即 7～12)则多收 10 元成本,卖次品(即 1～6)则多收 20 元成本。买方可以选择相信,也可以选择不相信。

2.规定时间为3分钟，双方需在3分钟之内完成所有的交易。

对于买方，假如成交价比保留价格要低，那么他就能从中获利。买方的利润按照如下公式进行计算：

买方利润＝资产－成交价格

对于卖方，假如交易价格在其成本(包括生产成本和提供保证书的成本)之上，那么他将从中获利。卖方的利润可以按照下面的公式进行计算：

卖方利润＝成交价格－产品成本－提供保证书所增加的成本

注：若卖方在某一时期内没有销售，则所得收益为0元。

3.当所有卖方和买方完成交易后，记录成交价格以及双方的利润。

4.重复进行一次，记录结果。(注：记录过程中要提供保证书的成本额)

四、实验结果

(一)实验数据统计

实验过程中的具体数据可参见表4-3和表4-4。

表4-3　模拟交易结果记录

交易	成交价					
	第一轮(信息对称)	第二轮(信息对称)	第三轮(信息不对称)	第四轮(信息不对称)	第五轮(信息不对称、提供保证书)	第六轮(信息不对称、提供保证书)
1	优富46元	劣富25元	优40元	优38元	优47元	优44元
2	劣富32元	优富45元	劣40元	优40元	优47元	优48元
3	优穷42元	优穷44元	优32元	劣28元	优53元	劣54元
4	优富41元	劣穷18元	优28元	劣25元	劣54元	优53元
5	劣穷19元	劣富27元	劣35元	劣40元	劣48元	劣52元
6	优穷35元	优富48元	劣30元	优39元	优50元	劣43元
7	劣富28元	优穷40元	劣42元	优26元	劣46元	优47元
8	优穷44元	劣穷15元	优33元	优35元	优55元	优46元

续表

交易	成交价					
	第一轮（信息对称）	第二轮（信息对称）	第三轮（信息不对称）	第四轮（信息不对称）	第五轮(信息不对称、提供保证书)	第六轮(信息不对称、提供保证书)
9	优富 40 元	劣穷 22 元	优 38 元	劣 28 元	优 50 元	劣 49 元
10	劣穷 38 元	优穷 35 元	劣 30 元	优 37 元	劣 41 元	劣 50 元
11	劣富 29 元	劣富 20 元	优 29 元	劣 36 元	劣 42 元	优 48 元
12	劣穷 26 元	优富 50 元	劣 35 元	劣 27 元	劣 54 元	劣 54 元
平均价	优 41 元 劣 29 元	优 44 元 劣 21 元	优 33 元 劣 35 元	优 36 元 劣 31 元	优 50 元 劣 48 元	优 48 元 劣 50 元

表 4-4　模拟交易所得

姓名	利润						
	第一轮(信息对称)	第二轮(信息对称)	第三轮(信息不对称)	第四轮(信息不对称)	第五轮(信息不对称、提供保证书)	第六轮(信息不对称、提供保证书)	利润总计
买方							
1	36 元	45 元	20 元	22 元	13 元	16 元	136 元
2	38 元	37.5 元	20 元	20 元	13 元	12 元	128.5 元
3	27 元	24 元	28 元	32 元	7 元	6 元	124 元
4	43.5 元	42 元	32 元	35 元	6 元	7 元	165.5 元
5	41 元	43 元	25 元	20 元	12 元	8 元	149 元
6	37.5 元	33 元	30 元	21 元	10 元	17 元	148.5 元
7	42 元	30 元	18 元	34 元	14 元	13 元	151 元
8	24 元	45 元	27 元	25 元	5 元	14 元	140 元
9	45 元	38 元	22 元	32 元	10 元	11 元	158 元
10	22 元	37.5 元	30 元	23 元	19 元	10 元	141.5 元

续表

姓名	利润						
	第一轮（信息对称）	第二轮（信息对称）	第三轮（信息不对称）	第四轮（信息不对称）	第五轮(信息不对称、提供保证书)	第六轮(信息不对称、提供保证书)	利润总计
11	41元	50元	31元	24元	18元	12元	176元
12	34元	30元	25元	33元	6元	6元	134元
卖方							
1	16元	15元	10元	8元	7元	4元	60元
2	22元	15元	30元	10元	7元	8元	92元
3	12元	14元	2元	18元	13元	24元	83元
4	11元	8元	−2元	15元	24元	13元	69元
5	9元	17元	25元	30元	18元	22元	121元
6	5元	18元	20元	9元	10元	13元	75元
7	18元	10元	32元	−4元	16元	7元	72元
8	14元	5元	3元	5元	15元	6元	48元
9	10元	12元	8元	18元	10元	19元	77元
10	28元	5元	20元	7元	11元	20元	91元
11	19元	10元	−1元	26元	12元	8元	74元
12	16元	20元	25元	17元	24元	24元	126元

(二)成交价制图和原因分析

1.第一阶段(信息对称时的交易)

在信息对称的情况下交易(第一、二轮实验),市场中优品的平均价分别为41元、44元,劣品的平均价分别为29元、21元。

第一阶段成交价走势如图4-1所示。

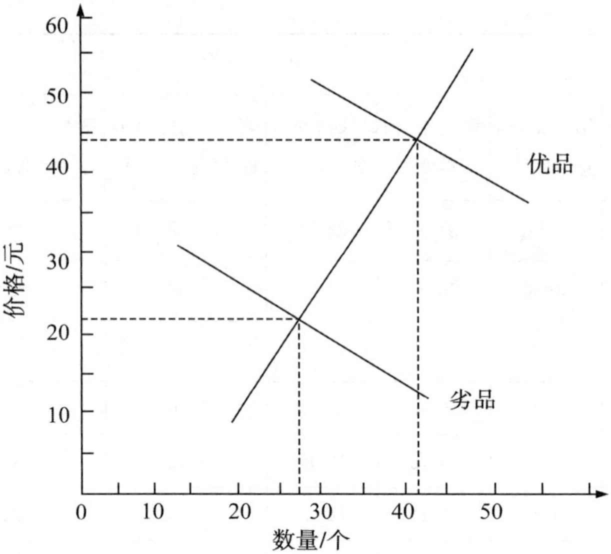

图 4-1　信息对称市场

可以发现,由于市场信息对称,优品和劣品可以相互区分开,因此对产品评价高的买方将购买优品,而对产品评价低的买方将购买劣品。

2.第二阶段(信息不对称、无保证书时的交易)

由第三、四轮的平均成交价可得出信息不对称情况下的成交价格走势,并绘制出第二阶段的成交价走势图,如图 4-2 所示。

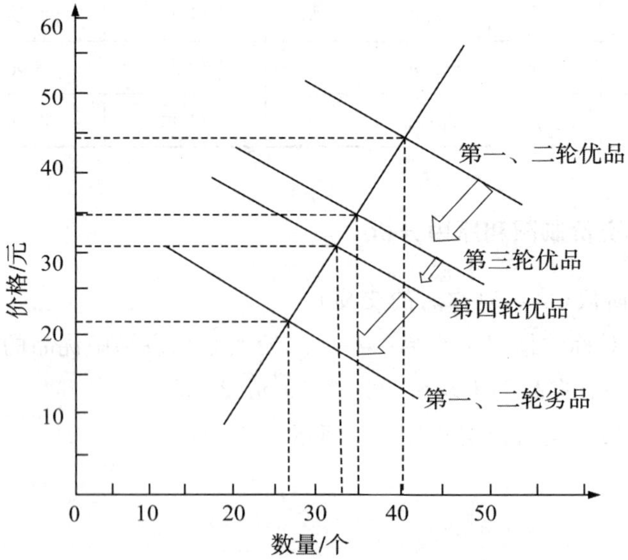

图 4-2　信息不对称市场(无保证书)

我们在实验中发现了"劣品驱逐优品"的现象。为了提高自己的利润且由于没有被要求一定以优品兜售,有些卖方选择拿劣品充当优品进行出售。在前两轮实验过后,买方意识到自己手中的产品为知识劣品,便降低了自己对产品价值的期望和评价,所以在之后的两轮实验中,知识产品的市场价在不断降低,但预计最终市场价会回到前两轮价格的水平。优品的卖方在竞争中,因为利润少于劣品的卖方,所以逐渐会退出市场,那么就形成了"劣品驱逐优品"的现象。

3.第三阶段(信息不对称、有保证书时的交易)

由第五、六轮的平均成交价可得出知识信息不对称但可以提供保证书时市场的成交价格走势,并绘制出第三阶段的成交价走势图,如图 4-3 所示。

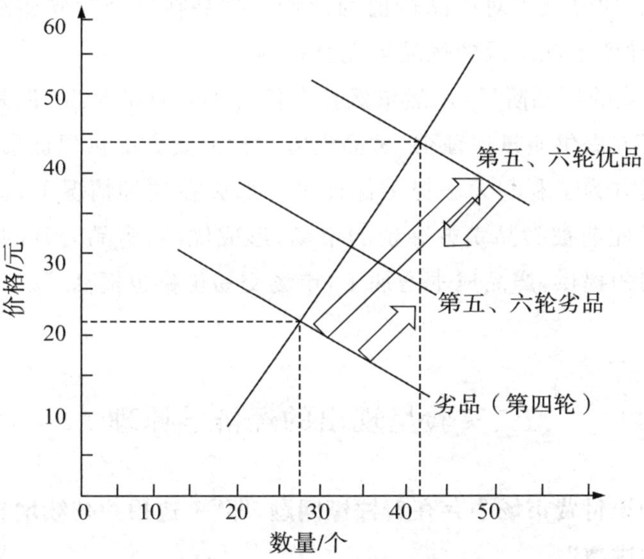

图 4-3　信息不对称市场(有保证书)

由此,就形成了优品无法出售、劣品占据整个交易市场的结果。为解决这一问题,优品卖方提出了在出售产品的同时附带质量保证书的应对措施以争取市场份额,重新回归市场主位。在保证书出现之后,劣品卖方如果模仿优品卖方的行为提供质量保证书,那么成本就大大增加了,所以劣品卖方一般来说无法提供质量保证书,那么市场就被分割为优品卖方和劣品卖方,但是对于结果来说,无论是优品卖方还是劣品卖方,他们的市场成交价格都提高了,劣品的市场成交价小幅上涨,优品的市场成交价大幅上涨。

(三)实验结论

在此实验中,由信息不完全而产生的信息不对称所带来的一系列问题以及关于“优品被劣品驱逐”这一问题的解决方案都被完全呈现了出来。

1.在实验的前期阶段,市场上展现的是信息完全的情况。在这种情况下,由于买卖双方手中所掌握的产品信息是相同的,因而此时优品市场与劣品市场是完全分开的,都有着各自的成交价格。前期阶段的展示主要是为了与中期、后期的情况作对比,此对比使过程变化所带来的结果更为凸显。

2.在实验的中期阶段,买方信息的不完全性,导致了交易双方的信息不对称,此时卖方比买方拥有更多关于产品的信息。卖方为了获得更优厚的利润,会将劣品充当优品售于买方,长此以往,买方意识到自己手中的知识产品是劣品,便降低了对产品价值的评价。劣品在这个时候逐渐占据了整个市场,也导致了此阶段的优品被完全排斥。

3.在实验的后期阶段,虽然依然存在信息不对称的情况,但是卖方被允许可以向买方提供质量保证书,劣品卖方比优品卖方提供保证书的成本高,所以劣品卖方为了利润无法提供保证书。那么在这种情况下,优品卖方又重新占据了此前被劣品卖方夺走的市场,形成优品、劣品分开的景象;同时因为保证书的提供,产品成本增加了,市场交易价格也提高了。

五、实验呈现出的经济学原理

(一)知识付费市场中存在着柠檬问题,即“一边用户持续增长反而引发另一边用户逃离”

在整个交易过程中,当卖方比买方拥有更多的产品信息时,就会出现信息不对称问题。此时,优质产品往往会受到劣质产品的“挤压”,最终使得劣质产品侵占整个市场。

在互联网平台上,买卖双方进行着知识的付费交易,由于买方并不掌握产品的全部信息,只能够了解到卖方发布的部分信息,因此卖方就容易产生投机行为。不仅如此,在知识付费平台上,掌握大量产品信息的卖方可以发布产品极具稀缺性的宣传语来引起买方的关注,进而从中获取收益。然而,信息不对称在给卖方带来好处的同时,也会使得消费者感到未知、急迫以及风险,使消费者的购买态度发生转变。

知识付费市场中柠檬问题的产生原因可归纳如下：一是知识产品本身的信息不对称属性。相对于其他普通商品而言，知识产品具有不可破坏性，使用方的多次使用不会对知识产品造成损坏，这就诱使知识产品卖方故意言过其实，夸大其功能和效用。二是知识提供者身份的不易识别性导致的信息不对称性。知识付费产品的提供者多半是匿名，或者真正的知识制造者是幕后的制作团队，而知识的使用方往往也不在乎真正的“制造者”是谁，他们只关注知识产品的内容。因此知识供给者更倾向于采用差异化战略，由此降低了知识消费者的选择性，并加剧了其信息劣势。三是知识产品的先验性导致的质量不易检验性。知识付费市场常常出现的情况是，知识消费者更热衷于免费的知识产品，即使是付费购买了某一知识产品，且该产品对消费者自身的需求满足和能力提升也有一定帮助，但大部分消费者不会针对此产品作出客观评价，知识产品的复购率很低，其质量便无法检验，这就是知识产品生产中无法克服的“信息悖论”。

(二)知识付费市场中存在着买卖双方的博弈

在知识付费平台上，买卖双方为了实现自身利益的最大化，不断根据对方的想法来转换自己的策略。作为第三方的知识付费平台，可以让知识学习者和知识供给者间进行交流，简单来说，知识学习者提出疑问，知识供给者进行解惑，而知识付费平台从中获取收益。看起来知识供给者和知识需求者间的博弈并没有第三方知识付费平台的参与，但是它可以通过制定规则来影响两者的博弈过程。对知识需求者而言，想要学习到新知识就必须为对方支付费用，然而对于知识提供者而言，他们却想用更少的时间来组织生产内容产品，进而获取到提问者较高的报酬，久而久之，市场上便会充斥着较多的粗制滥造的产品。

一般而言，在一个信息不完全的知识付费市场中，主要有卖方（知识供给者）、买方（知识需求者）、知识运营平台三方参与者，三方所获得的效用即为他们的收益。假设买方要购买多个知识产品，并且都存在两种结果：成功和失败（满足知识需求即成功，不满足即失败）。知识购买者想要获取知识的意愿与所付费用负相关，即费用越高，意愿越弱；知识提供者提供知识的意愿与所得费用正相关，即费用越高，意愿越强。除此之外，买卖双方也会考虑时间成本，如果付出大量时间所带来的收益（知识满足/利润）不足以匹配他们的付出，那么相关产品的需求/供给也会日益萎缩。

第五章　知识付费柠檬市场的实证检验

知识付费的本质是通过交易手段使得更多的人愿意共享自己的知识积累和认知盈余，是通过市场规律和便利的互联网传播达到信息的优化配置。知识付费行业是现有的信息服务业互联网化的一部分，是人类信息生产、获取方式由线下转为线上线下相结合，由一对多转为多对多的一个阶段。最终，知识付费不仅会成为一种独立的行业，还会直接改造和融合现有的教育业、出版业、广告业、咨询服务业，成为万亿以上规模的巨大产业。

一、引　言

知识付费模式本身并不存在弊端，从古代传承至今的课堂教育模式其实也是知识付费模式中的一种，只是具体的知识传播形式发生了改变。移动互联网时代的快速发展，使信息的传播效率变得极高。与传统的线下知识付费相比，更高效率的内容传播也导致了我们消费频率的不断增加。“企鹅智酷”所发布的《知识付费经济报告》中的数据显示：在有过知识付费行为的消费者中，有 38%表示体验满意，还会尝试；49.7%表示一般；12.3%表示不满意——对于付费得到的内容，自己本可以通过免费的途径来获取。再来看消费者为知识付费的主要驱动力，首要驱动力是“获得针对性的专业知识/见解”(74.2%)；其次是节省时间和精力成本，积累经验、提升自我，分别占 50.8%和 47.3%；而拓展人脉和结交朋友仅占 12%。可见，大多数知识消费者的主要目的是获得专业知识/见解，而如果内容创作者所产出的内容质量过低甚至与价格不相符，不仅会直接影响到消费者自身的权益，而且还会直接导致知识付费行业遭受更多的质疑。

已有研究认为，作为互联网时代一种全新的商业模式，平台型交易市场

(eBay、淘宝网)存在着严重的柠檬问题。① 无论知识提供者采取何种定价策略,平台与知识提供者之间总存在一定的定价分歧(利益冲突)。② 学者们致力于探索平台型网络市场(知识付费平台、电商平台)中的柠檬问题治理机制,试图通过政府机构、交易双方以及不具有行政强制力的第三方来协同治理柠檬问题,但是他们似乎都回避了一个前提:知识付费市场是否真实存在柠檬问题呢?也就是说,在知识付费市场交易过程中,是否存在信息优势方(通常是知识提供方)通过"隐藏信息"欺骗信息劣势方(通常是知识购买方),信息劣势方被迫采用市场平均值来判断知识产品质量,信息优势方则获得提供低质量产品的激励,进而触发"劣币驱逐良币",最终导致知识付费市场交易逐步萎缩直至消失的现象呢?鉴于此,本书通过 Python 爬虫收集了知乎平台知识产品付费交易总额、交易过程持续的时间以及知识需求者的性别、年龄等各项注册认证信息,来实证检验知识付费交易双方信息不对称与知识产品付费率之间的关系,为知识付费柠檬市场的逆向选择如何影响知识产品市场效率提供直接的证据,据此来验证知识付费市场是否真实存在柠檬问题,同时探讨知识付费平台定价机制在两者之间的作用机理,为后续的治理机制研究奠定理论基础。

二、文献综述与研究假设

(一)信息不对称与知识产品付费率

随着算法的优化和算力的提升,数据成为工业 4.0 时代的"石油",蕴含着宝贵的商业价值和战略机遇。但是,新兴的信息技术释放出了新的权力和财富的不平等,并因此强化了信息富有人群和信息贫乏人群、活跃者和冷漠者之间的鸿沟。知识付费平台在知识需求者授权的基础上,可以依据用户在知识付费平台上的各类消费及行为数据,运用云计算及机器学习等技术,通过逻辑回归、决策树、随机森林等模型算法,对各维度数据进行综合处理和评估,

---

① Lewis G., 2010:"Asymmetric information, adverse selection and online disclosure: The case of eBay motors", *American Economic Review*, Vol.101, No.4, pp.1535-1546.

② 参见刘征驰、黄雅文、马滔:《非授权分享、定价分歧与知识付费平台运营策略》,《中国管理科学》2021 年第 3 期。

对知识需求者信息进行全面详尽的数据分析。① 大数据技术的出现,使知识生产者和知识需求者的信息不对称发生了质的变化:一是知识产品和消费行为数据化呈现的程度出现了分野,二是信息处理能力的严重失衡,三是权利意识和实现程度的重大分裂。知识生产者和知识需求者之间横亘着一条难以逾越的技术鸿沟,日益放大信息不对称的马太效应。知识需求者从产品和服务的搜寻开始,到消费行为完成,并延展至后续的客服、评价,他们的自然信息和行为数据被自动采集、存储、处理、分析,处于被滥用的高度风险之中。②知识生产者充分利用数据垄断的优势,分析消费偏好,给知识需求者打上标签,实现精准营销,甚至利用大数据"杀熟"。每个人既是数据的生产者,也是数据的需求者,但大家根本就没有意识到自己产生了什么样的以及多少个人数据,他们很难自觉地对个人数据如何被使用的信息产生知情的权利主张。③又或者,知识需求者低估了自身数据的重要性和价值,为享受互联网带来的便利而甘于让渡自己的权利。当知识需求者面对互联网协议时,大多会在经济便利和自由安全之间选择前者,毫不犹豫地点下"同意"按钮,长长的条款一般都会被直接跳过。

由于知识生产和知识消费两端的信息不对称,知识付费市场存在着严重的柠檬问题,知识产品信息的不对称性对知识产品付费率的影响极大。因此,本书提出如下假设:

H1:信息不对称程度对知识产品付费率存在负向影响作用,信息越不对称,知识产品付费率越低。

(二)知识付费平台定价机制的调节作用

知识付费市场具有典型的双边市场"鸡蛋相生"特征。目前,知识付费平台主要采取对知识供给者在平台获取的收益进行分成的方式获取利润,知识供给者提高知识产品的质量和增值服务水平能增加知识付费平台的利润。④与传统市场相比,知识付费市场上知识产品的生产与消费大都有成本递减与收益递增的特点。也就是说,无论是知识产品的生产过程,还是知识产品的

① 参见何志武、陈天明:《场景嵌接、多元定制、全息传播:5G时代知识付费的"3C"逻辑》,《中国编辑》2021年第5期。

② 参见严炜炜、陈若瑜、张敏:《基于元分析的在线知识付费意愿影响因素研究》,《情报学报》2021年第2期。

③ 参见朱玲、张薇薇:《知识付费情境下在线用户参与行为影响因素研究综述》,《图书馆学研究》2021年第2期。

④ 参见张轩、陈宏民、赵丹:《考虑需求端和产出端不确定性的服务平台定价和商业模式研究》,《中国管理科学》2020年第12期。

消费过程，成本会越来越低，收益会越来越大。知识付费市场的需求量与知识产品的价格、知识产品的质量水平以及知识付费平台所提供的增值服务有关。对于那些愿意用金钱来购买知识产品的知识需求者而言，其对价格的敏感度较弱，更倾向于购买高质量的知识产品。[①] 但是，当知识产品的价格过高时，知识需求者也会适当调整其质量偏好，选择购买质量水平较低的知识产品。知识需求者对内容或服务的付费意愿与其对便利性、重要性、附加价值和服务质量的感知及服务的使用率正相关，与其认为的不公平负相关。[②] 范建军通过对用户评论进行分析，发现用户最看重知识付费平台的内容和功能，而对价格并不敏感。[③]

类似于二手车市场，用户最初是无法识别知识产品的质量水平的，因此定价机制中最直观的影响因素是知识产品的价格、质量与增值服务水平。本书思考定价机制在"知识付费平台信息不对称—知识产品付费率"之间的调节作用。因此，本书提出如下假设：

H2：知识付费平台定价机制对信息不对称与知识产品付费率的关系具有负向调节作用。

H2a：知识产品价格能加强信息不对称与知识产品付费率的负向关系，即知识产品价格越高，信息不对称对知识产品付费率的负向影响作用越大。

H2b：知识产品质量能削弱信息不对称与知识产品付费率的负向关系，即知识产品质量越高，信息不对称对知识产品付费率的负向影响作用越小。

H2c：知识产品增值服务水平能削弱信息不对称与知识产品付费率的负向关系，即知识产品增值服务水平越高，信息不对称对知识产品付费率的负向影响作用越小。

(三)知识产品内容属性分析

知识付费平台汇集了各类知识用户，他们的职业涉及科技、医疗、商业、教育、旅游等多方面，各用户能够在专业、友善的知识社区中遇见更多的人、探

---

① Li M., Liu H. M., Zhou J. , 2018: "G-SECI model-based knowledge creation for CoPS innovation: The role of grey knowledge", *Journal of Knowledge Management*, Vol.22, No.4, pp.887-911.

② Wang C. L., Zhang Y., Ye L. R., et al., 2005: "Subscription to fee-based online services: What makes consumer pay for online content?", *Journal of Electronic Commerce Research*, Vol.6, No.4, pp.304-311.

③ 参见范建军:《移动知识付费平台评论分析——以"得到"App为例》,《图书馆学研究》2018年第5期。

寻更大的世界。[①] 在知识付费平台中，为宣传知识产品、吸引知识需求者、刺激消费，知识供给者会上传知识产品的相关信息。一般而言，知识供给者发送产品详情所需的成本较低，这也就使得大量知识供给者选择上传知识产品详情。知识产品详情对知识需求者更多的是发挥"信息对称"作用而非"质量暗示"作用。[②] 知识需求者在作出购买决策前，会根据自身需求及知识产品详情来选择知识产品。一般而言，知识需求者会更信任那些披露较多内容信息的知识产品，这一现象会在无形中激励知识供给者发送更多内容，长此以往，会让平台出现信息冗余的问题。[③]

按照内容类型，可将知识产品分为两大类：一是专业性知识，包括职场、教育、心理学、科技、金融、法律等领域的知识。由于需要具备专业判断能力，因此专业性知识的柠檬市场问题会更严重些。二是大众化知识，包括情感、母婴、运动、美食、健康、旅行等方面的知识。大众化知识更为大众评审喜闻乐见，能够愉悦和满足知识消费者的一般需求，知识供给者和知识需求者之间的信息不对称问题比较小。专业知识生产是一个相对封闭的精英化的小圈子文化，而大众化知识传播所面对的是普通公众，两者的性质和功能不同，完全可以并行不悖。[④] 但与此同时，两者也不是绝缘的。大众化知识传播是以高质量的专业知识生产为基础的，同时，一个以知识普及为手段不断提升公众素养的社会，也更有利于专业知识的培育和发展。从这个意义上说，知识分子群体进入短视频传播平台不仅意味着知识传播结构的重构，也是充分挖掘新媒体技术的知识供给潜能、丰富平台内容的一个契机。因此，本书提出如下假设：

H3a：对于专业性知识，知识付费平台定价机制强度越高，越能强化信息不对称对知识产品付费率的影响。

H3b：对于大众化知识，知识付费平台定价机制强度越高，越能弱化信息不对称对知识产品付费率的影响。

知识付费使传统教育领域之外的一些东西得到了改变，如我们了解到的传播形态。目前，各大知识付费平台粉丝过万的知识类创作者数量呈稳

---

① 参见卢春天、马溯川、孔芸：《知识付费：特征、成因与影响》，《中国青年研究》2020 年第 10 期。

② 参见卢恒、张向先、张莉曼：《语音问答社区用户知识付费意愿影响因素研究——基于现状偏差的视角》，《情报科学》2019 年第 6 期。

③ 参见王节祥等：《知识付费平台跨边网络效应衰减机制与治理》，《中国工业经济》2020 年第 6 期。

④ 参见刘君、吴卓晶：《知识付费产品运营模式浅析——以得到 App 为例》，《新闻与写作》2019 年第 1 期。

步增长趋势，其知识作品的传播效力也远远高于平台的整体平均水平。[①]这表明，公众对新媒体平台知识性内容的需求正处于高速上升的态势，相关内容的生产和传播具有广阔的市场前景。无论是"网红教授"，还是以一般大学教师为主体的知识群体，其创作内容经过知识付费平台的转化，都以"短平快"的方式被打造为能被快速理解和消费的对象。而且不难发现，那些粉丝量大、传播力强的知识博主都具备一些共同特性：传播主体大多具有较强的个人魅力或"网红"气质，主题能抓住公众的盲点或痛点，篇幅简短，剪辑经过精心设计，表达诙谐幽默、直截了当、通俗易懂。

根据传播形态，可将知识产品划分为三种类型：第一种是付费文档类知识，包括付费小说、付费文章、问题解答、付费咨询等；第二种是付费语音类知识，包括语音旁听、无限次回听等；第三类是视频类知识，包括课程培训视频、讲座、私家课。文档类知识和语音类知识的制作成本较低，价格也较低，但是对知识供给者的知识体系素质要求较高。视频类知识制造成本和价格都很高，因可视性较强的优势（知识传播的即时化、知识呈现的人格化、隐性知识的显性化和复杂知识的通俗化）而更受知识需求者欢迎。[②] 因此，本书提出如下假设：

H3c：付费文档和付费语音中，知识付费平台定价机制对信息不对称与知识产品付费率关系的影响不显著。

H3d：付费视频中，知识付费平台定价机制能弱化信息不对称对知识产品付费率的影响。

三、研究设计

（一）研究样本与数据来源

为了验证上述研究假设，本书收集了知乎平台知识产品付费交易总额、交易过程持续的时间以及知识需求者的性别、年龄等各项注册认证信息。研究数据的处理规则为：一是删除知识博主认证信息中学历、职业、手机号、身份证件、兴趣爱好等信息的认证与评级合计小于 1 的数据；二是剔除免费

---

① 参见马昌博：《短视频化的知识付费：行业逻辑、内容打造与未来探索》，《新闻与写作》2020 年第 9 期。

② 参见李武、胡泊：《声音的传播魅力：基于音频知识付费情境的实证研究》，《新闻大学》2020 年第 12 期。

的知识咨询交易数据和无售后增值服务的数据；三是本书针对的是个人用户，因此删减知识付费用户性别、年龄、受教育程度、职业、支付方式、消费时间缺失的数据(包括企业用户数据)。通过 Python 爬虫收集了知乎 2020 年 6 月每日定时的交易数据，最后共获得有效样本数据 18489 条。

(二)变量说明与模型构建

1.变量说明

1)被解释变量——知识产品付费率(Eff)，计算公式如式(5-1)所示，表示单位时间内知识付费平台销售知识产品的收益额。

$$\text{知识产品付费率}=\frac{\text{知识产品付费总额}}{\text{知识产品交易持续的时间(分钟)}} \tag{5-1}$$

2)核心解释变量——知识产品信息不对称($KnInAs$)，用知识博主的学历、职业、手机号、身份证件、兴趣爱好等信息的认证真伪以及知识付费平台对知识博主的内部知识评级等来衡量知识产品信息不对称程度，通过累加再加 1 后取倒数得到。

3)调节变量——知识付费平台定价机制($Charme$)，具体包括知识产品价格($Price$)、知识产品质量($Quality$)与知识付费平台增值服务水平($Service$)。根据知识需求者在交易完成后填写的购买体验问卷，挑选出“您认为所购买知识产品的价格合理吗”“您对所购买知识产品的质量满意吗”和“您对平台提供的增值服务满意吗”这三个问题的打分数据，采用的是五级李克特量表。

4)控制变量。知识需求者的性别($Gender$)“男”记为“1”，“女”记为“0”；知识需求者的年龄(Age)由用户注册信息得知；知识需求者的受教育程度($Education$)分为四类(初中及以下=1，高中=2，大专及本科=3，研究生=4)；知识需求者的职业($Profession$)分为六类(企业职员=1，政府机关事业单位工作者=2，个体经营者=3，自由职业者=4，学生=5，其他=6)；知识付费方式(Pay)分为支付宝和微信两种支付模式(知乎平台只有这两种支付方式)，分别用 0 和 1 表示；支付时间按是否为周末($Weekend$)分类，“是”记为“1”，“否”记为“0”。

2.模型构建

基于假设和获取的数据，同时为了避免变量单位对结论造成的影响，本书对所有非 0 或 1 变量取对数，设定弹性计量模型。弹性计量模型可测度自变量变化 1%时，因变量变化的百分比。参考索伦（Solon）等人[①]的研究，本书在控制知识产品付费率主要影响因素的条件下，分别构建信息不对称对知识产品付费率、知识付费平台定价机制对信息不对称与知识产品付费率关系调节作用的回归模型，如公式（5-2）至（5-6）所示。

$$\begin{aligned}\mathrm{Log}(Eff) = {} & \beta_0 + \beta_1 \mathrm{Log}(KnInAs) + \beta_2 Gender + \beta_3 \mathrm{Log}(Age) \\ & + \beta_4 \mathrm{Log}(Education) + \beta_5 \mathrm{Log}(Profession) + \beta_6 Pay + \beta_7 Weekend + \varepsilon\end{aligned} \tag{5-2}$$

$$\begin{aligned}\mathrm{Log}(Eff) = {} & \beta_0 + \beta_1 \mathrm{Log}(KnInAs) + \beta_2 Gender + \beta_3 \mathrm{Log}(Age) \\ & + \beta_4 \mathrm{Log}(Education) + \beta_5 \mathrm{Log}(Profession) + \beta_6 Pay + \beta_7 Weekend + \varepsilon \\ & + \beta_8 \mathrm{Log}(Price) + \beta_9 \mathrm{Log}(Price) \times \mathrm{Log}(KnInAs)\end{aligned} \tag{5-3}$$

$$\begin{aligned}\mathrm{Log}(Eff) = {} & \beta_0 + \beta_1 \mathrm{Log}(KnInAs) + \beta_2 Gender + \beta_3 \mathrm{Log}(Age) \\ & + \beta_4 \mathrm{Log}(Education) + \beta_5 \mathrm{Log}(Profession) + \beta_6 Pay + \beta_7 Weekend + \varepsilon \\ & + \beta_{10} \mathrm{Log}(Quality) + \beta_{11} \mathrm{Log}(Quality) \times \mathrm{Log}(KnInAs)\end{aligned} \tag{5-4}$$

$$\begin{aligned}\mathrm{Log}(Eff) = {} & \beta_0 + \beta_1 \mathrm{Log}(KnInAs) + \beta_2 Gender + \beta_3 \mathrm{Log}(Age) \\ & + \beta_4 \mathrm{Log}(Education) + \beta_5 \mathrm{Log}(Profession) + \beta_6 Pay + \beta_7 Weekend + \varepsilon \\ & + \beta_{12} \mathrm{Log}(Service) + \beta_{13} \mathrm{Log}(Service) \times \mathrm{Log}(KnInAs)\end{aligned} \tag{5-5}$$

$$\begin{aligned}\mathrm{Log}(Eff) = {} & \beta_0 + \beta_1 \mathrm{Log}(KnInAs) + \beta_2 Gender + \beta_3 \mathrm{Log}(Age) \\ & + \beta_4 \mathrm{Log}(Education) + \beta_5 \mathrm{Log}(Profession) + \beta_6 Pay + \beta_7 Weekend + \varepsilon \\ & + \beta_8 \mathrm{Log}(Price) + \beta_9 \mathrm{Log}(Price) \times \mathrm{Log}(KnInAs) \\ & + \beta_{10} \mathrm{Log}(Quality) + \beta_{11} \mathrm{Log}(Quality) \times \mathrm{Log}(KnInAs) \\ & + \beta_{12} \mathrm{Log}(Service) + \beta_{13} \mathrm{Log}(Service) \times \mathrm{Log}(KnInAs) \\ & + \beta_{14} \mathrm{Log}(Charme) + \beta_{15} \mathrm{Log}(Charme) \times \mathrm{Log}(KnInAs)\end{aligned} \tag{5-6}$$

为了验证假设 H1，公式（5-2）在回归模型中加入了知识产品信息不对称变量 Log(*KnInAs*)和六项控制变量。若 Log(*KnInAs*)前的系数为负，则假设 H1 成立。公式（5-3）在公式（5-2）的基础上加入了 Log(*Price*)和交互项 Log(*Price*)×Log(*KnInAs*)。若 Log(*Price*)×Log(*KnInAs*)前的系数为负，且与 Log(*KnInAs*)前的系数保持一致，则假设 H2a 成立，表明假

---

① Solon M., Arjan M., Keld L., 2018: "Knowledge diversity and coordination: The effect of intrafirm inventor task networks on absorption speed", *Strategic Management Journal*, Vol.39, No.9, pp.2517-2546.

设 H1 的负向效应得到了加强。同理，公式(5-4)与(5-5)在公式(5-2)的基础上分别加入了 Log(*Quality*)及交互项 Log(*Quality*)×Log(*KnInAs*)，Log(*Service*)及交互项 Log(*Service*)×Log(*KnInAs*)。若 Log(*Quality*)×Log(*KnInAs*)与Log(*Service*)×Log(*KnInAs*)前的系数为正，且与 Log(*KnInAs*)前的系数相反，则假设 H2b 和假设 H2c 成立，表明假设 H1 的负向效应得到了削弱。公式(5-6)将公式(5-3)、(5-4)和(5-5)的三项交互项一起放到回归模型中，即加入 Log(*Charme*)和交互项 Log(*Charme*)×Log(*KnInAs*)，能够进一步验证三项假设的模型在整体上是否成立。若 Log(*Charme*)×Log(*KnInAs*)前的系数为正，且与 Log(*KnInAs*)前的系数相反，则假设 H2 成立。

3.变量统计描述

本章通过 Stata 软件对获取的数据进行处理，其变量说明与数据描述如表 5-1 所示。其中，知识产品付费率(*Eff*)的标准差为 147.244，知识产品交易额的最大值和最小值分别为 9999 和 1，表明知识产品差异较大，知识博主的知识能力良莠不齐。收集到的知识博主收益额数据也验证了上述观点。

表 5-1　变量的统计描述

变量	均值	中位数	标准差	最大值	最小值
Eff	93.395	41.472	147.244	9999.000	1.000
KnInAs	4.034	4.000	0.593	41.022	1.054
Charme	0.308	3.598	1.796	5.000	1.000
Price	2.938	3.000	1.521	5.000	1.000
Quality	3.083	3.000	0.955	5.000	1.000
Service	3.147	3.000	0.794	4.000	1.000
Gender	0.681	1.000	0.372	1.000	0.000
Age	26.822	28.000	29.632	67.000	8.000
Education	1.846	2.000	1.057	4.000	1.000
Profession	4.350	4.500	0.602	9.214	2.042
Pay	0.597	1.000	0.140	1.000	0.000
Weekend	0.742	1.000	0.085	1.000	0.000

注：连续变量在 1%和 99%的水平上进行了缩尾处理。

四、实证结果分析

(一)知识付费平台定价机制的调节效应分析

在进行实证分析之前,本书首先对实证模型是否存在多重共线性进行检验,以确保估计结果的无偏性和可靠性。本书对主回归方程(5-6)进行共线性检验的结果显示,主要解释变量——信息不对称、知识付费平台定价机制以及调节项的方差膨胀因子值(*VIF*)分别为 6.04、2.35 和 5.14,控制变量——知识需求者的性别、年龄、职业、受教育背景、知识付费方式和支付时间是否为周末分别为 1.21、1.43、1.34、2.81、3.06 和 1.26,这些值远远低于标准阈值 10。因此本书的回归模型并不存在严重的多重共线性问题。各变量的相关系数矩阵如表 5-2 所示。

表 5-2　变量的相关系数矩阵

	1	2	3	4	5	6	7	8	9	10	11	12
Eff	1.000											
KnInAs	0.314	1.000										
Charme	0.236	0.241	1.000									
Price	0.175	0.055	0.021	1.000								
Quality	0.304	0.062	0.357	0.155	1.000							
Service	0.235	−0.059	0.361	0.320	0.092	1.000						
Gender	0.045	0.131	0.440	−0.483	−0.401	−0.322	1.000					
Age	0.033	0.114	0.297	−0.369	−0.315	−0.272	0.592	1.000				
Education	0.240	0.032	0.243	0.034	0.031	0.254	0.021	0.240	1.000			
Profession	0.033	0.054	0.058	0.085	0.066	0.278	0.085	0.236	0.14	1.000		
Pay	0.039	0.062	0.054	0.047	0.039	0.043	0.071	0.041	−0.028	0.210	1.000	
Weekend	0.041	0.047	0.051	0.044	0.047	0.064	0.037	0.045	0.134	−0.059	−0.024	1.000

本部分将首先从全样本视角分别研究知识产品信息不对称、知识付费平台定价机制与知识产品付费率之间的关系,回归结果如表 5-3 所示。研

究结果表明，模型 1 中知识产品信息不对称对知识产品付费率的估计系数均显著为负，在未引入调节项的情况下，知识产品信息不对称对知识产品付费率具有负向作用，假设 H1 得到了验证。模型 2 的回归结果显示，知识付费平台定价机制对知识产品信息不对称与知识产品付费率的关系系数为正且显著，说明知识付费平台定价机制弱化了对知识产品信息不对称与知识产品付费率的影响，该结果验证了假设 H2。

表 5-3　知识付费平台定价机制调节作用的实证结果

变量	模型 1	模型 2
Log(*KnInAs*)	−0.204*** [0.032]	−0.081*** [0.074]
Log(*Charme*)×Log(*KnInAs*)		0.102*** [0.064]
Gender	−0.095*** [0.021]	−0.124*** [0.006]
Log(*Age*)	0.064*** [0.007]	0.079*** [0.006]
Log(*Education*)	−0.302*** [0.125]	−0.204*** [0.148]
Log(*Profession*)	−0.154*** [0.085]	−0.215*** [0.096]
Pay	0.306*** [0.091]	0.243*** [0.068]
Weekend	−0.146*** [0.004]	−0.182*** [0.007]
C	1.204*** [0.452]	−0.425*** [0.844]
R^2	0.272	0.316
N	18489	18489

注：* * *、* *、* 分别表示在 1%、5%、10% 的水平上显著，[ ]内为系数的标准误差，下同。

(二)知识产品价格、质量与增值服务水平的调节效应分析

上一部分是从全样本视角，重点考察了知识付费平台定价机制强度对

知识产品信息不对称与知识产品付费率关系的调节作用。研究发现，知识付费平台定价机制强度对知识产品信息不对称与知识产品付费率关系的调节作用较为显著。由于本书主要从知识产品价格、知识产品质量和知识付费平台增值服务水平三个维度来构建知识付费平台定价机制强度分指标，因而每一维度的分指标对知识产品信息不对称与知识产品付费率关系的影响如何值得进一步深入探究。本书将分别检验知识付费平台定价机制分指标对知识产品信息不对称与知识产品付费率关系的调节作用，具体回归结果如表 5-4 所示。

表 5-4　知识产品价格、知识产品质量、增值服务水平的调节效应

变量	模型 3	模型 4	模型 5	模型 6
Log(*KnInAs*)	−0.204*** [0.032]	−0.125*** [0.064]	−0.231*** [0.023]	−0.231*** [0.023]
Log(*Price*)		−0.483*** [0.033]		
Log(*Price*)×Log(*KnInAs*)		−0.296*** [0.161]		
Log(*Quality*)			0.601*** [0.077]	
Log(*Quality*)×Log(*KnInAs*)			0.360*** [0.064]	
Log(*Service*)				0.646*** [0.086]
Log(*Service*)×Log(*KnInAs*)				0.301*** [0.072]
Gender	−0.095*** [0.021]	−0.137*** [0.012]	−0.073*** [0.024]	−0.081*** [0.011]
Log(*Age*)	0.064*** [0.007]	0.065*** [0.016]	0.079*** [0.010]	0.082*** [0.009]
Education	−0.302*** [0.125]	−0.020*** [0.009]	−0.045*** [0.041]	−0.076*** [0.043]
Log(*Profession*)	−0.154*** [0.085]	−0.125*** [0.103]	−0.095*** [0.092]	−0.092*** [0.086]

续表

变量	模型 3	模型 4	模型 5	模型 6
Pay	0.306*** [0.091]	0.207*** [0.058]	0.324*** [0.055]	0.316*** [0.054]
Weekend	−0.146*** [0.004]	−0.127*** [0.009]	−0.093*** [0.020]	−0.091*** [0.013]
C	1.204*** [0.452]	−0.605*** [0.543]	−0.417*** [0.671]	−0.364*** [0.612]
R^2	0.272	0.412	0.166	0.157
N	18489	18489	18489	18489

在模型 4、模型 5、模型 6 中引入调节项后，知识付费平台定价机制中的知识产品价格对知识产品信息不对称与知识产品付费率关系的调节系数值为−0.296，通过了 1%的显著性水平检验，说明价格能够加强知识产品信息不对称与知识产品付费率的负向关系，因此验证了假设 H2a。知识付费平台定价机制中的知识产品质量与增值服务水平对知识产品信息不对称与知识产品付费率关系的调节系数值分别为 0.360 和 0.301，通过了 1%的显著性水平检验，说明产品质量和增值服务水平能够弱化知识产品信息不对称与知识产品付费率的负向关系，且强于知识产品价格的调节效应，假设 H2b 和 H2c 得到了验证。

(三)知识产品内容属性分析

知识付费平台对不同类型的知识产品采取不同类型的调节机制，造成知识生产者与知识需求者间的信息不对称，进而对知识信息不对称与知识产品付费率的关系产生影响。本书基于研究假设的分析，分别从知识产品内容类型和知识产品呈现类型视角，考察知识付费平台定价机制强度对知识产品信息不对称与知识产品付费率的调节作用。

如表 5-5 所示，知识付费平台定价机制强度总指标回归结果显示，在专业性知识中，知识付费平台定价机制强度对知识产品信息不对称与知识产品付费率的调节系数值为 0.257，但没有通过显著性水平检验；分指标回归结果显示，知识产品价格对信息不对称与知识产品付费率的调节系数值为负且不显著，知识产品质量和增值服务水平对信息不对称与知识产品付费率的调节系数值均为正且不显著，假设 H3a 没有得到验证。在大众化知识中，知识付费平台定价机制强度对知识产品信息不对称与知识产品付费率的调节系数值为0.148，通过了5%的显著性水平检验；分指标回归结果显示，知识产品价格对信息不对称与知识产品付费率的调节系数值显著为负，知识产品质量和增值服务水平对知识产品信息不对称与知识产品付费率的调节系数值均显著为正，这说明知识付费平台定价机制能够削弱信息不对称对知识产品付费率的负向影响，假设H3b得到了验证。

表5-5　知识付费平台定价机制的调节效应：知识产品内容类型

Panel A：专业性知识				
主要指标	定价机制总指标	知识产品价格	知识产品质量	增值服务水平
调节变量	Log(*Knlneff*)×Log(*KnInAs*)	Log(*Price*)×Log(*KnInAs*)	Log(*Quality*)×Log(*KnInAs*)	Log(*Service*)×Log(*KnInAs*)
系数值	0.257 [0.103]	−0.316 [0.211]	0.402 [0.295]	0.294 [0.182]
R^2	0.536	0.421	0.355	0.542
N	7936	7936	7936	7936
Panel B：大众化知识				
主要指标	定价机制总指标	知识产品价格	知识产品质量	增值服务水平
调节变量	Log(*Knlneff*)×Log(*KnInAs*)	Log(*Price*)×Log(*KnInAs*)	Log(*Quality*)×Log(*KnInAs*)	Log(*Service*)×Log(*KnInAs*)
系数值	0.148** [0.184]	−0.342** [0.201]	0.383** [0.255]	0.231** [0.242]
R^2	0.564	0.212	0.301	0.592
N	10553	10553	10553	10553

如表5-6所示，知识付费平台定价机制总指标回归结果显示，在文档类和语音类知识产品中，知识付费平台定价机制对信息不对称与知识产品付费率关系的调节作用分别为0.093和0.023，且不显著，这说明定价机制不能显著提升文档类和语音类知识产品的付费率。此外，分指标回归结果未通过显著性检验，假设H3c成立。从视频类知识的知识付费平台定价机制总指标回归结果能够发现，在5%的显著性水平下，定价机制总指标的调节系数为0.495，这表明在视频类知识中，知识付费平台定价机制能够削弱信息不对称与知识产品付费率之间的负向关系，假设H3d得到了验证。但分指标的回归结果没有通过显著性水平检验，这可能与样本的分布有关。

表 5-6 知识付费平台定价机制的调节效应:知识产品呈现类型

Panel A:文档类知识

主要指标	定价机制总指标	知识产品价格	知识产品质量	增值服务水平
调节变量	Log(*Knlneff*)×Log(*KnInAs*)	Log(*Price*)×Log(*KnInAs*)	Log(*Quality*)×Log(*KnInAs*)	Log(*Service*)×Log(*KnInAs*)
系数值	0.093 [0.081]	−0.087 [0.158]	0.081 [0.233]	0.062 [0.201]
R^2	0.352	0.250	0.305	0.317
N	9460	9460	9460	9460

Panel B:语音类知识

主要指标	定价机制总指标	知识产品价格	知识产品质量	增值服务水平
调节变量	Log(*Knlneff*)×Log(*KnInAs*)	Log(*Price*)×Log(*KnInAs*)	Log(*Quality*)×Log(*KnInAs*)	Log(*Service*)×Log(*KnInAs*)
系数值	0.023 [0.044]	−0.059 [0.138]	0.046 [0.114]	0.028 [0.094]
R^2	0.397	0.316	0.375	0.452
N	2491	2491	9460	2491

Panel C:视频类知识

主要指标	定价机制总指标	知识产品价格	知识产品质量	增值服务水平
调节变量	Log(*Knlneff*)×Log(*KnInAs*)	Log(*Price*)×Log(*KnInAs*)	Log(*Quality*)×Log(*KnInAs*)	Log(*Service*)×Log(*KnInAs*)
系数值	0.495** [0.050]	−0.131 [0.089]	0.094 [0.93]	0.039 [0.085]
R^2	0.616	0.397	0.422	0.544
N	6538	6538	9460	6538

五、稳健性检验

为了验证研究结果的可靠性和稳健性，本书对模型进行了稳健性检验。一般而言，稳健性检验有三种方法：一是变量替换法，用其他变量代替部分原有变量；二是分类法，如按时间、地区等分类，根据分类情况看分类数据的回归结果与原假设是否一致；三是改变原先的计量方法，看在新的计量方法下回归结果与原假设是否一致。对于式(5-6)，本书同时引入上述三种方法进行检验。

(一)变量替换法

为避免因解释变量可能存在测量误差产生有偏结果，本书采用张科和裴平①的做法，将变量设定为0-1变量，对五项认证信息分数进行加总，高于均值则信息不对称程度 *KnInAs* 为0，低于均值则 *KnInAs* 为1。如表5-7所示，在5%的显著性水平下，知识产品价格对信息不对称与知识产品付费率关系的调节系数值为－0.140，因此知识产品价格能够加强信息不对称与知识产品付费率的负向关系(模型8)；在5%的显著性水平下，知识产品质量和知识付费平台增值服务水平对信息不对称与知识产品付费率关系的调节系数值分别为0.334和0.219，这说明知识产品质量和平台增值服务水平能够削弱信息不对称与知识产品付费率的负向关系(模型9和模型10)。此实证结果与表(5-4)中全样本分析结果基本保持一致。

表5-7　稳健性检验一

变量	模型7	模型8	模型9	模型10
Log(*KnInAs*)	－0.897*** [0.086]	－0.901*** [0.326]	－0.941*** [0.327]	－0.925*** [0.305]
Log(*Price*)		－0.264*** [0.071]		

① 参见张科、裴平：《信息不对称、贷款人类型与羊群效应——基于人人贷网络借贷平台数据的研究》，《经济管理》2016年第6期。

续表

变量	模型 7	模型 8	模型 9	模型 10
Log(*Price*)×Log(*KnInAs*)		−0.140** [0.843]		
Log(*Quality*)			0.403*** [0.058]	
Log(*Quality*)×Log(*KnInAs*)			0.334** [0.901]	
Log(*Service*)				0.326*** [0.071]
Log(*Service*)×Log(*KnInAs*)				0.219** [0.896]
控制变量	控制	控制	控制	控制
C	−21.005*** [0.953]	−20.947*** [0.842]	−29.544*** [0.750]	−24.236*** [0.436]
R^2	0.166	0.194	0.315	0.256
N	18489	18489	18489	18489

(二)控制知识博主知名度效应的有效性检验

按传统逻辑,知识付费平台定价机制的差异性更多地体现为知识产品内容质量差异,与知识博主的知名度关联度可能较低。然而,现实中不难发现,知识付费平台对待不同知名度的知识博主会采取不同的策略,从而影响知识博主提供知识产品的积极性与责任感,间接作用于信息不对称程度与知识产品付费率的关系。如表 5-8 所示,为了进一步验证控制知识博主知名度效应的必要性,按照粉丝数量,本书将提供知识产品的知识博主划分为知名、一般、不知名等三类进行实证分析。模型 12、模型 14 和模型 16 中知识付费平台定价机制的调节系数值存在明显差异。与知名博主相比,一般博主和不知名博主的知识付费平台定价机制对信息不对称程度与知识产品付费率负向关系的调节作用较强,且通过了 5%的显著性水平检验;知名博主的调节系数虽然为正,但不显著,这表明控制知识博主知名度效应具有必要性。

表 5-8　稳健性检验二

变量	知名		一般		不知名	
	模型 11	模型 12	模型 13	模型 14	模型 15	模型 16
Log(*KnInAs*)	−0.308*** [0.073]	−0.009 [0.125]	−0.315*** [0.067]	−0.017*** [0.119]	−0.255*** [0.059]	−0.174 [0.134]
Log(*Charme*)		0.563*** [0.186]		0.735*** [0.143]		0.611*** [0.204]
Log(*Charme*)×Log(*KnInAs*)		0.076 [0.058]		0.051** [0.045]		0.049** [0.039]
控制变量	控制	控制	控制	控制	控制	控制
C	−9.585*** [1.033]	−8.265*** [1.356]	−8.234*** [1.073]	−8.790*** [1.266]	−10.034*** [1.177]	−9.752*** [1.413]
R^2	0.302	0.391	0.396	0.384	0.314	0.403
N	4755	4755	8072	8072	5662	5662

(三)改变原先的计量方法

为有效回应知识付费平台定价机制是否真正影响知识产品付费率问题，本书运用倾向得分匹配分析法，通过构建与知识付费平台定价机制组（实验组）各种特征尽可能相似的控制组来降低选择偏误，从实证角度研究知识付费平台定价机制与知识产品付费率的内在因果关系。如果知识付费平台定价机制各维度的分数加总大于 1，则归类于处理组，否则归类于控制组，分别将其标记为 $D=1$ 或 0。由于控制组样本有限，因此本书选用“有放回近邻匹配”方法进行分析与检验。检验结果显示（见表 5-9），各模型的平均处理效应估计值均通过了显著性水平检验，这表明知识付费平台定价机制与知识产品付费率的因果识别效应得证。

表 5-9　稳健性检验三

变量	模型 17	模型 18	模型 19	模型 20
	定价机制总指标	知识产品价格	知识产品质量	增值服务水平
平均处理效应（*ATT*）	0.910*** [0.095]	−1.106*** [0.044]	1.249*** [0.053]	0.847*** [0.0372]
控制变量	控制	控制	控制	控制

续表

变量	模型 17	模型 18	模型 19	模型 20
	定价机制总指标	知识产品价格	知识产品质量	增值服务水平
对数似然值	154.047	−204.393	226.467	185.264
C	−9.155*** [0.733]	−8.347*** [0.690]	−7.933*** [0.754]	−9.050*** [0.818]
R^2	0.315	0.258	0.281	0.293
N	18489	18489	18489	18489

六、结论与启示

本书通过知乎平台的 18489 条数据，研究与论证了知识付费平台定价机制对信息不对称与知识产品付费率的调节作用，从知识付费平台定价机制角度为解决当下知识付费市场的信息不对称问题提供启发。实证结果表明，知识付费平台定价机制对信息不对称与知识产品付费率的关系具有负向调节作用，这说明定价机制削弱了信息不对称对知识产品付费率的负向关系；知识产品价格能加强信息不对称对知识产品付费率的负向关系，而知识产品质量和增值服务水平能缓解信息不对称对知识产品付费率的负向关系，这表明知识付费平台需要强化对知识产品的评价和监管。分样本回归结果表明，大众化知识和视频类知识的知识付费平台定价机制的调节作用显著，专业性知识、文档类和语音类知识的定价机制调节作用不明显。本书结论不仅对知识付费柠檬市场的逆向选择能够影响市场效率提供了直接的证据，还解释了这种逆向选择的作用机理，对信息不对称理论的发展和知识付费柠檬市场的实践有着重要的意义。

通过分析，本书得到以下三点启示：

首先，知识付费平台要提高对定价机制建设的重视程度，要以知识需求者的意愿为基础来制定合适的销售价格，确保知识产品质量，不断提高增值服务效率与水平，凭借自身多样化的增值服务进行定价。

其次，丰富知识产品内容属性，在不断丰富大众化知识的同时，要加强对专业性知识的建设，保证知识的价值性。知识付费平台的知识传播作为专业教育的一种大众化延伸，要发挥其在专业和非专业领域之间强化知识转化连接功能的作用。

最后，不断创新平台知识的呈现类型，提高知识需求者的消费兴趣。无论是短视频平台还是知识传播者个体，都应当在追求传播策略和传播效果的同时，以专业知识的标准要求自己，注重内容品质的提升，严把质量关，确保在科学性和价值观上不存在导向性错误。只要有高质量的内容为基础，知识群体的参与和“碎片化”的传播方式并不是问题，反而是激发公众知识兴趣、推动知识大众化传播变革的动力和优势。

本书将知乎平台五项认证信息的“硬信息”作为度量信息不对称的依据，其代表性可能存在一定的偏差。事实上，“软信息”如文字描述等也有可能存在信息不对称。如何通过技术手段，量化“软信息”的信息不对称，从而更好地测量市场的信息不对称水平，则是未来需要努力的方向。此外，本书只研究了定价机制的调节作用，没有考虑信号传递机制、声誉机制、质保机制与认证机制等的调节作用，这也是后续研究的方向。

第六章　知识付费柠檬市场的收费机制

为知识付费和积极提升自我已经成为人们普遍的意识，不少知识内容生产者也想通过知识付费平台将知识变现，但免费的知识平台经常会出现定价不专业、完课率低、用户黏度低、续费率低的问题。制定合理有效的收费机制能够协调知识付费平台与用户之间的利益关系，实现各方利益最大化，推动知识交易可持续健康发展。本章通过构建以知识需求者、知识供给者、知识付费平台为主体的三方博弈模型，比较知识产品质量水平、知识产品价格、增值服务水平和交易佣金收费比例等变量对各博弈主体决策的作用，并对博弈模型中的三方决策进行算例模拟。知识需求者会在金钱的边际效用与质量的边际效用相等时作出购买决策，此时知识需求者的总效用最大。为增加收益，知识供给者会提高知识产品的质量水平，以知识需求者的意愿定价高质量知识产品。此外，知识供给者还会购买使自身收益最大化的增值服务。知识付费平台会通过增加对知识需求者购买行为的影响，提高增值服务效率，对知识供给者实行佣金差异收费等方式来使利润最大化。

一、引　言

知识付费不仅以低成本来满足小众网民对知识的深度需求，还真正实现了“互联网＋”背景下知识价值的即时变现。[①] 同时，知识付费平台通过付费抽成、流量支撑、广告订阅等方式实现盈利，三方（知识供给方、知识需求方、知识付费运营平台）共赢的局面正在形成。

作为知识交易的中间媒介，知识付费平台也存在“成长的烦恼”。知识产品生产中无法克服的“信息悖论”问题和知识交易的“柠檬市场”现象导致

---

① 参见张璐、张鹏翼：《线上线下社会资本与社会化问答行为的关系研究——以知乎医学和健康话题为例》，《图书情报工作》2017 年第 17 期。

知识付费平台收费机制异常复杂，相关研究随之展开。目前，学者们主要从两方面进行了探究。一些学者研究了知识付费平台收费的运营模式。马塔拉佐(Martalazo)认为，内容收费模式的成功主要取决于专业化、差异化、排他性和可访问性等四个变量。① 欧(Oh)等人的研究表明，付费墙对产品和促销策略均有影响。② 也有专家发现，当用户对广告的敏感性较小时，内容提供方应只提供付费内容；当用户更关注体验时，平台就应减少广告收费。③ 包丽薇认为"分答"的收费方式主要是轻量级知识分享，产品优化模式为精益迭代。④ 李明德、王玉珠认为"知识变现"是以社交网络为关系平台，将智力资源与技能资源带入信息网络实现流动与调配，并同步达成资本变现。⑤ 冯红霞指出，知识付费平台主要通过内容收费、收费分成、项目佣金、会员费、广告费、线下服务收费等实现盈利。⑥ 张春晓对平台的收费策略进行了研究，发现平台的交叉网络外部性、知识提供方的知识质量与平台收取的佣金比例负相关，而平台的差异化程度与佣金比例正相关。⑦

还有一些学者从知识需求者付费意愿的角度分析了知识付费平台收费的影响因素。王(Wang)等人发现，知识消费者对内容或服务的付费意愿与其对便利性、重要性、附加价值和服务质量的感知及服务的使用率正相关，与其认为的不公平负相关。⑧ 窦(Dou)的研究发现，用户在评估是否为在线内容付费时会进行收益-成本分析，在线购买的目的和经验是重要的付费因

① Martalazo C., 2017: "Key variables in willingness to pay for online news content: The professionalsâ perspective", *Revista Latina de Comunicación Social*, Vol.72, No.9, pp.165-185.

② Oh H., Animesh A., Pinsonneault A., 2016: "Free versus for-a-fee: The impact of a paywall on the pattern and effectiveness of word-of-mouth via social media", *Mis Quarterly*, Vol. 40, No.1, pp.31-56.

③ Xu J., Duan Y. R., 2018: "Subscription price and advertising space decisions for online content firms with reference effect", *Electronic Commerce Research and Applications*, Vol.30, No.7, pp.8-24.

④ 参见包丽薇：《基于分享经济的互联网知识付费模式研究——以"分答"为例》，《传媒》2017年第11期。

⑤ 参见李明德、王玉珠：《"知识变现"：从App"分答"看新媒体产品盈利模式创新》，《编辑之友》2018年第3期。

⑥ 参见冯红霞：《共享经济时代知识付费的收费模式与盈利模式》，《传媒》2018年第12期。

⑦ 参见张春晓：《基于双边市场理论的知识付费平台定价机制研究》，《吉林工商学院学报》2017年第4期。

⑧ Wang C. L., Zhang Y., Ye L. R., et al., 2005: "Subscription to fee-based online services: What makes consumer pay for online content?", *Journal of Electronic Commerce Research*, Vol.6, No.4, pp.304-311.

素。[1] 杜塔(Dutta)的研究表明,消费者态度和主观规范是知识付费意愿的驱动力,而感知行为控制则不是。[2] 庞吉(Punj)指出,知识产品的预估支付金额与收入和受教育程度有关,而消费者的支付意愿则与年龄和性别有关。[3] 克莱默(Kramer)等人的研究表明,对独家质量和特色内容的期望是用户愿意为在线新闻内容付费的两个主要原因。[4] 张帅等人用质性研究的方法发现,个体需求、个体认知、信息质量、主观规范、便利条件、替代品、经济因素等对用户知识付费行为的影响作用依次递减。[5] 周涛、檀齐基于社会资本理论发现,社会交互连接、共同愿景和信任显著影响用户为知识付费的意向。[6] 范建军通过对用户评论进行分析,发现用户最看重知识付费平台的内容和功能,而对价格并不敏感。[7] 李武等人研究发现,感知收益和感知付出均能有效地解释和预测用户对知识付费平台的感知价值,而内容收益对知识需求者的感知价值影响最大。[8]

根据相关研究的结论可知,知识付费市场具有典型的双边市场"鸡蛋相生"特征。目前,知识付费平台主要采取对知识供给者在平台获取的收益进行分成的方式获取利润,知识供给者提高知识产品的质量和增值服务水平能增加知识付费平台的利润,但这些提高是否就是无限制、无条件的呢?知识付费平台通过收取交易佣金、增值费用来实现盈利,那么收费增加就一定能使平台利润增长吗?要让知识交易能够长期可持续地进行,知识付费平台就需要制定合理有效的收费机制,形成使双边用户同时对平台企业服务产生需求的价格,以此来协调平台自身、知识供给者和知识需求者之间的利

---

① Dou W., 2005: "Will internet users pay for online content?", *Journal of Advertising Research*, Vol.44, No.4, pp.349-359.

② Dutta S., 2012: "Analyzing consumer intention to pay for online content: A systematic Approach", *Journal of Theoretical and Applied Information Technology*, Vol.38, No.1, pp.89-102.

③ Punj G., 2015: "The relationship between consumer characteristics and willingness to pay for general online content: Implications for content providers considering subscription-based business models", *Marketing Letters*, Vol.26, No.2, pp.175-186.

④ Kramer R., Morbach S., Peter H., et al., 2015: "Who is willing to pay for online journalistic content?", *Media & Communication*, No.4, pp.1230-1235.

⑤ 参见张帅、王文韬、李晶:《用户在线知识付费行为影响因素研究》,《图书情报工作》2017年第10期。

⑥ 参见周涛、檀齐:《基于社会资本理论的知识付费用户行为机理研究》,《现代情报》2017年第11期。

⑦ 参见范建军:《移动知识付费平台评论分析——以"得到"App为例》,《图书馆学研究》2018年第5期。

⑧ 参见李武、艾鹏亚、谢蓉:《基于感知价值视角的在线付费问答平台用户付费意愿研究》,《图书情报知识》2018年第4期。

益关系。鉴于此,本书基于知识需求者行为的相关研究,从知识产品质量、知识付费平台增值服务水平、知识产品价格出发,选取知识付费平台、知识供给方、知识需求方为参与主体构建了三方博弈模型,对知识付费平台的佣金收费和增值服务收费进行了研究,并对博弈模型中的三方决策进行算例模拟,以期为知识付费平台的收费机制优化提供参考。

二、知识付费三方博弈模型

(一)模型说明

模型考虑单个知识付费平台中知识供给者、知识需求者、知识付费平台三方的博弈过程。在这三方的博弈过程中,知识付费平台的最终目的是实现总收入最大化。知识付费平台决定对知识供给者、知识需求者两方的收费规则制定;同时,其也通过向知识供给者提供营销、推广、信用维护等增值服务来获取收益。知识供给者的最终目的是实现利润最大化。借助优质内容、品牌效应、名人效应等,知识供给者能够吸引一些知识需求者。而为了进一步增加知识产品的销量,知识供给者会先测试平台提供的增值服务对产品销量的影响程度,然后决定是否购买广告推广服务以及可支付的最佳增值服务费用。知识需求者的最终目的是实现自身效用最大化。知识需求者会先注意到知识付费平台中知识产品的销售价格,并根据平台中展示的信息判断知识产品的质量,最后根据自身的效用函数决定是否购买。知识付费平台的运行模式如图 6-1 所示。

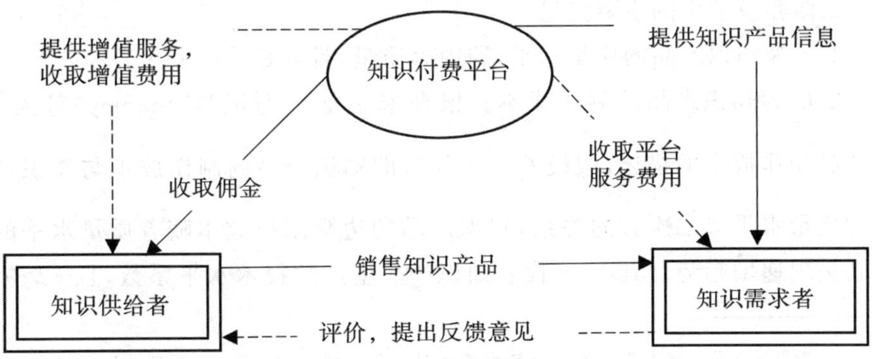

图 6-1 知识付费平台的运行模式

1.本部分博弈模型的主要假设

1)知识需求者的效用由知识产品的质量和价格组成,知识需求者会基于效用最大化作出购买决策。也就是说,知识需求者在购买知识产品时,会对知识产品的质量和价格进行衡量。对于那些愿意用金钱来购买知识产品的知识需求者而言,其对价格的敏感度较弱,更倾向于购买高质量的知识产品。但是,当价格过高时,知识需求者也会适当调整其质量偏好,选择购买质量水平低一些的知识产品。而事实上,消费者都喜欢物美价廉,即性价比高的产品,因此假设知识需求者均倾向于购买质量水平高且价格较低的知识产品。

2)知识付费市场的需求量与知识产品的价格、知识产品的质量水平以及知识付费平台所提供的增值服务有关。因而,知识供给者为了扩大需求量,提高自身利润,会从上述三方面作出改进。根据对知识付费平台用户行为的相关研究可以发现,知识产品的质量对知识需求者的付费行为影响最大,其次是知识付费平台提供的增值服务,相对而言知识产品的价格影响较小。因此假设知识供给者主要会对知识产品的质量水平和平台的增值服务水平作出调整,以实现其利润最大化。

3)在知识付费平台中,知识供给者想要出售知识产品,需要向知识付费平台交纳相应的交易佣金。一般而言,佣金是按照知识产品销售价格的一定百分比交纳,且平台对销售的每件知识产品都收取交易佣金。例如,知乎对知识产品的抽成比例为30%,喜马拉雅FM的抽成比例为20%。此外,知识付费平台还向知识供给者提供营销推广、信用维护、数据分析等增值服务,借助这些增值服务,知识供给者的销售量和利润都会有所增加。因此假设知识付费平台的增值服务是有市场需求的,且能为平台带来利润。

2.博弈模型中的主要变量

1)q 为知识产品的质量水平,即内容质量,且 $q \in [0, +\infty)$。

2)C 为知识产品的制作成本。根据朱立龙[①]、斯坦利(Stanley)等人[②]对产品制作成本的描述,假设 $C=\frac{1}{2}zq^2$,即知识产品的制作成本与知识产品的质量水平成二次方的关系,知识产品的边际制作成本随着质量水平的提高呈现递增趋势。其中,z 代表知识产品生产的技术水平系数,且 $z>0$,

① 参见朱立龙:《双寡头零售商分销渠道产品质量控制策略研究》,《管理评论》2016年第10期。

② Stanley B., Paul E. F., Madhav V. R., 2001: "Performance measurement and design in supply chains", *Management Science*, Vol.47, No.1, pp.173-188.

其与知识供给者自身的知识水平、知识产品制作过程中的技术使用水平等相关。

3)s 为知识付费平台提供的增值服务水平,假设 $s \in [0,+\infty)$。

4)A 为知识付费平台提供增值服务的总费用,参照肖人彬、余睿武[①]以及姚(Yao)等人[②]的研究,广告支出成本为广告支出变量的平方,假设 $A=\frac{1}{2}\eta s^2$,其中 η 为知识付费平台增值服务的技术水平系数,且 $\eta>0$。

5)P 为知识产品的销售价格。

6)Q 为知识产品的销售量,即知识产品的市场需求量。借鉴王玉燕、李璟[③]以及江世英、李随成[④]的假设形式,假设知识产品的市场需求是关于知识产品价格、知识产品质量水平、知识付费平台增值服务水平的线性函数,并且知识产品的市场需求量随着销售价格的提高而减少,随着知识产品质量水平的提高而增加,随着知识付费平台增值服务水平的提高而提高。假设 $Q=\alpha-\beta P+\gamma q+\delta s$,其中,$\alpha,\beta,\gamma,\delta>0$,$\alpha$ 表示知识付费市场中潜在的最大需求量,且 α 为较大常数,β 表示知识产品销售价格的弹性系数,γ 表示知识产品质量水平的弹性系数,δ 表示知识付费平台增值服务水平的弹性系数。根据知识需求者购买行为的相关研究,假设在知识付费市场上存在 $\gamma>\delta>\beta$,即知识产品的质量水平对需求量的影响最大,其次是知识付费平台提供的增值服务水平,而销售价格对知识产品销量的影响较小。

7)k 为知识付费平台向知识供给者收取的交易佣金抽成比例,$0\leqslant k\leqslant 1$。在各知识付费平台中,k 的设置也有所不同。ω 为知识付费平台对知识需求者的收费。

8)$U(q,p)$为知识需求者的效用函数,借鉴胡新平等人[⑤]、孙晓东等人[⑥]的研究,假设知识需求者的效用由价格和质量构成。其中,价格上升会降低

① 参见肖人彬、余睿武:《成本扰动与广告协同下的供应链协调》,《计算机集成制造系统》2011 年第 10 期。

② Yao D. Q., Yue X. H., Liu J., 2008: "Vertical cost information sharing in a supply chain with value-adding retailers", *Omega*, Vol.36, pp.838-851.

③ 参见王玉燕、李璟:《公平关切下基于网络平台销售、回收的 E-闭环供应链的主导模式研究》,《中国管理科学》2018 年第 1 期。

④ 参见江世英、李随成:《考虑产品绿色度的绿色供应链博弈模型及收益共享契约》,《中国管理科学》2015 年第 6 期。

⑤ 参见胡新平、李天丽、邓腾腾:《质量和价格影响需求的双渠道供应链饥饿营销策略》,《系统管理学报》2015 年第 3 期。

⑥ 参见孙晓东、田澎、赵藜:《消费者异质下基于质量-价格竞争的定价策略选择》,《系统管理学报》2013 年第 3 期。

知识需求者的效用，质量提高会增加知识需求者的效用。

9)此外，P^* 为知识需求者对知识产品的支付意愿；q^* 为知识需求者对知识产品质量的选择意愿；ω^* 为知识需求者对知识付费平台服务的支付意愿；s^* 为知识供给者对知识付费平台增值服务的支付意愿。

(二)博弈主体行为建模

1.知识付费平台行为建模

知识付费平台的盈利主要来自知识供给者和知识需求者，其收益为：

$$R = P \times Q \times k + A + \omega \tag{6-1}$$

其中，第一部分为交易抽成费用，即按照约定的抽成比例，对价格为 P 的知识产品的每笔交易抽取佣金；第二部分为增值服务费用，包括展示席位费用、广告营销推广费用、客户维护费用等；第三部分是对知识需求者的收费，其受到知识需求者支付意愿 ω^* 的影响。知识付费平台决定交易抽成比例 k、增值服务水平 s 的设置和对知识需求者的收费 ω，以使得其收益达到最大化：

$$\begin{cases} \text{Max}\ R = \text{Max}(P \times Q \times k) + \text{Max}\ A + \text{Max}\ \omega \\ \text{s.t.}\ \omega \leqslant \omega^* \end{cases} \tag{6-2}$$

2.知识需求者行为建模

知识需求者的效用函数受两方面因素的影响：质量和价格。假设其效用函数为 $U(q,p)$，花费金钱能使知识需求者的效用降低，所以$\frac{\partial U}{\partial p}<0$；选择高质量的知识产品能够提升知识需求者的效用，故$\frac{\partial U}{\partial q}>0$。但是随着知识产品质量的提高，知识需求者的边际效用会出现递减。知识需求者在选择高质量知识产品时会面临金钱损失，故可将知识产品的成本化为质量 q。可以发现，知识需求者愿意为知识产品支付的价格与知识产品的质量成正比，假设知识需求者愿意为知识产品支付的价格为 $p(q)$，存在 $p(q)>0$，$p'(q)>0$。

知识需求者决定对知识产品的支付意愿 P^*、对知识产品质量的选择意愿 q^*、对知识付费平台服务的支付意愿 ω^*，以使得自身效用达到最优：

$$\text{Max}\ U = \text{Max}\ U(q,p) \tag{6-3}$$

3.知识供给者行为建模

在知识付费市场中，当知识供给者提供的知识产品价格 $P \leqslant P^*$，且知识产品的质量 $q \geqslant q^*$ 时，知识需求者才会购买。对知识供给者而言，由知识产品的制作成本 $C=\frac{1}{2}zq^2$，$q \geqslant 0$，可知 $C'(q) \geqslant 0$，$C''(q)>0$，即成本函数 $C(q)$

是关于质量水平 q 的边际成本递增的凹函数。由知识付费平台提供的增值服务费用 $A=\frac{1}{2}\eta s^2, s\geqslant 0$，可知 $A'(s)\geqslant 0, A''(s)>0$，即增值服务费用$A(s)$是关于增值服务水平 s 的边际成本递增的凹函数。由知识产品的需求量 $Q=\alpha-\beta P+\gamma q+\delta s, \alpha>\gamma>\delta>\beta>0$，可知知识产品的价格 P 和需求量 Q 呈负相关，知识产品的质量水平 q 和增值服务水平 s 与需求量 Q 呈正相关，即提高价格 P 会使需求量下降，而提高质量水平 q 和增值服务水平 s 会使需求量上升。

此外，根据知识产品可以零成本复制的特性可知，对于每件制作完成的知识产品，供给方只需付出最初的制作成本便可进行多次销售。因而，给定知识需求者的支付意愿和质量选择意愿，当不使用知识付费平台提供的增值服务时，即 $s=0, A=0$，则知识供给者的预期利润为：

$$\begin{aligned}\pi_N &= P\times(1-k)\times Q_N - C \\ &= P\times(1-k)\times(\alpha-\beta P+\gamma q)-\frac{1}{2}zq^2 \end{aligned} \tag{6-4}$$

其中 $Q_N=\alpha-\beta P+\gamma q$ 为不使用增值服务的知识产品市场需求量。

给定知识需求者的支付意愿和质量选择意愿，当使用知识付费平台提供的增值服务时，即 $s>0, A>0$，则知识供给者的预期利润为：

$$\begin{aligned}\pi_A &= P\times(1-k)\times Q_A - C - A \\ &= P\times(1-k)\times(\alpha-\beta P+\gamma q+\delta s)-\frac{1}{2}zq^2-\frac{1}{2}\eta s^2 \end{aligned} \tag{6-5}$$

其中 $Q_A=\alpha-\beta P+\gamma q+\delta s$ 为使用增值服务时的知识产品市场需求量。

知识供给者决定知识产品的销售价格 P、知识产品的质量水平 q，并决定是否使用知识付费平台提供的增值服务，以及使用增值服务的水平 s^*，以使其利润达到最大化：

$$\text{Max}\ \pi = \text{Max}(\pi_N, \pi_A) \tag{6-6}$$

(三)模型求解

决策参数给出的顺序为知识付费平台、知识供给者和知识需求者。知识付费平台根据所决策的交易佣金比例 k 和增值服务水平 s 收取增值服务费用 A；知识供给者通过对知识需求者行为的估计(包括知识产品的市场需求量 Q、知识需求者愿意支付的知识产品价格 P^* 和知识需求者期望的知识产品质量水平 q^*)，决定知识产品的价格 P、知识产品的质量水平 q、知识产品的制作成本 C、增值服务水平 s^*、增值服务费用 A。知识需求者根据自身的效用函数$U(q,p)$，即U_q和U_p，决定知识产品的支付意愿P^*、知识产品的选择意愿q^*和对知识付费平台的支付意愿ω^*。若$\omega \leqslant \omega^*$，则知识需求者愿意在知识付费平台购买知识产品，反之不购买；若$P \leqslant P^*$且$q \geqslant q^*$，则知识需求者继续在知识付费平台购买知识产品，反之不再购买知识产品。

在知识付费市场中，实际的决策顺序与参数给出的顺序相反，所以可以用逆向归纳法求解这个博弈过程的均衡解。按照实际决策顺序，本书从知识需求者行为开始考察，根据知识需求者面临的相关变量求解其最优购买行为，进而求解知识供给者和知识付费平台的最优决策行为。

1.知识需求者行为求解

知识需求者的效用函数为$U(q,p)$，知识需求者花费金钱的效用损失为$U_p(p)$，提升知识产品质量水平使知识需求者得到的效用收益为$U_q(q)$。知识需求者愿意为知识产品支付的价格为$p(q)$，且$p'(q)>0$。因为$U_p(p)$为效用损失，$U_q(q)$为效用收益，故$\frac{\partial U}{\partial p}<0$，$\frac{\partial U}{\partial q}>0$，即增加金钱会降低知识需求者的效用，增加知识产品的质量水平会提高知识需求者的效用。使知识需求者效用最大化的条件为：

$$\left|\frac{\partial U}{\partial p}\right| = \left|\frac{\partial U}{\partial q}\right| \tag{6-7}$$

式(6-7)表示，当知识需求者花费金钱和提高质量的边际效用相等时，总效用能实现最大。

货币作为一般等价物，其流动性无限大，因此花费金钱对效用的影响在一定范围内可假定是均匀的，故假设$U_p(p)$的斜率为负且不变，在图像上表现为向右下方倾斜的直线。随着知识产品质量的提高，知识需求者的效用会递增，但是，受知识需求、知识结构、支付能力等的影响，知识需求者对知识产品质量的边际效用是呈现递减趋势的。据此假设$U_q(q)$为边际效用递减的增函数，即斜率递减，则知识需求者的决策如图 6-2 所示。为了方便比较，取$U_p(p)$函数的斜率的绝对值，在图中用$U'_p(p)$表示。

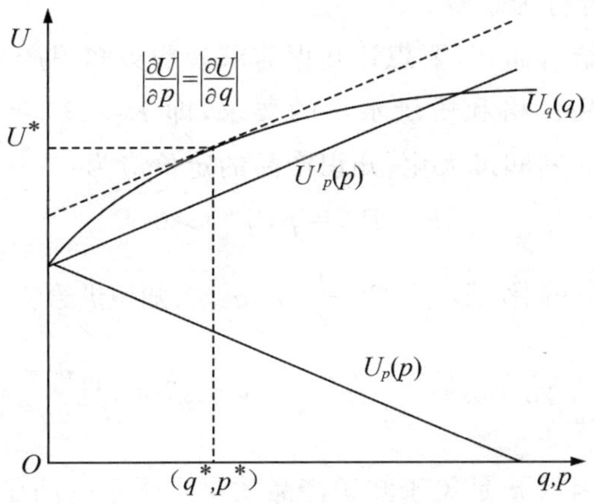

图 6-2　知识需求者的质量效用和价格效用

在图 6-2 中，曲线 $U'_p(p)$ 和 $U_q(q)$ 的切点处 (q^*, p^*, U^*) 满足知识需求者效用最大化。当 $q<q^*$ 时，知识需求者花费金钱的边际效用小于提高质量的边际效用，即 $\left|\frac{\partial U}{\partial p}\right|<\left|\frac{\partial U}{\partial q}\right|$，此时知识需求者选择继续投入金钱来增加效用。当 $q>q^*$ 时，知识需求者花费金钱的边际效用大于提高质量的边际效用，即 $\left|\frac{\partial U}{\partial p}\right|>\left|\frac{\partial U}{\partial q}\right|$，此时知识需求者选择降低对知识产品质量的要求。因此，切点 (q^*, p^*, U^*) 即为知识需求者追求高质量知识产品的临界点。此时，知识需求者期望的质量水平为 q^*，愿意为知识产品支付的价格为 $P^*=p(q^*)$。

对于同类型的知识产品 $X_i, i=1,2,\cdots,n$，知识需求者可以在多个知识付费平台加以了解。知识需求者从平台 1 了解 X_1，认为其价值为 P_A，然后又从平台 2 了解 X_2，得知 X_1 和 X_2 为同质的知识产品，且认为 X_2 的价值同样为 P_A。因此，知识付费平台对知识产品 X_2 所做的处理，在知识需求者看来并没有增加其效用，其边际效用为零。此外，知识需求者还可以自由地进入和退出知识付费平台，因而其对知识付费平台的支付意愿为零，即 $\omega^*=0$。故当知识需求者效用最大化时，存在：

$$\begin{cases}\omega^*=0\\ \left|\frac{\partial U}{\partial q}\right|=\left|\frac{\partial U}{\partial p}\right|\\ P^*=p(q^*)\end{cases} \tag{6-8}$$

2.知识供给者行为求解

对于知识供给者而言，要想让知识需求者购买知识产品，其需满足知识需求者对知识产品价格和质量水平的要求，即 $P \leqslant P^* = p(q^*)$，$q \geqslant q^*$。为使知识供给者的利润最大化，知识产品的定价应为：

$$P = P^* = p(q^*) > 0 \tag{6-9}$$

因为知识产品的制作成本为 $C = \frac{1}{2}zq^2$，$q \geqslant 0$，知识供给者的利润为 $\pi = P \times (1-k) \times (\alpha - \beta P + \gamma q + \delta s) - \frac{1}{2}zq^2 - \frac{1}{2}\eta s^2$，$s \geqslant 0$，且 $\frac{\partial^2 \pi}{\partial q^2} = -z < 0$，所以知识供给者的利润函数 π 是关于知识产品质量水平 q 的凸函数。由 $\frac{\partial \pi}{\partial q} = P \times (1-k) \times r - zq = 0$，可得：

$$q = \frac{P \times (1-k) \times r}{z} \tag{6-10}$$

即当 $q = q'$ 时，知识供给者的利润最大。同时需要考虑到知识需求者的质量需求 $q \geqslant q^*$。当 $q' > q^*$ 时，知识供给者的质量水平决策为 q'，此时，知识供给者能够实现最大利润；当 $q' < q^*$ 时，知识供给者要以知识需求者的意愿为主，此时，其质量水平决策为 q^*。

因此，知识供给者对知识产品质量水平的最优决策为：

$$q = \max(q', q^*) \tag{6-11}$$

此外，为了获得最大利润，知识供给者还要决定是否使用知识付费平台提供的增值服务，并选择最优的增值服务水平。

当知识供给者不使用增值服务，即 $s = 0$ 时，其预期利润为 $\pi_N = P \times (1-k) \times (\alpha - \beta P + \gamma q) - \frac{1}{2}zq^2$；当知识供给者使用增值服务，即 $s > 0$ 时，其预期利润为 $\pi_A = P \times (1-k) \times (\alpha - \beta P + \gamma q + \delta s) - \frac{1}{2}zq^2 - \frac{1}{2}\eta s^2$。当市场达到均衡时，知识供给者使用增值服务和不使用增值服务的预期利润相等，即 $\pi_A - \pi_N = 0$。而当 $\pi_A - \pi_N > 0$ 时，知识供给者会选择购买知识付费平台提供的增值服务。

知识供给者使用增值服务和不使用增值服务之间的利润差额为：

$$\Delta\pi = \pi_A - \pi_N = P \times (1-k) \times \delta \times s - \frac{1}{2}\eta s^2 \tag{6-12}$$

其中，$\Delta\pi = \pi_A - \pi_N = 0$ 是知识供给者使用增值服务的临界条件。计算可得 $s = 0$，或 $s = \frac{2P \times (1-k) \times \delta}{\eta}$，即当 $s \in [0, \frac{2P \times (1-k) \times \delta}{\eta}]$ 时，知识供给

者可能会购买增值服务。

根据式(6-12)可得$\frac{\partial^2 \Delta\pi}{\partial s^2}=-\eta<0$,可知利润差额$\Delta\pi$是关于增值服务水平$s$的凸函数。由$\frac{\partial \Delta\pi}{\partial s}=0$可知,当$s^*=\frac{P\times(1-k)\times\delta}{\eta}$时,使用增值服务能为知识供给者带来最大利润。故知识供给者对增值服务水平的最优决策为:

$$s^*=\frac{P\times(1-k)\times\delta}{\eta}, s\in\left[0,\frac{2P\times(1-k)\times\delta}{\eta}\right] \tag{6-13}$$

3.知识付费平台行为求解

知识付费平台的最终目的是实现利润最大化,其决策目标为:

$$\text{Max } R=\text{Max}(P\times Q\times k)+\text{Max } A+\text{Max } \omega。$$

知识付费平台的决策变量为交易佣金比例k,增值服务水平s,对知识需求者的收费ω。由$\omega\leqslant\omega^*$和$\omega^*=0$,可得:

$$\omega=0$$

也就是说,知识付费平台不向知识需求者收取平台服务费。

对知识付费平台而言,向知识供给者提供增值服务能够增加其利润,所以,为了保持利润最大化,其不会主动跨越知识供给者的决策边界,故其设置的增值服务水平$s\in\left[0,\frac{2P\times(1-k)\times\delta}{\eta}\right]$。此外,根据知识供给者对增值服务的最优决策可知,知识付费平台想要与知识供给者之间形成较好的合作,其决策的增值服务水平应为:

$$s=s^*=\frac{P\times(1-k)\times\delta}{\eta} \tag{6-14}$$

将知识付费平台的预期利润$R=P\times(\alpha-\beta P+\gamma q+\delta s)\times k+\frac{1}{2}\eta s^2$代入式(6-14),可得:

$$R'=P\times(\alpha-\beta P+\gamma q)\times k+\frac{\delta^2P^2}{2\eta}(1-k^2) \tag{6-15}$$

因为$\frac{\partial^2 R'}{\partial k^2}=-\frac{\delta^2P^2}{\eta}<0$,可知$R'$关于$k$为凸函数。由$\frac{\partial R}{\partial k}=P\times(\alpha-\beta P+\gamma q)-\frac{\delta^2P^2}{\eta}k=0$,可得:

$$k=\frac{\eta(\alpha-\beta P+\gamma q)}{\delta^2P}, \quad 0\leqslant k\leqslant1 \tag{6-16}$$

此时,知识付费平台的利润最大,其最大利润为:

$$R^* = \frac{\delta^2 P^2}{2\eta} + \frac{\eta(\alpha - \beta P + rq)^2}{2\delta^2} \tag{6-17}$$

对于知识付费平台而言，为了满足知识需求者的要求，也为了吸引更多的用户，其选择对知识需求者免费提供服务，即 $\omega=\omega^*$。同时，当知识付费平台的决策为 $k=\frac{\eta(\alpha-\beta P+\gamma q)}{\delta^2 P}$，$k\in[0,1]$，$s=s^*=\frac{P\times(1-k)\times\delta}{\eta}$，$s\in\left[0,\frac{2P\times(1-k)\times\delta}{\eta}\right]$时，其也能够实现最大利润 R^*。

三、算例分析

为了使读者对上述结论有一个直观的认识，下面采用具体函数算例来对博弈模型中的三方决策进行分析。

假定知识需求者的效用函数为 $U(q,p)=120-10p+q^2+20q$，知识需求者的支付意愿函数为 $p(q)=q$。输入唯一的变量 q，可在图 6-3 中清晰地看出知识需求者的效用变化。

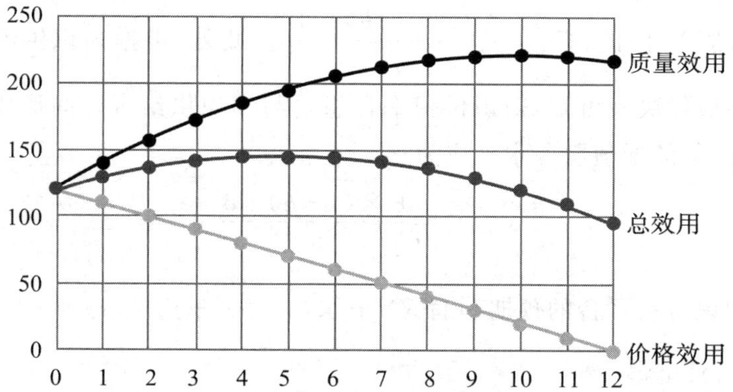

图 6-3　知识需求者的效用变化

从图 6-3 中可以看出，知识需求者对金钱的效用是直线下降的，其对质量的效用是呈上升趋势的，但是其对质量的边际效用是呈递减趋势的。当 $q=5$ 时，知识需求者的总效用最大，而此时也正好有 $\left|\frac{\partial U}{\partial q}\right|=\left|\frac{\partial U}{\partial p}\right|$，与模型设定的均衡条件相符。也就是说，当知识需求者对金钱的边际效用与质量的边际效用相等时，知识需求者的总效用最大。因而，为使得效用最大，知识需求者对金钱和质量的决策应为：$q^*=5$，$P^*=p(q^*)=q^*=5$。为进一

步分析知识供给者和知识付费平台的决策行为，对模型中给出的一些参数进行赋值，具体赋值情况如表 6-1 所示。

表 6-1　参数赋值情况

参数	α	β	γ	δ	z	η
赋值	100	1	3	2	2	4

对知识供给者而言，为了满足知识需求者的要求，其决策应为：$P=p(q^*)=5$，$q\geqslant 5$。从知识供给者的利润函数中可以看出，影响其利润的因素还有佣金比例 k，产品质量水平 q，增值服务水平 s。可以通过以下方式，讨论 k、q、s 对知识供给者的利润及决策的影响情况。(1)取 $q=5$，$s=1$，探讨利润在 $0\leqslant k\leqslant 1$ 时的变化情况(见图 6-4)。(2)取 $k=0.2$，$s=1$，探讨 q 对利润的影响(见图 6-5)。(3)取 $k=0.2$，$q=5$，探讨 s 对利润的影响(见图 6-6)。

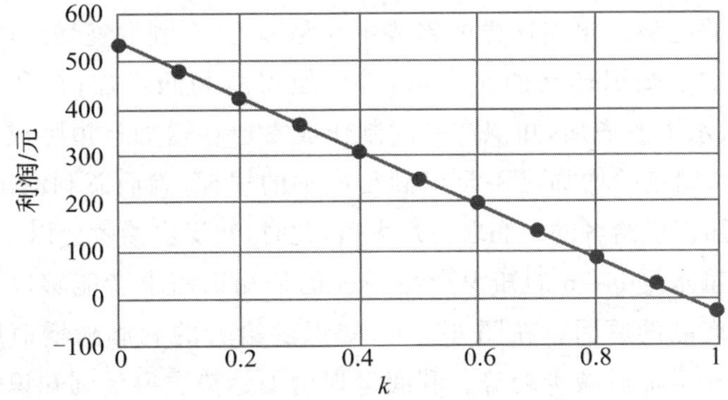

图 6-4　佣金比例对知识供给者利润的影响

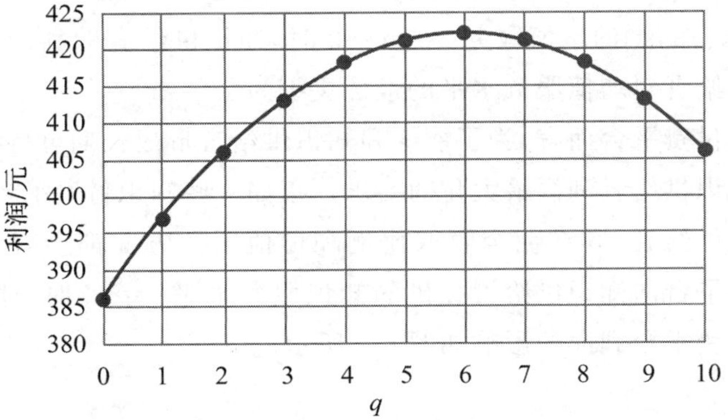

图 6-5　质量水平对知识供给者利润的影响

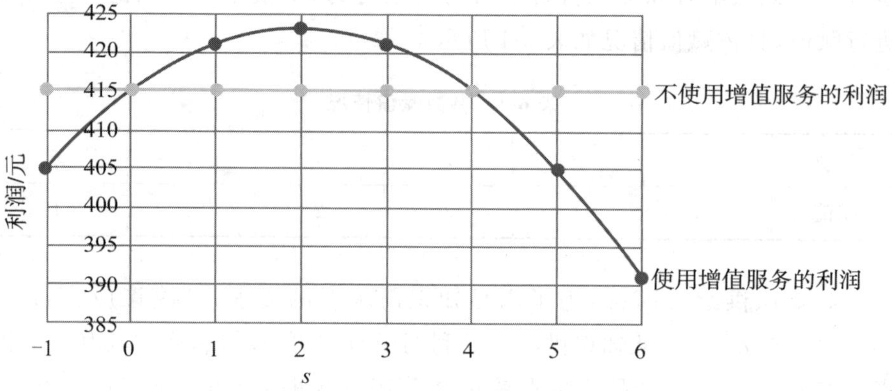

图 6-6　增值服务水平对知识供给者利润的影响

从图 6-4 中可以看出，知识供给者的利润随佣金比例的增加呈现直线递减趋势。因而知识供给者倾向于选择佣金比例相对较低的知识付费平台。在图 6-5 中，知识供给者的利润随着知识产品质量水平的增加呈现先增加后降低的趋势。出现这样的趋势主要是因为：在利润递增阶段，质量水平的提高增加了知识产品的需求量，进而使得总利润增加；在利润递减阶段，随着质量水平的增加，知识产品的制作成本也在增加且边际成本呈现递增趋势，此时，销量的增加已不足以满足成本的损耗，因而总利润出现递减。当 $q=6$ 时，知识供给者的利润取得最大值，此时，知识供给者会以 $P=5$ 的价格去出售质量水平 $q=6$ 的知识产品。这也是知识需求者能够以低价购得高质量知识产品的原因。在图 6-6 中，知识供给者的利润随增值服务水平的增加呈现先增加后减少趋势。利润呈现增加趋势主要受到知识需求量的影响，呈现减少趋势则主要受到增值服务费用的影响。可以看出，当 $0 \leqslant s \leqslant 4$ 时，知识供给者购买增值服务会为其带来更多利润，因而其可能会购买服务水平 $s \in [0,4]$ 的增值服务。当 $s=2$ 时，知识供给者的利润达到最大，因而知识供给者对增值服务水平的最优决策为 $s^*=2$。

对知识付费平台而言，为了能够和知识供给者形成长期可持续的合作，其会满足知识供给者利润最大化的要求。正如一些知识付费平台为了吸引优质的知识供给者，其在佣金收取比例和增值服务方面都会有一些优惠。当知识付费平台向知识供给者提供的知识服务水平 $s=s^*$ 时，佣金收取比例对知识付费平台利润的影响如图 6-7 所示。

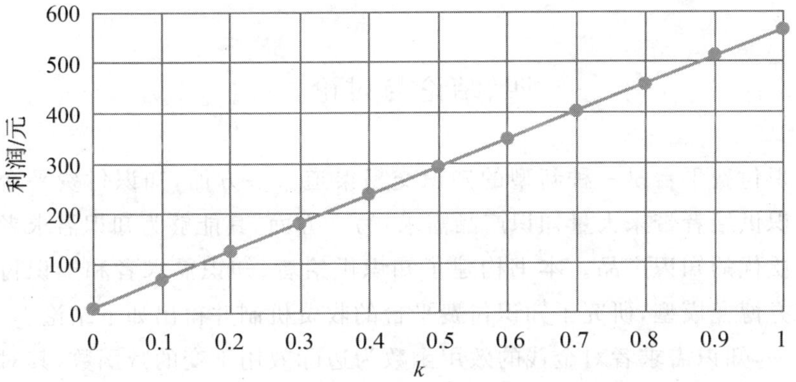

图 6-7　佣金收取比例对平台利润的影响

在图 6-7 中，随着佣金收取比例的增加，平台利润逐渐增加。同时可以发现，在 $0 \leqslant k \leqslant 1$ 范围内并没有出现模型中使得知识付费平台利润最大的最优佣金收费比例。分析发现，这主要是受到了参数 η、δ 的影响。调整参数 $\eta=0.1$，$\delta=0.3$，可以得到图 6-8 的结果。在图6-8中，当佣金比例在 25% 时平台利润达到了最大值。这也可以说明，知识付费平台要想在佣金比例不变或降低的情况下获得最大利润值，其可以提高平台对消费者需求的影响程度，也可以通过降低增值服务成本、提高增值服务效率等方式实现利润最大。

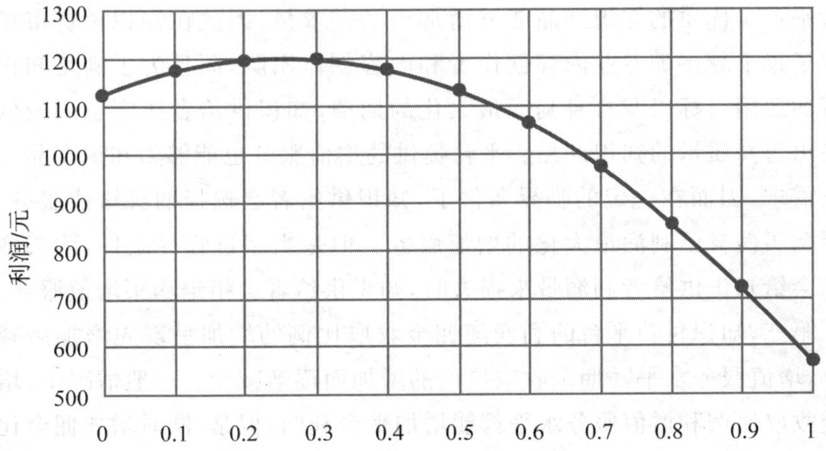

图 6-8　参数调整后佣金收取比例对平台利润的影响

四、结论与讨论

知识付费平台是一种新型的知识交易渠道。一方面，知识付费平台可以为知识供给者带来大量知识产品需求；另一方面，其能够为知识需求者提供价廉质优的知识产品。本书构建了知识供给者、知识需求者和知识付费平台三方博弈模型，研究了知识付费平台的收费机制并得出如下结论。

第一，知识需求者对金钱的效用函数为边际效用不变的减函数，其对知识产品质量的效用函数为边际效用递减的增函数；当知识需求者对金钱的边际效用与知识产品质量的边际效用相等时，知识需求者的总效用最大，即当知识产品的质量对知识需求者的效用较大时，知识需求者的支付意愿会上升，其会为了高质量的知识产品增加投入。当高质量知识产品为知识需求者带来的效用增加小于花费金钱造成的效用损失时，消费者会降低其对知识产品的质量要求，去选择价格、质量适宜的知识产品。为了维护知识付费市场中的交易秩序，平台也会对一些价格过高、质量水平较差的知识产品作出限制。

第二，知识供给者的利润随佣金比例的增加呈现直线递减趋势，随知识产品质量水平的增加呈现先增加后减少的趋势，随增值服务水平的增加呈现先增加后减少趋势，即知识供给者倾向于选择佣金比例相对较低的知识付费平台。优质的知识产品能够增加市场需求量，因此在知识付费市场上出现了越来越多的专业内容创作者和内容创作团队，而且为了满足知识需求者的效用目标以及自身利润最大化的期望，知识供给者还愿意以较低的价格出售高质量的知识产品。平台提供的增值服务也能够为知识产品带来市场需求，因而在一定的临界条件下，知识供给者会选择购买增值服务，并选择购买使自己利润最大化的增值服务。但是当超过临界条件，购买增值服务会给知识供给者利润带来损失时，知识供给者会拒绝购买增值服务。

第三，知识付费平台的利润随佣金收取比例的增加呈现先增加后减少趋势，增值服务水平随佣金收取比例的增加而逐渐减少。一般情况下，增加佣金收取比例和增值服务水平都能增加平台利润，但是，同时增加佣金比例和增值服务水平并不一定能为知识付费平台带来更多利润。原因是为了保持与知识供给者的合作，知识付费平台提供的增值服务水平受到佣金收取比例的影响。通过对模型进行数值分析也发现，即使当知识付费平台提供的增值服务能够有效影响知识需求者的购买行为，平台的佣金收取比例也并非越高越好，而是存在最优决策。知识付费平台可以通过提高对知识需求者的影响程度、降低增值服务成本、提高增值服务效率等方式实现利润最大。

研究结论可以解释知识付费现状并预测知识付费的某些发展趋势。一方面，知识供给者会以知识需求者的意愿为基础来制定合适的销售价格，并不断将知识产品质量提高到使得自身利润最大的水平。这也是当前不断涌现大量的专业内容创作者、内容创作团队的原因。另一方面，知识付费平台会不断提高服务水平，凭借自身多样化的增值服务对知识需求者进行收费。例如，得到、知乎、喜马拉雅等知识付费平台都相继设置了会员服务，让知识需求者直接向平台付费，这将是知识付费的一个发展趋势。

五、案例：巴九灵知识付费的变现

知识付费内容的变现主要有两步：第一步是在垂直领域积累该兴趣范围内的用户群，这些用户群都是因此类内容而聚集在一起，比如健身、美食、旅游、医疗、财经、母婴等；第二步是针对该类用户群体的特征，进行垂直领域的精耕运营，通过广告、电商、社群等方式变现。目前，在国外，内容变现相对成熟，在 YouTube 上搜“blogging”，会有很多博主教你如何通过“blogging”来变现。国外对知识版权更加重视，许多知名博主会写博客、录视频，在自己爱好的领域细细耕耘。比如，瑜伽教练会在 YouTube 上上传自己的瑜伽教学视频，积累了一定数量的粉丝后，会通过推荐优质瑜伽用品、亚马逊（Amazon）等第三方渠道引流等方式获得收入来源。具体说来，平台主要有以下几种收费方式。

1）广告收入：在内容中插播广告，为第三方平台引流，为品牌撰写软文等等。

2）内容收费：为内容本身收费。比如知乎 Live 的专家解答、得到的专栏订阅、QQ 阅读的电子书、网易云课堂的课程付费等等。

3）电商/新零售：电商是目前使用较多的方式，在公众号里开微店，在有赞电商平台开实物商城，通过售卖该垂直领域的产品获取收入。

4）社群运营：通过线上线下的活动收费。比如组织书友会、社区跑等活动。

（一）巴九灵简介

巴九灵的主体是吴晓波频道，专注于泛财经、泛商业领域的新媒体，拥有 200 万以上的用户，同时，它也与“冯仑风马牛”“秦朔朋友圈”“酒业家”

“德科地产”等自媒体公众号组成自媒体矩阵，用户总数量超过千万。目前巴九灵运营的平台包括以下几部分。

大头频道：此为爱奇艺的泛财经视频节目，聚合财经媒体界的名人，分析当前的经济形势，评说时下热点话题。

大头商学院：联合不同领域的专家，以线上线下联合培训的模式，面向企业家和管理者们提供商业智慧课堂。

美好的店：汇集了形式各样的精品电商，以此吸引用户驻足。

(二)目标人群：新中产

由吴晓波频道联合新浪财经、央视研究等联合发布了 2017 年的《新中产报告》，通过一年收集 2 万份以上的有效问卷，深度剖析新中产人群的特征，这里提炼部分内容来介绍。

1)新中产的基础特征：“80 后”，大多来自一二线城市，接受过高等教育。

2)新审美：有清晰的、符合当代商业美学的审美趣味，既不人云亦云，也不盲目崇洋媚外。

3)新消费：在满足物质生活的前提下，将更多的时间和金钱投入到自我修养提升上，消费支出中与体验有关的商品、服务越来越多。

4)新连接：善于使用移动互联网等工具，从物理空间走出去，找到价值观、审美观、消费观类似的同好者，进入相应的圈层中。

(三)会员权益设计

与爱奇艺、喜马拉雅等垂直视频/音频领域的权益设置不同，吴晓波频道作为财经领域的 IP，吸引的是新中产阶级用户，权益的设置并不局限于垂直的财经领域，而是以新中产的生活、工作为中心，辐射他们的各种生活场景，从而设计相应的权益类别。

首先，根据新中产人群的喜好、特征，从他们的生活、工作方式出发，辐射吃、喝、住、行、旅游、学习提升、娱乐、运动健身、医疗保健、理财投资的场景。确定主场景后，以新审美、新消费、新连接贯穿其中，细化子场景。

其次，结合新中产对体验类消费的偏好与权益的类别，设计权益项目。其中付费优惠中的商品可以对应到电商/新零售中的产品售卖，专属资源和增值体验类权益更多对应到平台提供的内容频道以及相关的服务，限额活动可以对应到社群组织的活动类别。

最后，结合平台资源，在“权益菜单”(见表 6-2)中进行分拣，形成最终的权益列表，并设计等级的分发机制。在权益较多的情况下，需要根据用户的喜好和当下的场景去进行权益分发，包括内容推送、会员权益的页面呈现、权益沟通等。比如爱奇艺的“圈子”，就是一种定向精准分发内容的方式。对于巴九灵而言，当用户走进各类场景中时，即可推送当前场景的权益；当用户有兴趣标签时，按照兴趣标签和用户属性，将用户最可能喜欢的权益推至其面前，能达到更好的用户招募与留存效果。

表 6-2　巴九灵会员权益菜单设计

权益场景			会员权益			
场景	类别	举例	专属资源	付费优惠	增值服务体验	限额活动
吃	美食餐馆	品质餐馆推荐	有机农场食材供应	消费折扣	品质餐馆推荐	
	精品食材	养生食材、各地精选食材、健康食品、匠心美食		食材采购折扣，食品购买优惠	定制食材清单	有机农场选地种植
	养生咨询	食疗养生书籍/课堂/咨询		免费食疗菜谱书籍	定制食疗方案	线下养生课堂
喝	品茗	精品茶舍、下午茶地点、茗茶、茶具、茶桌购置，茶道课程		优质茶叶、精品茶具的选购优惠	精品茶舍推荐	品茗活动
	喝咖啡	咖啡厅推荐，咖啡豆、咖啡机等购置		优质咖啡豆、咖啡机的选购优惠	小资咖啡厅推荐	
	名酒鉴赏	名酒、醒酒器、酒柜、酒庄的购置，品酒会等活动，名酒鉴赏课程		名酒、酒器相关购置优惠	私人酒庄参观、品酒会、名酒鉴赏活动	

（四）会员矩阵设计

结合权益的分发需求和内容付费特点，根据垂直维度和水平维度划分会员矩阵（见表 6-3）。

垂直维度：采用会员等级，以较为亲民的价格，以及专属资源、付费优惠、增值服务体验等权益类别吸引用户付费。将高价值会员单独区分开，并用限额活动、专有资源和高端增值服务类权益来回馈用户。

水平维度：用兴趣圈来区分，通过四大类标签——用户属性、在电商端/零售实体店消费过的产品、参加过的社群活动、订阅的专栏内容来实现精耕运营，同时指引内容的分发和权益的分发等。

表 6-3　巴九灵会员等级设计

		机制
会员入会	入会渠道	微信 爱奇艺、喜马拉雅等第三方平台 线下活动 门店
垂直维度：会员等级	等级数量	2
	会员等级	VIP 高端 VIP
	等级划分标准	按付费标准
	等级有效期	试用 包月 连续包月 半年 年
	升降规则	按剩余时间天数进行费用折算，补齐差额后实时升级； 该会员等级有效期到期后开始生效，根据新的会员等级/权益方案进行升级
水平维度：兴趣圈	根据会员属性分组	举例：同城标签、白领职业标签
	根据消费过的产品分组	举例：在实物商城（线上线下）购买过的产品标签
	根据参加过的活动分组	举例：会员参加过的活动标签
	根据订阅专栏分组	举例：会员订阅的音乐栏目、课程栏目生成标签

总而言之，以会员制贯穿内容变现领域——内容付费、电商/新零售、社群活动，是以用户为中心，从他们所处的场景出发，提供他们所需的产品与服务组合，免去让他们自己到相应的电商、活动平台上去找各类产品、服务的烦琐，将一揽子组合都准备好，为他们打理好生活与工作。

第七章 知识付费柠檬市场的信号传递机制

知识付费市场已经被证明是典型的信息不对称市场。事实上，信息不对称这一现象早在20世纪70年代便受到经济学家的关注和研究，它为市场经济提供了一个新的视角。现在看来，信息不对称现象简直无处不在，比如人们对品牌的崇拜和追逐，从某种程度上恰恰说明了较一般商品而言，名牌商品提供了更完全的信息，降低了买卖双方之间的交易成本。这一理论同样也适用于知识付费市场。本章以知识付费平台和知识卖方作为研究主体，并假定知识卖方对其产品质量拥有完全信息，而知识付费平台并不能掌握全部信息。此时，知识卖方为信息优势方，而知识付费平台为信息劣势方。在两者不完全信息动态博弈模型的基础上，本书构建了以价格为信号的博弈模型，并通过比较知识付费市场中信号传递博弈的三种均衡状态得出最优的均衡状态，提出如何提高作假的伪装成本和风险成本的防范措施，为知识付费平台进一步完善管理制度提供理论依据。

一、引　言

在知识付费市场上，知识付费平台与知识卖方间的信息具有不对称性，知识卖方具有信息优势而平台处于信息劣势。为缓解知识付费市场上的信息不对称问题，王铮、刘彦芝认为，可通过完善平台内部的信任机制、价格体系、奖罚制度和质量保障体系等来实现对知识付费市场的治理。① 张省、常江波指出，可以通过使用区块链技术、建立集体声誉联盟和多元监督等方式治理知识付费的柠檬市场问题。② 刘友芝认为，可通过加强知识产品及生

① 参见王铮、刘彦芝：《在线知识付费平台的市场机制探究——兼论对知识平台市场机制缺陷的应对与干预》，《图书情报知识》2018年第4期。

② 参见张省、常江波：《知识付费"柠檬市场"治理机制研究》，《商业研究》2018年第11期。

产者的版权保护意识、提升知识付费平台的内部经营管理水平等来解决知识付费市场中出现的“质量问题”。①

虽然学者们认为可从多方面治理知识付费市场中的信息不对称问题，但是，想要最大化地缓解信息不对称问题，还需从其根源——信号传递机制着手。只有让市场中的信息优势方——知识卖方向知识付费平台披露更多信息，才可能保障知识付费市场有序运行。正如张维迎教授所言，信号传递机制能够有效缓解信息不对称问题。② 因此，在知识付费平台和知识卖方间建立良好的信号传递机制，对于把控知识付费市场产品质量具有重要意义。

在以往信号传递博弈的相关研究中，斯彭斯(Spence)认为在不完全信息动态博弈中，信号传递博弈对各主体的战略决策提供了重要依据，可将教育作为信号来区别高能力者与低能力者。③④ 也有专家将广告、资本结构、价格等作为质量信号进行了分析。⑤⑥⑦ 刘玲、肖俊极运用信号博弈理论分析了知识付费中“先行赔付”和“7 天无理由退换货”计划的作用机理，结果表明“7 天”计划更能为消费者提供保障，而“先行赔付”则更容易使卖家发生分离均衡。⑧ 借助于信号传递博弈模型，张国兴等人对节能减排补贴政策下政府和企业的行为进行了分析，结果发现市场的均衡效率会受到作假的伪装成本和期望风险成本的影响。⑨ 李莉等人指出，具有公信力的政府对高科技企业的支持行为具有认证效应，企业传递获得政府支持的相关信

① 参见刘友芝：《知识付费平台持续发展的现实瓶颈与创新突破》，《编辑之友》2018 年第 11 期。

② 参见张维迎：《博弈论与信息经济学》，上海，上海人民出版社，2004 年，第 98～102 页。

③ Spence A. M., 1973: “Job market signaling”, *Quarterly Journal of Economics*, Vol.87, No.3, pp.355-374.

④ Spence A. M., 2002: “Signaling in retrospect and the informational structure of markets”, *American Economic Review*, Vol.92, pp.434-459.

⑤ Nelsom P., 1974: “Advertising as information”, *Journal of Political Economy*, Vol.8, pp.729-754.

⑥ Ross S. A., 1977: “The determination of financial structure: The incentive signaling structure”, *Bell Journal of Economics*, Vol.8, pp.23-40.

⑦ Milgrom P., Roberts J., 1986: “Price and advertising signals of product quality”, *Journal of Political Economy*, Vol.94, pp.796-821.

⑧ 参见刘玲、肖俊极：《消费者保障计划的作用机理——基于信号博弈的理论分析》，《南方经济》2010 年第 12 期。

⑨ 参见张国兴等：《节能减排补贴政策下的企业与政府信号博弈模型》，《中国管理科学》2013 年第 4 期。

息有利于提高银行的认知和认可水平，可对缓解信贷约束起到积极作用。[①] 汪旭晖、张其林指出，竞价排名与精准营销等特性导致了网络广告的信号发送功能在平台型知识付费市场上的失效。[②] 刘永胜等人研究了网络食品供应链平台与平台卖家信号传递博弈，指出平台应完善信号检测和识别机制、构建卖家信用档案，并提出政府应与平台形成“总＋分”的管理模式。[③] 杨艳妮、明均仁研究发现，用户交互内容的传播博弈结果由内容生产者的利益支付、受众用户的效用支付、内容生产者发出虚假信号的概率三者间的大小来判断。[④]

对以往文献进行整理可以发现，教育水平、广告、资本结构、价格等都可以作为产品的质量信号，而伪装成本、风险成本、认证信息、利润等都可能对市场均衡产生影响。针对知识付费市场中的信息不对称问题，本书以知识付费平台和知识卖方作为研究主体，在不完全信息动态博弈模型的基础上构建了以价格为信号的博弈模型，并通过比较知识付费市场中信号传递博弈的三种均衡状态得出最优的均衡状态，分析了影响均衡状态的约束条件及相关因素，以期为知识付费平台进一步完善相关制度提供启发。

二、信号传递博弈模型的构建

在知识付费平台和知识卖方博弈的过程中，平台与卖方的策略是在动态变化的，当一方调整策略时另一方也会调整自己的策略。对于新推出的知识产品，知识卖方对其质量拥有完全信息，而知识付费平台并不能掌握全部信息。此时，知识卖方为信息优势方，而知识付费平台为信息劣势方，且平台只能根据知识卖方提交的知识产品价格申请信息以及贝叶斯法则来判断知识产品的质量。由此可知，在确定知识产品售价的过程中存在着不完全信息动态博弈：信号传递博弈。

---

① 参见李莉、高洪利、陈靖涵：《中国高科技企业信贷融资的信号博弈分析》，《经济研究》2015 年第 6 期。

② 参见汪旭晖、张其林：《平台型知识付费市场中的“柠檬问题”形成机理与治理机制——基于阿里巴巴的案例研究》，《中国软科学》2017 年第 10 期。

③ 参见刘永胜、甘莹莹、徐广姝：《网购食品供应链平台与平台卖家信号传递的博弈》，《商业研究》2018 年第 10 期。

④ 参见杨艳妮、明均仁：《社会网络中用户交互内容传播的信号博弈研究》，《图书馆学研究》2018 年第 10 期。

(一)知识付费市场中的信号传递博弈模型

在知识付费平台和知识卖方的信号传递博弈中,卖方是信号的发出方(S),而平台是信号的接收方(R)。对于知识产品价格的申请及审核即为平台与卖方间的博弈。其博弈过程为:首先,由博弈方“自然”按一定概率从知识卖方的类型空间 $M=\{m_1,m_2,\cdots,m_I\}$ 中随机抽选一个知识卖方类型 m_i;然后,知识卖方根据“自然”的选择,在自己的策略空间 $N=\{n_1,n_2,\cdots,n_J\}$ 中选择策略 n_j;最后,知识付费平台根据知识卖方所发出的策略信号 n_j,在自己的策略空间 $Q=\{q_1,q_2,\cdots,q_k\}$ 中选择策略 q_k。这里所提到的“自然”是人为添加的,代表了某种已存在的状态且其并不参与知识付费平台与知识卖方的博弈。

为研究知识付费平台和知识卖方的信号传递博弈,这里有以下假设:

(1)假设在知识付费平台和知识卖方作出决策的过程中,卖方是基于自身利益最大化这一目标,而知识付费平台则是基于自身利益、知识买方利益、社会效益等众多目标,其中平台自身收益为主要目标。

(2)假设知识付费平台会对有欺诈行为的知识卖方作出处罚。对于售卖虚假知识产品的知识卖方,知识付费平台将会利用其交易中介的功能为买方追回售卖资金,同时向平台及社会公布。这样不仅能够保障知识买方的利益,还能提升平台的声誉。这里假设:知识卖方所提供的知识产品或知识服务有质量好、质量差两种情况;基于自身利益最大化的目标,当知识产品质量好时知识卖方只会申请高价格且价格申请成本为0(即不需付出伪装成本);当知识卖方想要对质量差的知识产品申请高价格时需要额外付出伪装成本 C;若知识卖方的伪装行为在平台审核中被发现,平台将会对其进行处罚以使卖方产生损失 H,其中卖方伪装行为被平台发现的概率为 f;当知识产品质量差且知识卖方申请低价格时需要的成本为0。因此,知识卖方类型集合 $M=\{$质量好(g),质量差(b)$\}$,知识卖方可选择的策略有 $N=\{$申请高价格(h),申请低价格(l)$\}$。这里的伪装成本 C 和风险惩罚成本 H 都是低质量知识产品申请高价格所需额外付出的成本。

(3)假设知识付费平台会根据知识卖方的价格申请和知识产品的质量来确定售价,且平台发布的售价一般不会高于卖方申请的价格;对于知识付费平台而言,可供选择的策略空间为 $Q=\{$给高价格(h),给低价格(l),拒绝售卖$\}$。对于知识卖方而言,当平台给高价格时,其收益为 L_h;当平台给低价格时,其收益为 L_l;当平台拒绝售卖知识产品时,其收益为0。对于知识付费平台而言,知识卖方售卖质量好的知识产品能够为其带来的综合效益为

V_g；知识卖方售卖质量差的知识产品能够为其带来的综合效益为 V_b，且 $V_g > L_h > V_b > L_l > 0$。

(4)知识卖方在知识付费平台上售卖知识产品是长期而非一次性活动，故某次知识产品售卖过程中平台与卖方的收益情况将会影响下次双方的策略选择。知识付费平台要想长期发展，不仅要考虑自身收益，还要综合考虑知识卖方、知识买方、社会等的利益最大化，这样才可以实现其可持续发展。平台所希望的并不是与卖方合作一次，而是希望能够进行两次甚至长久合作，以使得其总利益最大。因此，平台会提前考虑下一次知识卖方积极性受挫的情形，并计入本次合作的权益之中。为进一步研究，这里将知识卖方积极性受挫的成本进行量化处理。假设知识卖方已完成知识产品的制作过程，而平台拒绝售卖知识产品(包括质量好和质量差的知识产品)，或对质量好的知识产品给出低价格，这些都会打击知识卖方的积极性，同时也会给平台带来损失 D，且 $D > L_h$。

(二)知识付费平台与知识卖方间的博弈分析

在缓解知识付费市场信息不对称的问题上，知识付费平台发挥着不可替代的作用，合理的平台规则不仅能够维持知识付费平台的运营，还能使平台、知识卖方、知识买方实现共赢。作为知识交易规则制定方和约束方，知识付费平台和知识卖方间的博弈如图 7-1 所示。

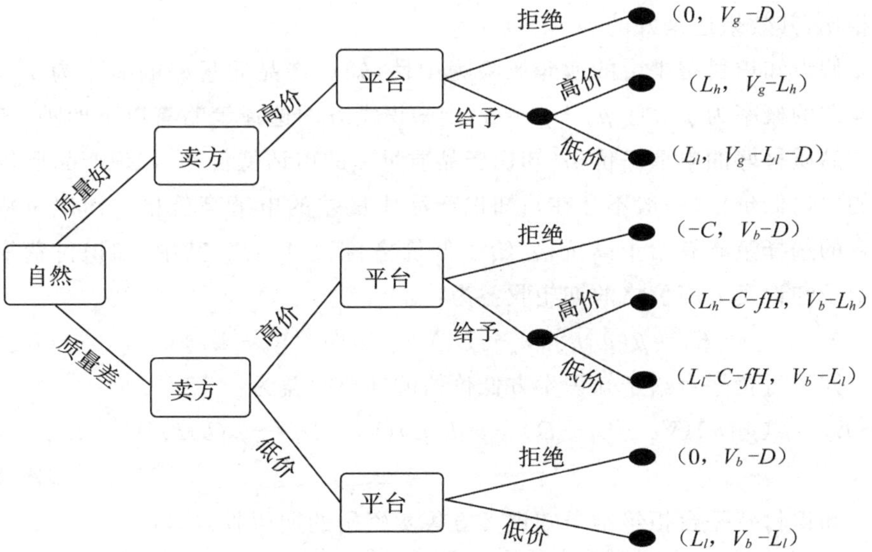

图 7-1　知识付费平台与知识卖方间的博弈

当知识付费平台与知识卖方博弈时，会出现以下情形：（质量好，申请高价格，拒绝）；（质量好，申请高价格，给予高价格）；（质量好，申请高价格，给予低价格）；（质量差，申请高价格，拒绝）；（质量差，申请高价格，给予高价格）；（质量差，申请高价格，给予低价格）；（质量差，申请低价格，拒绝）；（质量差，申请低价格，给予低价格）。图 7-1 中最右边括号中第一个数字表示知识卖方的收益，第二个数字表示知识付费平台的收益。在自然情况下，卖方的知识产品有好、差两种情况。假设知识卖方都是理性的经济人，对于高质量的知识产品其只会申请高价格，不存在对高质量产品申请低价格的情况。知识付费平台据此作出三种决策：(1)给予高价。当高质卖方申请高价时，知识卖方和知识付费平台的收益分别为（L_h，V_g-L_h）；当低质卖方申请高价时，卖方和平台的收益分别为（L_h-C-fH，V_b-L_h）。(2)给予低价。当高质卖方申请高价时，知识卖方和知识付费平台的收益分别为（L_l，V_g-L_l-D）；当低质卖方申请高价时，卖方和平台的收益分别为（L_l-C-fH，V_b-L_l）；当低质卖方申请低价时，卖方和平台的收益分别为（L_l，V_b-L_l）。(3)拒绝售卖申请。当高质卖方申请高价时，知识卖方和知识付费平台的收益分别为（0，V_g-D）；当低质卖方申请高价时，卖方和平台的收益分别为（$-C$，V_b-D）；当低质卖方申请低价时，卖方和平台的收益分别为（0，V_b-D）。为简化分析，假设 $V_g-L_h>V_b-L_l>0$，即对知识付费平台而言，给予高质量知识产品高价格获得的收益大于给予低质量知识产品低价格时的收益，因为质量差是相对于质量好而言的，与知识卖方不创造知识产品相比，其效果还是好的。

假设知识付费平台的博弈风险为中性，知识产品质量好的概率为 p_g，质量差的概率为 p_b，且 $p_g+p_b=1$，则知识卖方的选择策略有以下四种：知识产品质量好的申请高价格、知识产品质量差的申请低价格、知识产品质量好的申请低价格（一般不存在）、知识产品质量差的申请高价格。知识付费平台的选择策略有给予高价格、给予低价格、拒绝售卖。其中，知识付费平台给予知识卖方高价格的期望收益为：

$$E_1=p(g|h)(V_g-L_h)+p(b|h)(V_b-L_h) \tag{7-1}$$

知识付费平台给予知识卖方低价格的期望收益为：

$$E_2=p(g|h)(V_g-L_l-D)+p(b|h)(V_b-L_l)+p(b|l)(V_b-L_l) \tag{7-2}$$

知识付费平台拒绝给予知识卖方售卖资格的期望收益为：

$$E_3=p(g|h)(V_g-D)+p(b|h)(V_b-D)+p(b|l)(V_b-D) \tag{7-3}$$

式(7-1)、式(7-2)、式(7-3)中的 $p(g|h)$ 表示当知识卖方申请高价格

时，知识产品质量好的概率；$p(b|h)$表示当知识卖方申请高价格时，知识产品质量差的概率；$p(g|l)$表示当知识卖方申请低价格时，知识产品质量好的概率；$p(b|l)$表示当知识卖方申请低价格时，知识产品质量差的概率，且存在 $p(g|h)+p(b|h)=1, p(g|l)+p(b|l)=1$。

三、博弈均衡分析

影响知识付费平台与知识卖方间博弈均衡的因素主要有知识卖方申请的售卖价格、低质量知识产品伪装所需要的成本、平台对不诚信卖方的惩罚金额及发现不诚信卖方的概率、平台中知识产品质量的高低比例、平台误判的概率及成本等。各因素的变化都可能会使卖方和平台间的博弈出现不同情况的均衡。

（一）知识付费市场部分成功的合并均衡

当 $L_h-C-fH>L_l$，且 $p(g|h)$足够大时，知识付费市场会实现部分成功的合并均衡，即平台认为知识卖方的产品质量好，而相比高价格为卖方带来的收益，产品质量差时卖方付出的伪装成本和期望风险成本 fH 相对较小。此时，下列情形将构成一个知识付费市场部分成功的完美贝叶斯均衡：

①不论知识产品的质量是高还是低，知识卖方都申请高价格。

②知识付费平台会根据知识卖方的申请来确定知识产品的售价。

③知识付费平台对市场中知识产品质量作出的判断是 $p(g|h)=p_g$，$p(b|h)=p_b$，p_g 很大，p_b 很小。

当知识付费市场出现部分成功的合并均衡时，知识产品质量差的卖方申请高价格的期望收益要大于卖方申请低价格时的收益，因而知识卖方都会申请高价格。对于知识付费平台而言，其认为在申请高价格的卖方中，知识产品质量好所占的比例较大，因此其会根据知识卖方的申请来确定知识产品的售价。

可通过逆推归纳法来证明上述条件构成完美贝叶斯均衡。就知识付费平台而言，当知识卖方申请高价格时，平台给予高价的期望收益为 $E=E_1=p_g(V_g-L_h)+p_b(V_b-L_h)$，根据 $V_g>V_h>V_b$ 和 p_g 很大、p_b 很小的假设，可以认为该期望收益为正值；平台拒绝售卖时的期望收益为 $E=$

$E_3=p_g(V_g-D)+p_b(V_b-D)$(这里仅考虑知识卖方申请高价格的情况，故认为$E_3$中$p(b|l)=0$)。比较可知$E_1>E_3$,因此知识付费平台愿意以知识卖方的申请来确定售价。就知识卖方而言，当已知平台规则时，对于高质量的知识产品卖方必然会申请高价格；对于低质量的知识产品，由于申请高价格的收益大于申请低价格的收益，即存在$L_h-C-fH>L_l$,故卖方选择申请高价格。也就是说，无论知识产品的质量是好还是差，申请高价格都是知识卖方唯一的选择。这说明知识卖方的均衡策略与平台的判断是相符的，且上述均衡也是相关假设下唯一的完美贝叶斯均衡。

上述均衡属于知识付费市场部分成功的均衡，此时，知识卖方所传递出的价格申请信号并不能完全代表知识产品的质量。在这种情况下，虽然大多数知识产品的质量是好的，知识付费平台和知识卖方都能够获得收益，但也存在"搭便车"的现象。就"得到"这一知识付费平台而言，平台中大多数的知识卖方都是以签约、邀请等形式与平台进行合作的，这些卖方创作的知识产品质量相对较高，但也存在质量差异，此时就可能出现知识卖方会对其质量较差的知识产品以高价出售的情况。

(二)知识付费市场完全成功的分离均衡

当$L_h-C-fH<L_l$,$L_h<L_l+D$时，知识卖方与知识付费平台间的博弈处于知识付费市场完全成功的分离均衡状态。此时，知识付费平台与知识卖方所选择的策略为：

①当知识产品质量好时，知识卖方申请高价格；当知识产品质量差时，知识卖方申请低价格。

②知识付费平台会根据知识卖方的申请来确定知识产品的售价。

③知识付费平台认为市场中存在$p(g|h)=1$,$p(b|h)=0$,$p(g|l)=0$,$p(b|l)=1$。

当知识付费市场处于分离均衡状态时，低质知识卖方申请高价格的收益反而要低于其申请低价格时的收益，因而知识卖方的价格申请行为完全取决于知识产品的质量，即知识卖方会对高质量的知识产品申请高价格，对质量较差的产品自发申请低价格。与此同时，知识付费平台也会根据知识卖方的申请来确定知识产品的售价。

为证明上述方案构成完美贝叶斯均衡，这里采用逆推归纳法来给出说明。就知识付费平台而言，当知识卖方申请高价格时，平台给予高价格的期望收益为$E=E_1=V_g-L_h$;当知识卖方申请低价格时，平台给予低价格的期望收益为$E=E_2=V_g-L_l+V_b-L_l$;当知识付费平台拒绝知识卖方的售卖申请时，平台的期望收益为 $E=E_3=V_g-D+V_b-D$。比较可知，存在 $E_1>E_3$，$E_2>E_3$，即平台同意售卖的期望收益要高于拒绝售卖的期望收益。因此，知识付费平台选择售卖是相对于拒绝售卖的最佳策略。就知识卖方而言，当知识产品质量好时，出于自身利益最大化的目标，其必然会申请高价格，此时卖方的期望收益为 L_h；当知识产品质量差时，由于 $L_h-C-fH<L_l$，即申请高价格的收益小于申请低价格的收益，故此时知识卖方申请低价格是合理的。也就是说，知识产品质量好时申请高价格，质量差时申请低价格是知识卖方唯一符合理性经济人假设的最佳策略。与此同时，知识付费平台对市场情况作出的预测也是合理的，因而上述条件构成完美贝叶斯均衡。

上述均衡是一个知识付费市场完全成功的分离均衡，也是知识付费市场上最有效率的一种均衡。此时，知识卖方所传递出的价格申请信号能够完全反映知识产品的质量，而知识付费平台也能够根据知识卖方的申请来确定知识产品的最佳售价。在这种最优的状态下，知识付费平台和知识卖方都能够实现利益最大化，且双方不存在误判、欺瞒的情况，整个知识付费市场能实现良性循环。

（三）知识付费市场完全失败的合并均衡

当 $L_h-C-fH>L_l$，$p(b|h)$ 足够大，且 $p(g|h)$ 足够小时，知识付费市场会出现完全失败的合并均衡。在知识付费市场上，若伪装成本和惩罚成本都很小甚至为零时，所有的知识卖方都将申请高价格。在这种情况下，整个知识付费市场的秩序就将出现混乱，而卖方对知识产品售价的申请也完全不能代表知识产品质量的高低。此时，知识付费市场将会出现以下情形：

①不论知识产品的质量好坏，知识卖方都会申请高价格。

②知识付费平台拒绝售卖知识产品。

③知识付费平台认为 $p(b|h)$ 很大，而 $p(g|h)$ 很小。

就知识付费平台而言，当知识卖方申请高价格时，平台给予高价格的期望收益为 $E=E_1=p(g|h)(V_g-L_h)+p(b|h)(V_b-L_h)$，由 $V_g>L_h>V_b$ 和 $p(b|h)$ 很大、$p(g|h)$ 很小的假设，可以认为此时的期望收益为负值，这也就意味着以高价格售卖的期望收益小于拒绝售卖的收益，故知识付费平台也会出于理性选择而拒绝售卖知识产品。此时知识付费市场中将不再售出知识产品，整个市场会完全失败。

以上三种均衡形成的条件和平台与卖方间的策略如表 7-1 所示。

表 7-1　三种均衡的形成条件和平台与卖方的策略选择

均衡类型	均衡条件	卖方策略（高质量）	卖方策略（低质量）	平台策略
部分成功的合并均衡	$L_h-C-fH>L_l$，且 $p(g\|h)$ 足够大	申请高价格	申请高价格	据卖方申请而定
完全成功的分离均衡	$L_h-C-fH<L_l$，$L_h<L_l+D$，$p(g\|h)=1$，$p(b\|l)=1$	申请高价格	申请低价格	据卖方申请而定
完全失败的合并均衡	$L_h-C-fH>L_l$，$p(b\|h)$ 足够大，$p(g\|h)$ 足够小	申请高价格	申请高价格	拒绝销售申请

四、结论与讨论

在知识付费市场中，知识卖方对高质量知识产品申请高价格，对低质量产品申请低价格，而知识付费平台会按照卖方申请来确定售价，在这样的情形下整个市场将实现总体利益最大化，卖方与平台间也将实现完全成功的分离均衡状态。此时，知识卖方将会节省伪装成本，而平台也将减少审核、监管费用，这些无效支出的减少将大大提高知识付费市场的整体运行效率。因此，知识付费市场中卖方与平台间完全成功的分离均衡是最有效率的市场均衡。

分析知识付费平台与知识卖方间的信号传递博弈模型可以发现，知识付费市场的均衡效率与伪装成本、伪装被发现的概率、惩罚金额、卖方积极性损伤成本、卖方收益情况（包括高质量产品和低质量产品）、知识产品质量的高低比例等有关。从市场完全成功的分离均衡的形成条件可以看出，提高伪装成本、惩罚金额及伪装发现的概率都能够提升市场的均衡效率。知识付费平台只有制定了真正优胜劣汰的良性循环机制，知识卖方才能够将更多的时间和精力投入到知识产品的创作中，才能为知识付费市场提供更多优质产品。

为缓解知识付费市场上的信息不对称问题、降低“逆向选择”风险、实现市场资源的合理配置，知识付费平台可从以下两方面作出改进。

第一，提高作假的伪装成本。知识卖方的伪装成本取决于伪装难度，当伪装难度较大时，伪装成本也较高。对于伪装难度而言，其主要与信息透明度有关，当信息透明度越高时，伪装难度也越大。鉴于此，知识付费平台首先应制定详细而明确的平台规范，具体包括平台用户的权利和义务、平台定价规则、违规行为鉴定标准、平台处罚规则等。平台应详尽公开这些规则，使其公开透明，进而杜绝模糊空间的存在。其次，平台在审核知识卖方的申请时，可以邀请相关行业的专家、从业者等参与，希望借此缓解平台和卖方间的信息不对称问题。最后，可以根据知识卖方间的竞争关系、知识产品具有相似性等特征，制定合适的制度来激励卖方互相监督。

第二，提高作假的风险成本。知识卖方作假的风险成本主要受到检查概率、检查效率、惩罚力度等因素的影响。为了加大知识卖方作假的风险成本，首先，知识付费平台要制定明确的检查制度用以对知识卖方进行抽查。利用相关技术，知识付费平台可以输入数量、层次、时间等关键词来对知识卖方进行随机抽查。明确的抽查制度会加大知识卖方作假的风险，而由系统来选取抽查卖方更是增加了作假成本，这能对知识卖方起到一定的威慑作用。其次，知识付费平台应提高检查效率及质量。为此，知识付费平台可以设立专门的质量检查模块，平台管理者可将检查数量、检查结果、用户投诉情况等内容作为相关工作人员的绩效考核依据。为了进一步提高检查质量，平台还可以邀请权威机构、专业用户等来参与检查工作。最后，知识付费平台可以加大惩罚力度，如高额罚金、强制退出等，使得伪装成本远大于伪装收益，进而极大地抑制知识卖方的投机行为。

五、案例：知乎 Live 中的质量信号和成本信号

知乎 Live 是知乎在 2016 年 5 月 14 日上线的一个社区直播平台，这个平台拥有国内领先的知识资源，它的特点是有偿使用，因此从某种意义上来说它是一个知识付费平台。和很多直播平台相似，其主讲人通过发起 Live 和其他用户进行交流，这样的交流时长为 1～2 小时。及时且重要的语音、生动丰富的文字、多样变化的 PPT、多彩的图片能够帮助参与人在这场直播中进行资源共享、经验分享，和其他用户进行知识和技能的探讨。除此以外，点赞、问答、投票是听众与主讲人互动的重要方式。目前，只有少数 Live 是免费开放的，大部分是需要听众付费才能享用。截至 2018 年年底，知乎 Live 已经包含 17 个大类，这些大类下的“教育”“互联网”等关键词高频出现在研究领域乃至我们日常生活的方方面面。至 2019 年 12 月底，知乎已经拥有高达 1.2 亿的注册用户，这里面包括 3000 万日常活跃用户，而且有 7000 余场 Live 成功举办，这些 Live 吸引了将近 500 万用户参与。在

这些购买 Live 的人当中，存在二次购买的现象，并且达到 42%的重复购买率。用户中有 3000 人担任或正在担任讲者，这些讲者有着让人羡慕的收入，时薪高达万元。①

通过图 7-2 我们可以看出两点：第一，2019 年 5 月为试水期，6～7 月处于稳定增长的状态；第二，知乎 Live 能很快地吸收用户，因为示范效应会推动更多供应者加入。

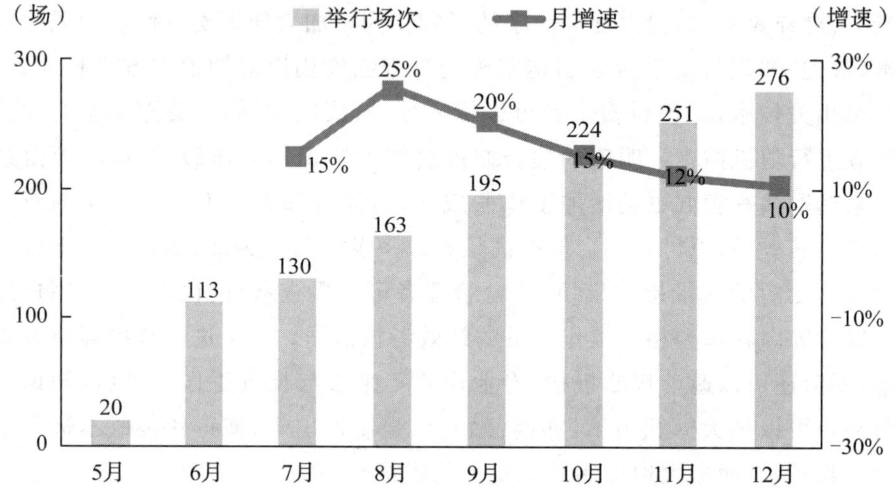

图 7-2 知乎 Live 在 2019 年 5～12 月场次、增速

知乎 Live 的吸引度是不一样的，比如，截至 2019 年年底，12 万人是知乎 Live 的最高参与人数，但是并不是所有的 Live 都可以这么爆满，也有一些 Live 存在无人问津的现象。这并不是说 Live 的销量不高全是因为它的质量不高，在这里还有很多别的原因需要考虑。主讲者没有将知识产品的质量信号凸显出来是其不能吸引观众的重要原因。因此，知识付费产品所传递出来的质量信号需要我们深入了解，这项研究是非常重要且具有现实意义的。

我们这里讲到的"信号理论"主要包含三点：第一，信号（signal）；第二，信号的发送者（signaler）；第三，信号的接收者（signal receiver）。在这样的一个平台上，Live 的主讲人其实就是信号的发送者；Live 的潜在消费者是我们定义中的"信号接收者"；信号包括的内容就相对广泛了，比如 Live 价

① 参见蔡舜等：《知识付费产品销量影响因素研究：以知乎 Live 为例》，《管理工程学报》2019 年第 3 期。

格的高低、主题的类型，还有最重要的——主讲人的行业地位和声誉。信号接收者可察觉的行为可以帮助信号发送者获取有效的沟通信息。但是并不是信号接收者的所有行为都能成为有效的信号。信号可观察性、信号成本是信号有效性的两个特征。信号可观察性（signal observability）是指信号发送者的行为能够多大程度被别人观察到。信号成本（signal cost）是指所有信号的产生都是有成本的，但是这些成本的高低是不相同的，受发送个体的影响，但是可以肯定的是，低成本的信号发送者在竞争中处于有利地位。

目前盛行的知识付费产品，像知乎 Live，其实是一种新兴的网络付费产品，这种新兴产品是存在缺陷的，比如购买过程中的不确定因素。收益难以被准确定义和量化、信息的缺失，都是导致出现这一缺陷的原因。因此用一种可获得的知识信号来衡量产品就显得尤为重要了。用户的口碑、受众对产品的反馈、品牌自身的声誉、产品的价格等都是常见的产品质量信号。正如大家所了解到的，产品的质量、产品提供者的声誉都会在很大程度上影响用户的付费欲望。本书在研究知乎 Live 的基础上，重点研究这些质量信号，包括知识付费产品的价格、接收知识者传达出的评论特征、主讲人自身积累的声誉、吸引的潜在客户等。

第一，知乎 Live 中的价格信号传递机制。

知识付费平台主要传递碎片化的“轻知识”，它不像专业的教育服务机构宣讲的知识那样具有结构化、体系化。它的分享主体既可以是知识“大V”，也可以是普通民众，最重要的是它的课程价格比专业的教育机构低。此外，相比传统教育，在线社区存在很大的知识交易信息不对称的问题。通过了解我们发现，知识交易的买卖双方采取的是不同于传统交易方式的线上交易，这种交易方式的实现是有它自己的特点的，不能实现面对面的交谈。在这样的情况下，知识产品的价值有被用户低估的可能。如果我们未拥有完善的信誉保障、健全的评分机制、成熟的退货机制等必需的因素，则可能会产生较高的“后悔成本”。因此我们说，价格信号对我们的研究具有重要的参考作用，这种作用尤其体现在选购像知识产品这样的经验类产品上。

第二，知乎 Live 的评价信号传递机制。

知乎 Live 的用户都可以在每场 Live 结束后对其进行打分和撰写评论，在这样的条件下，我们要研究的质量信号指的就是能体现用户口碑的 Live 质量。用户的口碑会直接影响消费者的购买欲望。拥有高评价的 Live 就像是拥有了一张漂亮的“名片”，可以让潜在的消费者一下子就能看到它的价值，最终达到提升销量的效果。好的口碑会让消费者对产品有一个好的印象，而消费者对产品质量印象的好坏直接影响消费者是否愿意购买该产品。与此同时，这种影响效应有很多体现方式，评论者的数量是其中的一种。较多的评论会在无形中吸引潜在的消费者，并让他们根深蒂固地相信这是一款高质量的产品。消费者自身对产品质量感知不够灵敏的，可以通过观察他人的评论来获取信息。用户口碑的信息具有传递作用，体现在正面评论数量的多少与消费者对产品的付费意愿成正比。

第三，知识"大 V"具有品牌信号机制。

在知乎社区中，撰写答案能够起到为主讲者引流的作用，让主讲者拥有更多的粉丝，提高主讲者在知乎平台上的曝光率。当然这并不意味着随便发表评论或文章就可以实现这一目标，这对主讲者是有一定要求的，只有高质量的产品才具有吸引力。并且，在某种程度上粉丝数的多少就代表了主讲人的社区形象。知识付费平台不是一个专门为"大 V"设立的平台，它是一个多元包容的平台，普通人也是有机会参与的。不难发现，主讲人在平台拥有的粉丝数，主讲人在平台的回答获得的用户的点赞数量，与他们在社区获得的用户的肯定度成正比。这说明，社区互动、知识分享行为都可以帮普通人积累声誉。用户在不能确定知识付费产品品质高低的情况下很容易产生盲从心理。所以，拥有好声誉的主讲人处在非常有利的地位。大体上说，知识"大 V" 在知识付费平台中是非常有优势的。曾经有过这样一次成功的案例，"创新工场"的董事长李开复在知乎上成功开办了一场 Live，这场 Live 的门票很快就卖完了。主讲人李开复当日获得近 10 万元的收益。一个主讲人拥有较高的声誉，可在一定程度上反映出这个主讲人拥有相对比较高的知识水平，可能生产出更高质量的知识付费产品，其能获得的溢价是高于普通人的。

上面的案例让我们得出以下结论：首先，产品的有效信号包括消费者对产品的评论、产品的价格、对产品感兴趣的人数、主讲人的声誉等。其次，消费者的评论数量越多越好，因为它能充分反映产品的质量。再次，主讲人的声誉直接影响知识产品的销量。主讲人可以通过多发表高水平的文章、积极主动地参加社区活动等途径提高声誉，进而影响产品销量。最后，本书还探索了价格对新兴知识付费产品销量的影响。总而言之，知识产品价格越高，其销量可能越低。但是这种影响并不是绝对的，它也是受评论数量影响的。

第八章　知识付费柠檬市场的声誉机制

目前，知识付费平台的一种常见模式是“大咖”课程模式，也就是请一些专家来分享某些领域的新知识、新观点。这些“大咖”自带流量，可以为平台迅速积累人气。但是“大咖”们往往时间、精力有限，其内容生产能否持续仍是一个挑战。此外，“大咖”更多是靠多年积攒的声誉来吸引粉丝，但随着网络产品越来越多，知识付费用户为“大咖”们非理性付费的激情正在退去。从 2019 年开始，罗永浩、papi 酱等“大 V”关闭相关付费节目，《李翔知识内参》停更等事件引发学者和业界人士反思声誉对平台的影响机制。本章借鉴网络借贷平台、食品交易平台、电商平台等的经验，将知识付费市场中的声誉机制划分为三种模式，即平台征信系统、第三方征信系统以及平台联盟征信系统，深入剖析各种模式的治理效果，发现建立平台联盟征信系统能够最大化地缓解知识付费市场中的柠檬问题，并提出建立集体声誉联盟和多元监督体系，来完善知识付费市场的声誉机制。

一、引　言

1970 年，美国经济学家阿克洛夫根据质量和不确定性之间的关系，首次规范定义了柠檬市场问题。阿克洛夫以汽车市场为模型，证明了信息不对称会降低市场交易效率。① 近年来，在移动支付工具、认知盈余、粉丝效应等的推动下，知识付费得以快速发展，大量知识付费平台建立。而随着对知识付费市场的不断研究，学者们发现，逆向选择问题也同样威胁着知识交易市场，知识产品质量参差不齐，过度、虚假宣传泛滥，知识产权侵犯严重等各类问题不断侵蚀着知识市场的诚信体系。李晓方指出，在知识共享平台

---

① Akerlof G. A., 1970: “The market for ‘lemons’: Quality uncertainty and the market mechanism”, *Quarterly Journal of Economics*, Vol.84, No.3, pp.488-500.

中，平台和知识供给者之间存在信息不对称，且平台很难对所有知识供给者的知识产品质量作出准确评价。此外，在知识共享平台中，低质量知识产品的生产、传递成本都很低。因而，知识共享平台中可能存在逆向选择问题。① 目前，柠檬问题正逐渐成为影响知识付费市场潜力发挥的主要障碍。针对柠檬市场的治理问题，也逐渐成为研究焦点。

学者们认为，对于市场中的柠檬问题，可以考虑引入声誉机制来解决。阿克洛夫认为，引入声誉机制能够有效降低买方的潜在风险，当出现质量问题时买方会对声誉资产作出破坏行为，而这种破坏行为能够在一定程度上制约卖方的质量投机行为。霍纳(Horner)强调，当买方能够自由退出市场或更换交易对象时，才能够确保声誉机制对质量投机的遏制作用。② 苑春和闫琳对企业间的知识共享进行了研究，他们发现在公开信用体系下，增大激励力度比增大惩罚力度更能促进知识共享。③ 柴国荣和宗胜亮构造了知识共享的博弈模型，提出征信体系、声誉机制及协同效应对促进知识共享具有决定性作用。④ 而随着知识付费平台的兴起，学者们对网上交易的声誉机制研究也逐渐增多。巴(Ba)和帕维奥(Pavlou)利用在线实验和在线拍卖市场的数据，证明了适当的反馈机制可以在两个交易双方之间没有重复互动的情况下产生基于算法的信任。而买方的信任又能为信誉良好的卖方带来价格溢价。⑤ 豪泽(Houser)和伍德(Wooders)研究发现，当网络平台存在逆向选择问题时，产品的销售价格会受到卖方声誉的影响。⑥ 周黎安等人对卖方信誉和市场交易间的关系进行了实证研究，结果表明，卖方的信誉评价对物品的成交价格和交易成功的概率都有影响，良好的声誉能够明显提高成交的概率。⑦ 李维安等人研究发现，卖方声誉会在一定范围内正向

---

① 参见李晓方：《激励设计与知识共享——百度内容开放平台知识共享制度研究》，《科学学研究》2015 年第 2 期。

② Horner J., 2002: "Reputation and competition", *American Economic Review*, Vol.92, No.3, pp.644-663.

③ 参见苑春、闫琳：《公开信用体系下企业间知识共享行为分析》，《兰州大学学报》(社会科学版)2016 年第 2 期。

④ 参见柴国荣、宗胜亮：《企业合作创新中知识共享的博弈分析》，《科学管理研究》2009 年第 5 期。

⑤ Ba S., Pavlou P.A., 2002: "Evidence of the effect of trust building technology in electronic markets: Price premiums and buyer behavior", *Mis Quarterly*, Vol.26, No.3, pp.243-268.

⑥ Houser D., Wooders J., 2006: "Reputation in auctions: Theory, and evidence from eBay", *Journal of Economics and Management Strategy*, Vol.15, No.2, pp.353-369.

⑦ 参见周黎安等：《信誉的价值：以网上拍卖交易为例》，《经济研究》2006 年第 12 期。

影响产品销售量。此外，加入商盟也能够在一定范围内增加销量。① 潘勇、乔晓东在分析知识付费市场中的逆向选择问题时发现，声誉评价制度和卖家联盟制度能够起到较大的缓解作用。② 雷宇指出，要想使声誉机制有效运行，其基础在于公众信任。当负面事件频繁出现时，声誉机制的信任基础可能会受到损坏。③ 李焰等人认为，建立统一的征信系统不仅能够帮助人们积累声誉，还能使声誉在更大的范围内发挥更多的作用。④ 章宁等人研究发现，声誉机制能够对网络平台中理性用户的行为进行约束，能使他们放弃投机行为带来的短期收益而选择长期守信。⑤ 宋平等人认为，在电商平台中引入声誉机制能够提高信息公开程度，使各参与者在树立声誉观念的同时增进彼此之间的信任。⑥

梳理以往文献发现，国外学者对柠檬问题的治理机制多从理论和实践角度分析，但是对治理机制中的各种运营模式研究较少。国内学者多从声誉、认证、担保等机制入手研究，但对机制中各类模式之间的关系探讨较少。为深化相关研究，在借助于以往文献的基础上，本书对影响知识付费柠檬市场的一些因素进行了分析，构造了一种理论模型，将声誉机制具体到运作模式上，深入剖析各种模式的治理效果，通过对多种模式的分析比较，找到了一种较好地抑制知识付费柠檬问题的治理模式。

二、模型构建

(一)基本假设

假设在知识付费市场中，知识供给者、知识需求者、知识付费平台等参与者拥有不同的信息，且各参与者都能够从市场中获得收益。其中，知识供给者的收益主要是销售知识产品带来的直接收益和声誉提升带来的收益

---

① 参见李维安、吴德胜、徐皓：《网上交易中的声誉机制——来自淘宝网的证据》，《南开管理评论》2007 年第 5 期。

② 参见潘勇、乔晓东：《逆向选择与中国电子商务市场声誉机制的本土性研究——以淘宝网为例》，《商业经济与管理》2012 年第 1 期。

③ 参见雷宇：《声誉机制的信任基础：危机与重建》，《管理评论》2016 年第 8 期。

④ 参见李焰、张迎新、王琳：《声誉的信息含量——来自 P2P 网络借贷的证据》，《管理评论》2019 年第 4 期。

⑤ 参见章宁、于成龙、王舞宇：《基于声誉模型的 P2P 网贷逾期行为及其影响因素》，《企业经济》2019 年第 2 期。

⑥ 参见宋平、药志秀、杨琦峰：《绿色供应链电子订单融资模式信任机制研究——基于声誉视角》，《财会月刊》2017 年第 23 期。

等;知识需求者的收益主要是知识产品为其带来的间接收益;知识付费平台的主要收益有平台服务费用及声誉收益等。假设在知识付费市场中,知识需求者可能会产生多个购买需求,其购买知识产品或服务时,可能会有两种结果:(1)成功,这代表着知识需求者购买的知识产品或服务能够满足其需求;(2)失败,这代表着知识需求者购买的知识产品或服务不能够满足其需求。对知识需求者而言,当购买的知识产品或服务能够满足其需求时,其会获得一定的收益 $R(R>0)$,这种情况发生的概率为 P;当购买的知识产品或服务不能满足其需求时,知识需求者的收益为0,这种情况发生的概率为 $1-P$。假设知识产品的价格均为1。对于知识需求者而言,其可以在知识付费平台中自由进出,也可以选择不同的知识供给者进行交易,同时,其对知识产品有着同样的期望收益 T,则 $T=P\times R+(1-P)\times 0=P\times R$,这表示当知识需求者购买成功所获得的收益 R 越多时,其相应的成功概率 P 则越低。假设在知识付费市场中,知识供给者主要借助于知识产品的利润率 r 来保障其收益,其中,r 为知识产品售价与实际价值之比。

(二)一般平台模式下知识付费市场分析

在一般的平台模式下,购买的知识产品的风险完全由知识需求者承担。此时,知识需求者(买方)的期望收益为:

$$U_{买方}=P\times[R-(1+r)]+(1-P)\times 0=P\times[R-(1+r)]$$

当知识需求者不购买知识产品时,其期望收益为0。因此,存在一个临界值 R^*,只有当 $R>R^*$ 时,知识需求者才会进行知识交易。又因为存在 $P\times R=T$,这也就意味着存在一个临界的成功概率 P^*,只有当 $P\leqslant P^*$ 时,知识需求者才会购买知识产品。因此,(P^*,R^*) 可以由下面两式解出:

$$\begin{cases}P^*\times[R^*-(1+r)]=0\\ P^*\times R^*=T\end{cases}\Rightarrow\begin{cases}P^*=\dfrac{T}{1+r}\\ R^*=1+r\end{cases}$$

当成功概率 $P\in[0,1]$ 时,其概率密度函数和分布函数分别为 $f(P)$、$F(P)$,此时,知识交易的平均成功概率为:

$$\bar{P}=\frac{\int_0^{P^*}Pf(P)\mathrm{d}P}{\int_0^{P^*}f(P)\mathrm{d}P}=\frac{\int_0^{P^*}Pf(P)\mathrm{d}P}{F(P^*)}$$

假设当知识供给者和知识需求者之间的交易成功时,知识付费平台会收取一定的手续费 t,那么,平台的期望收益为 $U_{平台}=t\times\bar{P}$。此时,

$$\frac{\partial U_{平台}}{\partial r}=t\times\frac{\frac{\partial P^{*}}{\partial r}\cdot P^{*}\cdot f(P^{*})F(P^{*})-\frac{\partial F(P^{*})}{\partial r}\int_{0}^{P^{*}}Pf(P)\mathrm{d}P}{F^{2}(P^{*})}$$

$$=t\times\frac{\partial P^{*}}{\partial r}\cdot\frac{f(P^{*})}{F^{2}(P^{*})}\left[P^{*}F(P^{*})-\int_{0}^{P^{*}}Pf(P)\mathrm{d}P\right]$$

当$\frac{\partial P^{*}}{\partial r}=-\frac{T}{(1+r)^{2}}$时，

$$\frac{\partial U_{平台}}{\partial r}=-\frac{t\times T}{(1+r)^{2}}\cdot\frac{f(P^{*})}{F^{2}(P^{*})}\left[P^{*}F(P^{*})-\int_{0}^{P^{*}}Pf(P)\mathrm{d}P\right]\quad(8\text{-}1)$$

因为$\frac{f(P^{*})}{F^{2}(P^{*})}\left[P^{*}F(P^{*})-\int_{0}^{P^{*}}Pf(P)\mathrm{d}P\right]>0$，所以，公式(8-1)中$\frac{\partial U_{平台}}{\partial r}<0$。

式(8-1)代表着柠檬问题对知识付费市场中知识交易以及知识付费平台收益的影响。此时，知识交易的平均成功概率、知识付费平台的收益都会随着知识产品利润率的升高而降低。这表明，当提升知识产品的利润率后，一些质优、价高的知识产品会逐渐退出市场，市场中只会剩下一些低质且价低的知识产品。

三、引入声誉机制的知识付费市场治理模式

大量文献显示，声誉机制是治理柠檬市场问题、确保隐性合约得到执行的关键手段。凭借声誉机制的力量，知识付费市场的交易秩序得以净化，诚信经营得以促成。借鉴网络借贷平台、食品交易平台、电商平台等的经验，这里把知识付费市场中的声誉机制划分为三种模式，即平台征信系统、第三方征信系统以及平台联盟征信系统。

(一)平台征信系统

在知识付费市场中，当知识需求者不了解知识产品的相关信息时，市场中容易发生柠檬问题。因此，要想借助声誉机制来对知识付费市场中的柠檬问题进行治理，首要的就是对相关信息进行收集，其中，信息收集费用为I。当在知识付费平台中建立征信系统时，若知识供给者出售低质量的知识产品，其会在平台中形成声誉损失，且声誉损失会对知识需求者形成声誉补偿费用C。此时，知识需求者(买方)的期望收益为：

$$U_{买方} = P \times [R - (1 + r + I)] + (1 - P) \times C$$

同样存在临界值(P^*,R^*),即只有当$R > R^*$,$P \leqslant P^*$时,知识需求者才会购买知识产品。因此,可由下列两式解出:

$$\begin{cases} P^* \times [R^* - (1 + r + I)] + (1 - P^*) \times C = 0 \\ P^* \times R^* = T \end{cases}$$

$$\Rightarrow \begin{cases} P^* = \dfrac{T + C}{1 + r + I + C} \\ R^* = \dfrac{T \times (1 + r + I + C)}{T + C} \end{cases}$$

知识交易的平均成功概率为:

$$\bar{P} = \frac{\int_0^{P^*} P f(P) \mathrm{d}P}{\int_0^{P^*} f(P) \mathrm{d}P} = \frac{\int_0^{P^*} P f(P) \mathrm{d}P}{F(P^*)}$$

知识付费平台的期望收益为:

$$U_{平台} = t \times \bar{P} - I$$

当$\dfrac{\partial P^*}{\partial r} = -\dfrac{T + C}{(1 + r + I + C)^2}$时,

$$\frac{\partial U_{平台}}{\partial r} = -\frac{t \times (T + C)}{(1 + r + I + C)^2} \cdot \frac{f(P^*)}{F^2(P^*)} \left[P^* F(P^*) - \int_0^{P^*} P f(P) \mathrm{d}P\right] \tag{8-2}$$

当$\dfrac{\partial P^*}{\partial I} = -\dfrac{T + C}{(1 + r + I + C)^2}$时,

$$\frac{\partial U_{平台}}{\partial I} = -\frac{t \times (T + C)}{(1 + r + I + C)^2} \cdot \frac{f(P^*)}{F^2(P^*)} \left[P^* F(P^*) - \int_0^{P^*} P f(P) \mathrm{d}P\right] - 1 \tag{8-3}$$

当$\dfrac{\partial P^*}{\partial C} = -\dfrac{T - (1 + r + I)}{(1 + r + I + C)^2}$时,

$$\frac{\partial U_{平台}}{\partial C} = -\frac{t \times [T - (1 + r + I)]}{(1 + r + I + C)^2} \cdot \frac{f(P^*)}{F^2(P^*)} \left[P^* F(P^*) - \int_0^{P^*} P f(P) \mathrm{d}P\right] \tag{8-4}$$

因为$\dfrac{f(P^*)}{F^2(P^*)}\left[P^* F(P^*) - \int_0^{P^*} P f(P) \mathrm{d}P\right] > 0$,所以有以下几点结论:

(1)在式(8-2)中,$\dfrac{\partial U_{平台}}{\partial r} < 0$,这说明在知识付费平台中建立征信系统

后，市场中的柠檬问题仍然存在。也就是说，提升知识产品的利润率，知识交易的平均成功概率和知识付费平台的收益仍会减少。对式(8-2)和式(8-1)进行比较后发现，$-\frac{T+C}{(1+r+I+C)^2}>-\frac{T}{(1+r)^2}$，即式(8-2)的值大于式(8-1)的值，这说明在知识付费平台中建立征信系统能够对柠檬问题起到缓解作用。此时，随着知识产品利润率的提升，知识交易的平均成功概率和知识付费平台收益的下降幅度都会明显减小。

(2)在式(8-3)中，$\frac{\partial U_{平台}}{\partial I}<0$，这说明知识付费市场中的信息收集费用会导致柠檬问题的出现。此时，知识交易的平均成功概率、知识付费平台的收益都会随着信息收集费用的升高而降低。出现这种情况的原因是：为了使收益达到最大，知识付费平台会将信息收集费用转嫁至知识供给者，而知识供给者会通过提高售价的方式将这部分费用转移到知识需求者身上。

(3)对于式(8-4)，当 $T>1+r+I$ 时，$\frac{\partial U_{平台}}{\partial C}<0$，这表示知识付费市场中的声誉补偿费用会导致柠檬问题的出现。此时，知识交易的平均成功概率、知识付费平台的收益会随着声誉补偿费用的升高而降低。当 $T<1+r+I$ 时，$\frac{\partial U_{平台}}{\partial C}>0$，此时，知识交易的平均成功概率、知识付费平台的收益会随着声誉补偿费用的升高而升高，知识付费市场中的柠檬问题将得到极大缓解甚至消失。

(二)第三方征信系统

除了在知识付费平台中建立征信系统外，还可以借助第三方征信系统的力量来缓解知识付费市场中的柠檬问题。假定其他条件不变，当引入第三方征信系统时，其在信息收集方面的专业性降低了相关费用，故假设信息收集费用为$\frac{I}{k}(k>1)$。当知识供给者提供劣质知识产品时，相关的失信记录会在第三方征信平台中保留，此时，知识需求者能够得到的声誉补偿费用为 $l\cdot C(l>1)$，知识需求者(买方)的期望收益为：

$$U_{买方}=P\times[R-(1+r+\frac{I}{k})]+(1-P)\times lC$$

临界值(P^*,R^*)可由下列两式解出：

$$\begin{cases} P^* \times [R^* - (1 + r + \frac{I}{k})] + (1 - P^*) \times lC = 0 \\ P^* \times R^* = T \end{cases}$$

$$\Rightarrow \begin{cases} P^* = \dfrac{T + lC}{1 + r + \dfrac{I}{k} + lC} \\ R^* = \dfrac{T \times (1 + r + \dfrac{I}{k} + lC)}{T + lC} \end{cases}$$

知识交易的平均成功概率为：

$$\bar{P} = \frac{\int_0^{P^*} Pf(P)\mathrm{d}P}{\int_0^{P^*} f(P)\mathrm{d}P} = \frac{\int_0^{P^*} Pf(P)\mathrm{d}P}{F(P^*)}$$

知识付费平台的期望收益为：

$$U_{平台} = t \times \bar{P} - \frac{I}{k}$$

当 $\dfrac{\partial P^*}{\partial r} = -\dfrac{T + lC}{(1 + r + \dfrac{I}{k} + lC)^2}$ 时，

$$\frac{\partial U_{平台}}{\partial r} = -\frac{t \times (T + lC)}{(1 + r + \dfrac{I}{k} + lC)^2} \cdot \frac{f(P^*)}{F^2(P^*)}[P^* F(P^*) - \int_0^{P^*} Pf(P)\mathrm{d}P] \tag{8-5}$$

当 $\dfrac{\partial P^*}{\partial I} = -\dfrac{T + lC}{k \times (1 + r + \dfrac{I}{k} + lC)^2}$ 时，

$$\frac{\partial U_{平台}}{\partial I} = -\frac{t \times (T + lC)}{k \times (1 + r + \dfrac{I}{k} + lC)^2} \cdot \frac{f(P^*)}{F^2(P^*)}[P^* F(P^*) - \int_0^{P^*} Pf(P)\mathrm{d}P] - \frac{1}{k} \tag{8-6}$$

当 $\dfrac{\partial P^*}{\partial C} = -\dfrac{l \times [T - (1 + r + \dfrac{I}{k})]}{(1 + r + \dfrac{I}{k} + lC)^2}$ 时，

$$\frac{\partial U_{平台}}{\partial C} = -\frac{t \times l \times [T - (1 + r + \dfrac{I}{k})]}{(1 + r + \dfrac{I}{k} + lC)^2} \cdot \frac{f(P^*)}{F^2(P^*)}[P^* F(P^*) - \int_0^{P^*} Pf(P)\mathrm{d}P] \tag{8-7}$$

因为 $\frac{f(P^*)}{F^2(P^*)}[P^*F(P^*)-\int_0^{P^*}Pf(P)\mathrm{d}P]>0$，所以有以下几点结论：

(1)在式(8-5)中，$\frac{\partial U_{平台}}{\partial r}<0$，这表示借助于第三方征信系统后依然存在柠檬问题，即知识交易的平均成功概率、知识付费平台的利润随着知识产品利润率的提高而降低。由 $-\frac{T+lC}{(1+r+\frac{I}{k}+lC)^2}>-\frac{T}{(1+r)^2}$ 可知，式(8-5)的值大于式(8-1)的值，这说明在知识付费市场中引入第三方征信系统能够降低柠檬问题的影响。此时，随着知识产品利润率的增加，知识交易的平均成功概率和知识付费平台的收益下降的幅度都会减小。

(2)在式(8-6)中，$\frac{\partial U_{平台}}{\partial I}<0$，这说明知识付费市场中的信息收集费用会导致柠檬问题的出现。此时，知识交易的平均成功概率、知识付费平台的收益都会随着信息收集费用的升高而降低，而知识付费市场中的柠檬问题也会随着信息收集费用的增加变得更严重。

(3)对于式(8-7)，当 $T>1+r+\frac{I}{k}$ 时，$\frac{\partial U_{平台}}{\partial C}<0$，这说明知识付费市场中的声誉补偿费用会导致柠檬问题的发生。此时，知识交易的平均成功概率、知识付费平台的收益会随着声誉补偿费用的升高而降低。当 $T<1+r+\frac{I}{k}$ 时，$\frac{\partial U_{平台}}{\partial C}>0$，此时，知识交易的平均成功概率、知识付费平台的收益会随着声誉补偿费用的增加而增加，而知识付费市场中的柠檬问题也将得到极大缓解甚至消失。

(三)平台联盟征信系统

为了缓解知识付费市场中的柠檬问题，还可以将多平台企业联合起来，构建统一的征信系统。借助于这一征信系统，各平台可以对海量用户的征信资料进行查阅。假设有 n 个平台参与征信系统的构建，此时的信息收集费用为 $\frac{I}{n}$。随着参与平台的增多，信息收集费用会逐渐降低，在极端情况下，存在 $n\to\infty$，$\frac{I}{n}\to 0$。此外，随着参与平台的增多，知识供给者受到的声誉损失会增大，此时，知识需求者所获得的声誉补偿费用为 $n\cdot C(n>k,n>l)$，知识需求者(买方)的期望收益为：

$$U_{买方}=P\times[R-(1+r+\frac{I}{n})]+(1-P)\times nC$$

临界值(P^*,R^*)可由下列两式解出：

$$\begin{cases}P^*\times[R^*-(1+r+\frac{I}{n})]+(1-P^*)\times nC=0\\ P^*\times R^*=T\end{cases}$$

$$\Rightarrow\begin{cases}P^*=\dfrac{T+nC}{1+r+\frac{I}{n}+nC}\\ R^*=\dfrac{T\times(1+r+\frac{I}{n}+nC)}{T+nC}\end{cases}$$

知识交易的平均成功概率为：

$$\bar{P}=\frac{\int_0^{P^*}Pf(P)\mathrm{d}P}{\int_0^{P^*}f(P)\mathrm{d}P}=\frac{\int_0^{P^*}Pf(P)\mathrm{d}P}{F(P^*)}$$

知识付费平台的期望收益为：

$$U_{平台}=t\times\bar{P}-\frac{I}{n}$$

当 $\dfrac{\partial P^*}{\partial r}=-\dfrac{T+nC}{(1+r+\frac{I}{n}+nC)^2}$ 时，

$$\frac{\partial U_{平台}}{\partial r}=-\frac{t\times(T+nC)}{(1+r+\frac{I}{n}+nC)^2}\cdot\frac{f(P^*)}{F^2(P^*)}[P^*F(P^*)-\int_0^{P^*}Pf(P)\mathrm{d}P] \tag{8-8}$$

当 $\dfrac{\partial P^*}{\partial I}=-\dfrac{T+nC}{n\times(1+r+\frac{I}{n}+nC)^2}$ 时，

$$\frac{\partial U_{平台}}{\partial I}=-\frac{t\times(T+nC)}{n\times(1+r+\frac{I}{n}+nC)^2}\cdot\frac{f(P^*)}{F^2(P^*)}[P^*F(P^*)-\int_0^{P^*}Pf(P)\mathrm{d}P]-\frac{1}{n} \tag{8-9}$$

当 $\dfrac{\partial P^*}{\partial C}=-\dfrac{n\times[T-(1+r+\frac{I}{n})]}{(1+r+\frac{I}{n}+nC)^2}$ 时，

$$\frac{\partial U_{平台}}{\partial C}=-\frac{t\times n\times[T-(1+r+\frac{I}{n})]}{(1+r+\frac{I}{n}+nC)^2}\cdot\frac{f(P^*)}{F^2(P^*)}[P^*F(P^*)-\int_0^{P^*}Pf(P)\mathrm{d}P] \quad (8\text{-}10)$$

因为 $\frac{f(P^*)}{F^2(P^*)}[P^*F(P^*)-\int_0^{P^*}Pf(P)\mathrm{d}P]>0$，所以有以下几点结论：

(1)在式(8-8)中，$\frac{\partial U_{平台}}{\partial r}<0$，这说明建立平台联盟征信系统后，知识付费市场中的柠檬问题仍然存在。也就是说，提升知识产品的利润率时，知识交易的平均成功概率和知识付费平台的收益会减少。根据 $-\frac{T+nC}{(1+r+\frac{I}{n}+nC)^2}>-\frac{T}{(1+r)^2}$，可知式(8-8)的值大于式(8-1)的值，这说明建立平台联盟征信系统能够对知识付费市场中的柠檬问题起到缓解作用。此时，知识产品的利润率对知识交易的平均成功概率和知识付费平台收益的作用都会减弱。

(2)在式(8-9)中，$\frac{\partial U_{平台}}{\partial I}<0$，这说明知识付费市场中的信息收集费用会导致柠檬问题的出现。此时，知识交易的平均成功概率和知识付费平台的收益会随着信息收集成本的增高而降低。

(3)对于式(8-10)，当 $T>1+r+\frac{I}{n}$ 时，$\frac{\partial U_{平台}}{\partial C}<0$，这说明知识付费市场中的声誉补偿费用会导致柠檬问题的发生。此时，知识交易的平均成功概率、知识付费平台的收益会随着声誉补偿费用的升高而降低。当 $T<1+r+\frac{I}{n}$ 时，$\frac{\partial U_{平台}}{\partial C}>0$，此时，知识付费市场中的柠檬问题会得到极大缓解甚至消失。

(四)结果分析

1.对知识产品利润率的比较

根据式(8-1)、(8-2)、(8-5)、(8-8)可知，知识交易的平均成功概率、知识付费平台的收益会随着知识产品利润率的升高而降低。因为

$$-\frac{T+nC}{(1+r+\frac{I}{n}+nC)^2}>-\frac{T+lC}{(1+r+\frac{I}{k}+lC)^2}>-\frac{T+C}{(1+r+I+C)^2}>-\frac{T}{(1+r)^2}$$

所以式(8-8)(值)>式(8-5)(值)>式(8-2)(值)>式(8-1)(值)。这一结果说明在知识付费市场中引入声誉机制能够减弱柠檬问题。此时,随着知识产品利润率的提升,知识交易的平均成功概率和知识付费平台的收益下降的幅度都会减小。同时可知,平台征信系统、第三方征信系统、平台联盟征信系统这三种模式对柠檬问题的缓解程度依次增加,不引入声誉机制的柠檬问题最大。可以发现,平台联盟征信系统对于柠檬问题能够起到最大的缓解作用,因为平台联盟征信系统能够最大限度地降低成本,且能将声誉机制的作用发挥到最大。

2.对信息收集费用的比较

根据式(8-3)、(8-6)、(8-9)可知,知识付费市场中的信息收集费用会导致柠檬问题的发生。随着信息收集费用的增加,知识交易的平均成功概率和知识付费平台的收益都会降低,而知识付费市场中的柠檬问题也会变得更加严重。根据

$$-\frac{T+nC}{n(1+r+\frac{I}{n}+nC)^2}>-\frac{T+lC}{k(1+r+\frac{I}{k}+lC)^2}>-\frac{T+C}{(1+r+I+C)^2}$$

可知式(8-9)(值)>式(8-6)(值)>式(8-3)(值)。这说明在信息收集费用引发的柠檬问题中,平台征信系统、第三方征信系统、平台联盟征信系统这三种模式的缓解作用依次增加。同时可以发现,在平台联盟征信系统这一治理模式中,随着信息收集费用的提升,知识交易的平均成功概率和知识付费平台的收益下降的幅度都最小。

3.对声誉补偿费用的比较

对比式(8-4)、(8-7)、(8-9)可知,当 $T>1+r+I$ 时,存在

$$-\frac{n[T-(1+r+\frac{I}{n})]}{(1+r+\frac{I}{n}+nC)^2}>-\frac{l[T-(1+r+\frac{I}{k})]}{(1+r+\frac{I}{k}+lC)^2}>-\frac{T-(1+r+I)}{(1+r+I+C)^2}$$

此时式(8-7)(值)>式(8-4)(值),这说明知识付费市场中的声誉补偿费用能够导致柠檬问题的发生,而建立平台联盟征信系统能够对这一问题起到较大的缓解作用。当 $T<1+r+\frac{I}{n}$ 时,式(8-4)、(8-7)、(8-9)中的 $\frac{\partial U_{平台}}{\partial C}>0$,这

说明知识交易的平均成功概率和知识付费平台的收益会随着声誉补偿费用的增加而增加，此时，知识付费市场中的柠檬问题将极大减弱甚至消失。

4.总体分析

总体来看，在引入声誉机制的知识付费市场中，平台征信系统、第三方征信系统、平台联盟征信系统皆能对柠檬问题起到缓解作用。对知识产品利润率、信息收集费用、声誉补偿费用进行比较可知，平台联盟征信系统能够最大限度地缓解柠檬问题，其次是第三方征信系统，而平台征信系统对柠檬问题的缓解程度最弱。

四、结论与讨论

本书以知识付费市场为研究对象，针对市场中的柠檬问题来探讨有关治理机制。通过在知识付费市场中引入声誉机制，并对平台征信系统、第三方征信系统、平台联盟征信系统等三种治理模式进行比较分析，可以得出以下结论：

第一，在知识付费市场中，知识付费平台、知识供给者、知识需求者等主体之间存在信息不对称，这使得无论是建立平台征信系统、借助于第三方征信系统，还是成立平台联盟征信系统，市场中都会存在柠檬问题。根据上述研究可知，引入声誉机制能够对柠檬问题起到缓解作用。在声誉机制中，知识产品利润率、信息收集费用、声誉补偿费用等因素会对柠檬问题产生影响。它们对知识付费市场柠檬问题的影响方式相同，即知识交易的平均成功概率和知识付费平台的收益会随着这些影响因素的增加而降低，而知识付费市场中的柠檬问题会随着这些因素的增加而加重。

第二，在引入声誉机制的知识付费市场治理模式中，平台征信系统、第三方征信系统、平台联盟征信系统对柠檬问题的缓解作用依次增加。其中，建立平台联盟征信系统能够最大化地缓解知识付费市场中的柠檬问题。当在知识付费市场中引入声誉机制时，相应的信息收集费用会有所增加，知识产品的售价也会相应地增加。此时，知识产品价格这一有着“质量暗示”的信号就变得明显，知识产品和价格之间的关系会变得更加匹配，市场中的柠檬问题也会极大减弱。构建平台联盟征信系统，不仅能够极大地降低各平台的信息收集费用，还能多方面约束平台用户的行为。

针对以上结论，本书提出以下建议：

第一，建立集体声誉联盟。通过构建集体声誉联盟，不仅能够减少搜索信息所需花费的时间和金钱，还能以增加声誉损失的方式在较大范围内发挥作用。为保障集体声誉联盟能够高效率地运营，可作出以下改进：(1)可以采用集成管理模式对集体声誉联盟进行管理。借助这一模式，不仅能够提升各平台的管理、运营能力，还能形成新的力量——行业声誉集成体，这将产生“1＋1＞2”的作用。(2)在集体声誉联盟中，可以建立梯队式管理架构。一方面，可以推选核心成员从“顶层”对联盟事务进行管理；另一方面，可以根据联盟中各成员的具体情况将其划分为不同的梯队以便更好地管理。(3)形成明确的声誉联盟管理制度。要对联盟中各成员的权利、义务进行明确划分。(4)制定合理的激励、惩罚制度。若成员做出正向、积极的行为，联盟将会予以一定的奖励(如物质奖励、声誉奖励等)；若成员做出反向、消极的行为，联盟将给予一定惩罚(如罚款、声誉警告、取消联盟成员资格等)。

第二，实行多元监督。可以引入政府机构、行业联盟、知识用户、知识付费平台等力量对知识付费市场进行监管。为使知识付费市场能够合理、有序、高效地运营，具体可从以下几方面进行监管：(1)对知识产品进行监管。对于知识付费市场中的各知识产品，监管部门应严格审查其质量，对于不合格的知识产品可以要求相关平台作出下架处置。在对知识产品监管的过程中，知识付费平台和知识用户是主要的监管力量。(2)对知识用户进行监管。为营造一个良好的知识付费环境，知识付费平台应设置一定的准入门槛来阻止信用差的用户进入市场。同时，监管部门还应定期对用户信息进行抽查，对于存在违规行为的用户要及时作出处罚。在对知识用户监管的过程中，知识付费平台、知识用户、征信系统等都是重要的监管力量。(3)对知识付费平台进行监管。对于知识付费平台的运营模式，监管机构应严格审核、实时监督。对于存在投机、违规、欺骗等行为的平台，监管部门应及时地揭露、处罚。在对知识付费平台监管的过程中，行业联盟、知识用户主要对平台行为进行监督，政府部门主要对平台违规行为进行处罚。(4)对征信系统的监管。在知识付费市场中，声誉机制要想发挥作用，离不开征信系统的支持。因而，要加强对征信系统的监管，不仅应确保征信系统管理模式的独立性、合理性，还应确保征信系统数据的真实性。在对征信系统监管的过程中，行业联盟、政府部门是主要的监管力量。

五、案例:薄荷阅读的声誉形成与品牌发展之路

“百词斩”App为了使用户更便捷地加入英语学习中,在微信客户端上线了一个英语学习产品“薄荷阅读”。学员如果接受“任务”,就需要在100天的学习时间内完成线上学习与阅读,内容是3～4本英文名著,学费区为149～199元,价格不等。2019年12月16日,教育部发布了第一批关于教育的互联网应用程序软件榜。在此次教育软件评选中,百词斩的新产品“薄荷阅读”被提名上榜。

注册成为薄荷阅读的学员后,首先要经过单词测试来评定词汇量等级,并根据自身等级水平来选定相应难度的读物,同时学员也可以根据自己的英文水平选择想要阅读的书目,这样不仅可以保证学员阅读的书目与其自身的英语水平、学习能力相匹配,而且能激发学员的学习兴趣。此类学习产品是建立在微信平台之上的,由不同的老师来带领学习,老师会成立微信学习小组,深度学习公众号中推送的当日学习内容,一般都是“文字＋图片＋音频”的形式(见图8-1)。为了保证微信学习群成员的学习效率与质量,将群成员的人数控制在300～400人。

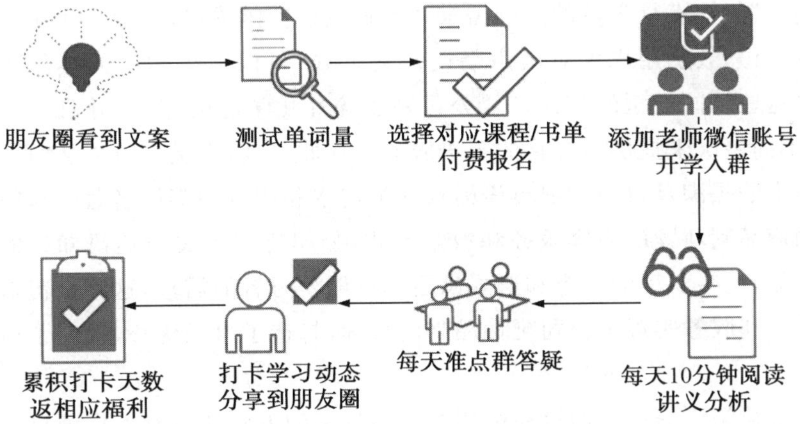

图8-1　薄荷阅读的学习流程

薄荷阅读依靠品牌效应保证影响力。为了扩大品牌的影响力,薄荷阅读通过打造自身的品牌效应来延伸品牌涉及的用户范围。同时薄荷阅读选择不断提高内容质量、教学质量来满足用户的需求,提升用户黏性,加强品

牌与用户之间的关联程度。用户通常会积极参与线上活动。薄荷阅读方的运营调动了用户的积极性,提高了用户的归属感,维持了用户与品牌之间、用户与用户之间的情感联系,并且用户的满足感和极佳的使用体验都来自薄荷阅读打造的学习场景。当用户习惯以社群的方式进行学习时,用户与产品之间就产生了协同效应。所以,我们可以说在品牌、产品和用户之间是需要“社群”这一桥梁的,它打造了这三驾马车之间的强联系,可以确保三驾马车共同努力,从而维持社群的健康运作。品牌方由此能够及时接受反馈和修改产品性能,使三者之间建立长久的情感联系。

(一)注重宣传模式,推动品牌发展

2011 年,成都超有爱科技有限公司正式成立,并于 2012 年率先推出英语学习软件“百词斩”App,随后推出了致力于用户阅读和学习英文名著的付费社群学习平台“薄荷阅读”。“百词斩”App 如今的用户数量已有 5000 多万,是当之无愧的行业领军者。其在形成品牌效应之前一直是一款免费服务用户的 App,用户方一直给予肯定和好评;在形成品牌效应之后,用户在 App 上积累学习的英文单词超过一定数量就要通过微信付费,进而才可以在社群中学习。当前,它已然成功打造了英语学习社区。成都超有爱科技有限公司不仅打造了薄荷阅读,同时还致力于实现客户的多样化需求,打造自身的服务精准性,并推出了涉及英语学习多个领域的产品。比如:“薄荷阅读”能够满足学员的阅读需求;“番茄英语”“闲蛋口语”致力于帮助用户提升口语,鼓励用户大胆出声朗读;“芝士派”可以锻炼学员的英语听力能力。这些不同类型的产品符合公司基于碎片化学习的态度,并且从不同方面、不同层次来提供多样化的英语服务。除此之外,学员还可以从“百词斩”商城中购买满足自身学习英语需求的笔记本和相应的英语名著。从衍生的实物商品到新颖的内容服务和教学方式,公司打造了关于英语知识的全覆盖产品,这些新型的内容和形式满足了英语学习者的需求,这些全覆盖的产品类型和服务实现了公司延伸品牌的目标,打造了自身优势,提高了市场竞争力。

薄荷阅读的用户通过在微信朋友圈打卡的方式让所有人见证自己当天学习的成果。该学习方式对新用户极其友好,如果用户能够连续 14 天发朋友圈进行打卡,就可以获得“百词斩”商城中 30 元的购物代金券;如果用户累计打卡达到 80 天,那么就可以获得其正在学习的英语资料的纸质版图书。公司通过激励用户发朋友圈打卡的方式,宣传自己的优秀产品,再通过朋友圈用户多渠道的传播,从而实现裂变式的品牌营销。除此之外,薄荷阅读也通过老用户来挖掘新用户,从而提升新用户的数量。如果新用户被邀请成功注册,那么老用户和新用户都可以获得20元优惠券。这些优惠和奖励会持续激励老用户跟进课程,也会加强老用户对产品的信任感和依赖感。

(二)产品精准且多样,提高内容质量

由于每位用户的英语水平不尽相同,薄荷阅读为了完全满足用户学习英语的需求,将用户要学习的内容按照不同词汇、句式的难度划分了等级,使不同英语水平的学员可以根据自己的词汇量测试结果来挑选适合的读物或者按照平台推荐读物进行匹配。这不仅可以保证学员的阅读能力与阅读书籍相匹配,而且可以保持与提升学员的学习兴趣。薄荷阅读提供给用户的学习内容分为四个阶段。(1)词汇量达到2500～3800个的用户,对应的学习内容是中学入门的英语基础词汇;(2)词汇量达到4500～6500个的用户,对应的学习内容是中学经典的英语基础词汇;(3)词汇量达到8500个以上、雅思成绩达到6.5以上或者六级考试成绩在550分以上的用户适合学习进阶版词汇(见图8-2);(4)词汇量达到10000个以上、雅思成绩达到7以上或者六级考试成绩在600分以上的用户适合学习高阶版词汇。帮助用户梳理读物难度以及给予用户选择的余地,这样的做法并不会磨灭用户的学习兴趣,反而会使用户对英语学习越来越有信心,在此基础上,薄荷阅读还专门对学习内容进行质量优化。这些做法都获得了用户的"芳心"。

图8-2　"薄荷阅读"分级书单

薄荷阅读作为付费知识平台，有其自身的特殊性，它会针对不同英语水平的学员制订不同的学习计划，这种定制版的特殊性主要体现在用户要学习的生词列表上。用户每天的生词列表都是系统经过优化的结果，可避免词汇间的重复。举例来说，学习相同读物的学员中，如果一名学员的词汇量达到6000个单词，其生词列表上生词的数量是5，那么对于词汇量达到6500的学员来说，其列表显示的生词数量会少于等于5。由于薄荷阅读主打的是碎片化学习的理念，专业团队会在确保故事的逻辑性和完整性的前提下对读物内容进行划分，从而使得用户可以逐量阅读，并且保证用户阅读的连贯性以及学习的积极性。同时，音频作为互联网知识的载体之一，其使用便捷性要优于文字，使用者可以在开车、步行、做家务等任何时间进行音频学习。薄荷阅读的音频具备人性化的特点，因为其中的音频是由外国专家根据名著的内容进行情景模式录制而成的，这有利于构建与用户之间的情感联系。除此之外，薄荷阅读还具备音频倍速播放的设置特点，用户可以根据场景和自身的英语听力能力选择合适的播放速度，不论是对听力练习还是效率提高都有裨益。薄荷阅读的每位老师都会自行编写讲义，讲义的内容基本上覆盖了相关课程的所有知识点，包括课文背景内容、常见单词的生僻含义、长难句解析、短语记忆，这些内容均体现了知识的专业性，确保学员学习效率的提高，从而提升品牌的影响力。

（三）优化服务，注重用户运营

薄荷阅读的线上活动是根据不同层次学员的学习情况开展的，活动地点一般是在微信群内。由于每个群的学员学习程度各异、学习进度不同，所以活动内容也是因“群”而异的。这些线上主题活动一般包括讨论、点赞和抽奖等。主题活动通常由一个讲师设立一个活动主题，并由学员共同参与完成。活动结束后对最优者进行评选，评出后给予奖励。讨论活动由讲师规定统一的时间，群成员对阅读内容进行讨论。点赞活动是讲师将安排的具体活动内容发到微信朋友圈，然后再对点赞数量进行排名，若学员的点赞排名与讲师设置的排名一致就可获得一定的奖品。例如，讲师设置的第13位“点赞者”可以获得点赞奖品，那么讲师朋友圈中排名13的学员就可获得相应奖品。抽奖活动通过微信小程序完成，且只有完成规定内容的学员才可以进入程序参与抽奖活动。

薄荷阅读以知识场景为基础构建学习社群，以名著阅读为场景，为读者创造英语学习的平台，使读者在潜心学习之后可以以极放松的方式相互交流，并在交流中分享经验，解答疑惑。同时，薄荷阅读致力于在需求、时间和空间上为用户提供最好的服务和最舒适的体验，将产品和特定的场景结合起来，满足用户在日常生活中的学习需求，增加产品的附加值。在个人需求上，薄荷阅读专门为需要提高英语水平的用户提供知识场景；在空间场景上，用户每天都可以通过微信公众号进行英语学习；在时间场景上，由于产品使用的灵活性，用户可以完全自由地选择自己的空闲时间来进行阅读和学习推送的内容。薄荷阅读通过品牌运营、内容运营和客户运营等方式维持社群感，良好的社群感是社群发展的关键，为后续赢得新用户奠定了良好的基础。

第九章　知识付费柠檬市场的质保机制

质保是“质量保证”的简称，英文为 quality assurance（QA），一般指厂商为了表达产品在各方面的质量合格、功能突出，显示自己对产品的自信，从而使产品容易被消费者接受和减少消费者的购买忧虑，而对产品作出的一种承诺。质保机制通常有保修、包修、包退和包换四种。对知识付费市场而言，使用付费的形式在一定程度上可以帮助消费者筛选更优质的知识或内容。相较于一般产品，对知识付费产品质量的测试具有长期性，用户很难在付费之前就对产品进行深入了解和评价。目前主要的解决方式是 IP 化和用户评价，而这又会加剧“头部效应”，影响后期进入者的创作积极性。因此，除了信号传递机制、声誉机制外，还可以引入质保机制对知识付费市场中的柠檬问题进行治理。通过对平台质保机构、第三方质保机构、卖家联盟质保机构等三种治理模式进行比较分析，可以得出对知识付费平台有价值的管理决策建议。

一、引　言

资本市场的融资情况是观察共享经济发展态势的一个重要窗口。2018 年，中国共享经济领域直接融资规模约为 215 亿美元，其中，知识付费领域的直接融资规模居首位，约为 67 亿美元。在 2018 年，今日头条获得了 40 亿美元的融资，快手获得了 14 亿美元的融资，喜马拉雅获得了 4.6 亿美元的融资，这三家知识付费企业占全行业融资总额的比重超 80%。在用户规模方面，喜马拉雅、知乎等知识付费平台的用户数已超 10 亿。

当众多网民为知识运营平台带来的种种便利而欢欣鼓舞时，他们也面临着如下的问题：各种知识“网红”纷纷登台，“乱花渐欲迷人眼”；过度包装、营销的“伪知识”以次充好；付费平台上的知识质量总体有下降的趋势。可以发现，相比传统的知识交易模式，在知识付费平台上存在着严重的柠檬问题。针对知识付费市场中的柠檬问题，本章将对质保机制进行探究。以知识供给者、知识需求者、知识付费平台为主体，本书构建了一个委托代理模型，主要分析比较平台质保机构、第三方质保机构、卖家联盟质保机构等治理模式对缓解知识付费市场中柠檬问题的作用。借助于委托代理模型，本书希望深入了解知识付费柠檬市场的运行机理，并帮助平台运营商减少或消除柠檬问题。

二、模型说明

假设在知识付费市场中，每次知识交易可能产生两种结果：第一，成功。此时，知识需求者获得的收益为 $R(R>0)$，发生的概率为 P。第二，失败。此时，知识需求者获得的收益为 0，发生的概率为 $1-P$。假设知识产品的价格均为 1，且知识需求者对知识产品有着相同的期望收益 T，则 $T=P\times R+(1-P)\times 0=P\times R$。假设知识供给者设定的知识产品利润率为 r（r 为知识产品的售价与实际价值之比），知识产品交易成功时的手续费为 t。

在一般的平台模式下，知识需求者（买方）的期望收益为：

$U_{买方}=P\times[R-(1+r)]+(1-P)\times 0=P\times[R-(1+r)]$

临界值(P^*,R^*)为：

$$\begin{cases}P^*=\dfrac{T}{1+r}\\R^*=1+r\end{cases}$$

知识交易的平均成功概率为：

$$\bar{P}=\frac{\int_0^{P^*}Pf(P)\mathrm{d}P}{F(P^*)}$$

知识付费平台的期望收益为：

$$U_{平台}=t\times\bar{P}$$

当 $\dfrac{\partial P^*}{\partial r}=-\dfrac{T}{(1+r)^2}$ 时，

$$\frac{\partial U_{平台}}{\partial r}=-\frac{t\times T}{(1+r)^2}\cdot\frac{f(P^*)}{F^2(P^*)}\left[P^*F(P^*)-\int_0^{P^*}Pf(P)\mathrm{d}P\right]\quad(9\text{-}1)$$

由 $\dfrac{f(P^*)}{F^2(P^*)}\left[P^*F(P^*)-\int_0^{P^*}Pf(P)\mathrm{d}P\right]>0$，可知在式(9-1)中，$\dfrac{\partial U_{平台}}{\partial r}<0$。

三、引入质保机制的知识付费市场治理模式

除了信号传递机制、声誉机制外，还可以引入质保机制对知识付费市场中的柠檬问题进行治理。根据相关研究，可以将知识付费市场中的质保机制分为三种模式：(1)平台质保机构，(2)第三方质保机构，(3)卖家联盟质保机构。

(一)平台质保机构

在知识付费平台上建立质保机构，假设担保费率为 g，信息收集费为 I，知识交易成功收取的手续费为 t。此时，知识需求者(买方)的期望收益为：

$$U_{买方}=P\times[R-(1+r+I+g)]+(1-P)\times g$$

临界值(P^*,R^*)为：

$$\begin{cases}P^*=\dfrac{T+g}{1+r+I+2g}\\R^*=\dfrac{(1+r+I+2g)\times T}{T+g}\end{cases}$$

知识交易的平均成功概率为：

$$\bar{P}=\frac{\int_0^{P^*}Pf(P)\mathrm{d}P}{F(P^*)}$$

知识付费平台的期望收益为：

$$U_{平台}=t\times\bar{P}-I-g$$

当 $\dfrac{\partial P^*}{\partial r}=-\dfrac{T+g}{(1+r+I+2g)^2}$ 时，

$$\frac{\partial U_{平台}}{\partial r}=-\frac{t\times(T+g)}{(1+r+I+2g)^2}\cdot\frac{f(P^*)}{F^2(P^*)}\left[P^*F(P^*)-\int_0^{P^*}Pf(P)\mathrm{d}P\right]\tag{9-2}$$

当 $\dfrac{\partial P^*}{\partial I}=-\dfrac{T+g}{(1+r+I+2g)^2}$ 时，

$$\frac{\partial U_{平台}}{\partial I}=-\frac{t\times(T+g)}{(1+r+I+2g)^2}\cdot\frac{f(P^*)}{F^2(P^*)}\left[P^*F(P^*)-\int_0^{P^*}Pf(P)\mathrm{d}P\right]-1\tag{9-3}$$

当 $\frac{\partial P^*}{\partial g}=-\frac{2T-(1+r+I)}{(1+r+I+2g)^2}$ 时，

$$\frac{\partial U_{平台}}{\partial g}=-\frac{t\times[2T-(1+r+I)]}{(1+r+I+2g)^2}\cdot\frac{f(P^*)}{F^2(P^*)}[P^*F(P^*)-\int_0^{P^*}Pf(P)\mathrm{d}P]-1 \tag{9-4}$$

因为 $\frac{f(P^*)}{F^2(P^*)}[P^*F(P^*)-\int_0^{P^*}Pf(P)\mathrm{d}P]>0$，所以有以下几点结论。

(1)在式(9-2)中，$\frac{\partial U_{平台}}{\partial r}<0$，这说明在知识付费平台上建立质保机构后，市场中的柠檬问题仍然存在。也就是说，当提升知识产品的利润率时，知识交易的平均成功概率和知识付费平台的收益仍会减少。根据 $-\frac{T+g}{(1+r+I+2g)^2}>-\frac{T}{(1+r)^2}$，可知式(9-2)的值大于式(9-1)的值，这说明在知识付费平台上建立质保机构能够对柠檬问题起到缓解作用。此时，随着知识产品利润率的提升，知识交易的平均成功概率和知识付费平台的收益下降的幅度都会明显减小。

(2)在式(9-3)中，$\frac{\partial U_{平台}}{\partial I}<0$，这说明信息收集费用会导致知识付费市场中出现柠檬问题。知识交易的平均成功概率、知识付费平台的收益都会随着信息收集费用的升高而降低，知识付费市场中的柠檬问题也会随着信息收集费用的增多而变得更加严重。

(3)对于式(9-4)，当 $2T>1+r+I$ 时，$\frac{\partial U_{平台}}{\partial g}<0$，这说明担保费率会导致知识付费市场中出现柠檬问题。此时，知识交易的平均成功概率、知识付费平台的收益会随着担保费率的升高而降低。当 $2T<1+r+I$ 时，$\frac{\partial U_{平台}}{\partial g}>0$，此时，知识交易的平均成功概率、知识付费平台的收益会随着担保费率的升高而升高。但是，知识需求者会拒绝在知识付费市场中进行交易，这也将导致市场的消失。

(二)第三方质保机构

当在知识付费市场中引入第三方质保机构时，假设担保费率为 g，第三方担保机构所需要的信息收集费用为 $\frac{I}{k}(k>1)$。当知识交易成功时，知识付费平台会收取一定的手续费用 t。此时，知识需求者（买方）的期望收益为：

$$U_{买方}=P\times[R-(1+r+\frac{I}{k}+g)]+(1-P)\times g$$

临界值（P^*，R^*）为：

$$\begin{cases}P^*=\dfrac{T+g}{1+r+\dfrac{I}{k}+2g}\\[2ex] R^*=\dfrac{(1+r+\dfrac{I}{k}+2g)\times T}{T+g}\end{cases}$$

知识交易的平均成功概率为：

$$\bar{P}=\frac{\int_0^{P^*}Pf(P)\mathrm{d}P}{F(P^*)}$$

知识付费平台的期望收益为：

$$U_{平台}=t\times\bar{P}-\frac{I}{k}-g$$

当 $\dfrac{\partial P^*}{\partial r}=-\dfrac{T+g}{(1+r+\dfrac{I}{k}+2g)^2}$ 时，

$$\frac{\partial U_{平台}}{\partial r}=-\frac{t\times(T+g)}{(1+r+\dfrac{I}{k}+2g)^2}\cdot\frac{f(P^*)}{F^2(P^*)}[P^*F(P^*)-\int_0^{P^*}Pf(P)\mathrm{d}P] \tag{9-5}$$

当 $\dfrac{\partial P^*}{\partial I}=-\dfrac{T+g}{k\times(1+r+\dfrac{I}{k}+2g)^2}$ 时，

$$\frac{\partial U_{平台}}{\partial I}=-\frac{t\times(T+g)}{k\times(1+r+\dfrac{I}{k}+2g)^2}\cdot\frac{f(P^*)}{F^2(P^*)}[P^*F(P^*)-\int_0^{P^*}Pf(P)\mathrm{d}P]-\frac{1}{k} \tag{9-6}$$

当 $\dfrac{\partial P^*}{\partial g}=-\dfrac{2T-(1+r+\dfrac{I}{k})}{(1+r+\dfrac{I}{k}+2g)^2}$ 时，

$$\frac{\partial U_{平台}}{\partial g}=-\frac{t\times[2T-(1+r+\frac{I}{k})]}{(1+r+\frac{I}{k}+2g)^2}\cdot\frac{f(P^*)}{F^2(P^*)}[P^*F(P^*)-\int_0^{P^*}Pf(P)\mathrm{d}P]-1 \tag{9-7}$$

在式(9-5)中，$\frac{\partial U_{平台}}{\partial r}<0$，这说明借助于第三方质保机构后依然存在柠檬问题，即知识交易的平均成功概率、知识付费平台的收益随着知识产品利润率的提高而降低。式(9-5)的值大于式(9-1)的值，表明第三方质保机构对知识付费市场中的柠檬问题能够起到缓解作用。此时，随着第三方质保机构的运行，知识产品利润率对知识交易的平均成功概率和知识付费平台收益的作用明显减弱。

在式(9-6)中，$\frac{\partial U_{平台}}{\partial I}<0$，这说明信息收集费用会导致知识付费市场中出现柠檬问题。此时，知识交易的平均成功概率、知识付费平台的收益都会随着信息收集费用的升高而降低，而知识付费市场中的柠檬问题也会随着信息收集费用的增加变得更严重。

对于式(9-7)，当 $2T>1+r+\frac{I}{k}$ 时，$\frac{\partial U_{平台}}{\partial g}<0$，这说明担保费率会导致知识付费市场中出现柠檬问题。此时，知识交易的平均成功概率、知识付费平台的收益会随着担保费率的升高而降低。当 $2T<1+r+\frac{I}{k}$ 时，$\frac{\partial U_{平台}}{\partial g}>0$，此时，知识交易的平均成功概率、知识付费平台的收益会随着担保费率的升高而升高。但是，知识需求者会拒绝在知识付费市场中进行交易，这也将导致市场的消失。

(三)卖家联盟质保机构

当在知识付费市场中成立卖家联盟质保机构时，假设担保费率为 g，抵押费用率为 m。卖家联盟主要由知识供给者组成，知识供给者为信息优势方，因而假设信息收集费用为 $\frac{I}{n}$（卖家联盟的成员越多，n 越大，在理想状态下，$n\to\infty$，$\frac{I}{n}\to 0$）。当知识交易成功时，知识付费平台会收取一定的手续费用 t。此时，知识需求者(买方)的期望收益为：

$$U_{买方}=P\times[R-(1+r+\frac{I}{n}+g)]+(1-P)\times(g+m)$$

临界值(P^*,R^*)为：

$$\begin{cases} P^* = \dfrac{T+g+m}{1+r+\dfrac{I}{n}+2g+m} \\ R^* = \dfrac{(1+r+\dfrac{I}{n}+2g+m)\times T}{T+g+m} \end{cases}$$

知识交易的平均成功概率为：

$$\bar{P} = \frac{\int_0^{P^*} Pf(P)\mathrm{d}P}{F(P^*)}$$

知识付费平台的期望收益为：

$$U_{平台} = t\times\bar{P}$$

当$\dfrac{\partial P^*}{\partial r} = -\dfrac{T+g+m}{(1+r+\dfrac{I}{n}+2g+m)^2}$时，

$$\frac{\partial U_{平台}}{\partial r} = -\frac{t\times(T+g+m)}{(1+r+\dfrac{I}{n}+2g+m)^2}\cdot\frac{f(P^*)}{F^2(P^*)}[P^*F(P^*) - \int_0^{P^*} Pf(P)\mathrm{d}P] \tag{9-8}$$

当$\dfrac{\partial P^*}{\partial I} = -\dfrac{T+g+m}{n\times(1+r+\dfrac{I}{n}+2g+m)^2}$时，

$$\frac{\partial U_{平台}}{\partial I} = -\frac{t\times(T+g+m)}{n\times(1+r+\dfrac{I}{n}+2g+m)^2}\cdot\frac{f(P^*)}{F^2(P^*)}[P^*F(P^*) - \int_0^{P^*} Pf(P)\mathrm{d}P] \tag{9-9}$$

当$\dfrac{\partial P^*}{\partial g} = -\dfrac{(2T+m)-(1+r+\dfrac{I}{n})}{(1+r+\dfrac{I}{n}+2g+m)^2}$时，

$$\frac{\partial U_{平台}}{\partial g} = -\frac{t\times[(2T+m)-(1+r+\dfrac{I}{n})]}{(1+r+\dfrac{I}{n}+2g+m)^2}\cdot\frac{f(P^*)}{F^2(P^*)}[P^*F(P^*) - \int_0^{P^*} Pf(P)\mathrm{d}P] \tag{9-10}$$

当 $\frac{\partial P^*}{\partial m}=-\frac{T-(1+r+\frac{I}{n}+g)}{(1+r+\frac{I}{n}+2g+m)^2}$ 时，

$$\frac{\partial U_{平台}}{\partial m}=-\frac{t\times[T-(1+r+\frac{I}{n}+g)]}{(1+r+\frac{I}{n}+2g+m)^2}\cdot\frac{f(P^*)}{F^2(P^*)}[P^*F(P^*)-\int_0^{P^*}Pf(P)\mathrm{d}P] \tag{9-11}$$

在式(9-8)中，$\frac{\partial U_{平台}}{\partial r}<0$，这说明在知识付费市场中建立卖家联盟质保机构后，柠檬问题依旧存在，即知识交易的平均成功概率、知识付费平台的收益会随着知识产品利润率的提高而降低。式(9-8)的值大于式(9-1)的值，这说明建立卖家联盟质保机构能够对知识付费市场中的柠檬问题起到一定的缓解作用。此时，随着卖家联盟质保机构的运行，知识产品利润率对知识交易的平均成功概率和知识付费平台收益的作用会明显减弱。

在式(9-9)中，$\frac{\partial U_{平台}}{\partial I}<0$，这说明信息收集费用会导致知识付费市场中出现柠檬问题。此时，知识交易的平均成功概率、知识付费平台的收益都会随着信息收集费用的升高而降低。

对于式(9-10)，当 $2T+m>1+r+\frac{I}{n}$ 时，$\frac{\partial U_{平台}}{\partial g}<0$，这说明担保费率会导致知识付费市场中出现柠檬问题。此时，知识交易的平均成功概率、知识付费平台的收益会随着担保费率的升高而降低。当 $2T+m<1+r+\frac{I}{n}$ 时，$\frac{\partial U_{平台}}{\partial g}>0$，此时，知识交易的平均成功概率、知识付费平台的收益会随着担保费率的升高而升高。但是，知识需求者会拒绝交易并退出市场。

对于式(9-11)，当 $T>1+r+\frac{I}{n}+g$ 时，$\frac{\partial U_{平台}}{\partial m}<0$，这表示抵押费用率会导致知识付费市场中出现柠檬问题。此时，知识交易的平均成功概率、知识付费平台的收益会随着抵押费用率的升高而降低。当 $T<1+r+\frac{I}{n}+g$ 时，$\frac{\partial U_{平台}}{\partial m}>0$，此时，知识交易的平均成功概率、知识付费平台的收益会随着抵押费用率的升高而升高，且市场中不会出现柠檬问题。

(四)结果分析

1.对知识产品利润率的比较

根据式(9-1)、(9-2)、(9-5)、(9-8)可知，知识交易的平均成功概率、知识付费平台的收益会随着知识产品利润率的升高而降低。因为

$$-\frac{T+g+m}{(1+r+\frac{I}{n}+2g+m)^2}>-\frac{T+g}{(1+r+I+2g)^2}>-\frac{T+g}{(1+r+\frac{I}{k}+2g)^2}>-\frac{T}{(1+r)^2}$$

所以式(9-8)(值)>式(9-2)(值)>式(9-5)(值)>式(9-1)(值)。这一结果说明在知识付费市场中引入质保机制能够减弱柠檬问题。此时，随着知识产品利润率的提升，知识交易的平均成功概率和知识付费平台的收益下降的幅度都会减小。比较可知，不引入质保机制、借助于第三方质保机构、借助于平台质保机构、借助于卖家联盟质保机构等模式对柠檬问题的缓解程度依次增加。其中，卖家联盟质保机制对柠檬问题的缓解程度最大，柠檬问题最严重的情况是不引入任何治理机制。

2.对信息收集费用的比较

在式(9-3)、(9-6)、(9-9)中，$\frac{\partial U_{平台}}{\partial I}<0$，这说明知识付费市场中的信息收集费用会导致柠檬问题的发生。随着信息收集费用的增加，知识交易的平均成功概率和知识付费平台的收益都会降低，而知识付费市场中的柠檬问题也会变得更加严重。根据

$$-\frac{T+g+m}{n(1+r+\frac{I}{n}+2g+m)^2}>-\frac{T+g}{k(1+r+\frac{I}{k}+2g)^2}>-\frac{T+g}{(1+r+I+2g)^2}$$

可知式(9-9)(值)>式(9-6)(值)>式(9-3)(值)。这说明平台质保、第三方质保、卖家联盟质保这三种质保模式对知识付费市场中柠檬问题的缓解作用越来越明显。

3.对担保费率的比较

由式(9-4)、(9-7)、(9-10)可知，当 $2T>1+r+I$ 时，存在

$$-\frac{(2T+m)-(1+r+\frac{I}{n})}{(1+r+\frac{I}{n}+2g+m)^2}>-\frac{2T-(1+r+I)}{(1+r+I+2g)^2}>-\frac{2T-(1+r+\frac{I}{k})}{(1+r+\frac{I}{k}+2g)^2}$$

此时式(9-10)(值)>式(9-4)(值)>式(9-7)(值),表明担保费率会引发柠檬问题,且第三方质保机构、平台质保机构、卖家联盟质保机构对柠檬问题的缓解作用依次增加。当 $2T+m<1+r+\frac{I}{n}$ 时,式(9-4)、式(9-7)、式(9-10)中的 $\frac{\partial U_{平台}}{\partial g}>0$,这说明知识交易的平均成功概率和知识付费平台的收益会随着担保费率的增加而增加,此时,知识付费市场中的柠檬问题将极大减弱甚至消失。

4.总体分析

总体来看,在引入质保机制的知识付费市场中,平台质保机构、第三方质保机构、卖家联盟质保机构皆能对柠檬问题起到缓解作用。对三种质保模式进行比较可以发现,卖家联盟质保机构能够最大限度地缓解柠檬问题。当信息收集费用对知识付费市场柠檬问题影响较大时,第三方质保机构比平台机构发挥的作用更大;当知识产品利润率、担保费率对知识付费市场柠檬问题影响较大时,平台质保则比第三方质保作用明显。

四、结论与讨论

本书以知识付费市场为研究对象,针对市场中的柠檬问题来探讨有关治理机制。通过在知识付费市场中引入质保机制,并对平台质保机构、第三方质保机构、卖家联盟质保机构等三种治理模式进行比较分析,可以得出以下结论:

第一,在知识付费市场中存在着柠檬问题,且无论是建立平台质保机构、借助于第三方质保机构,还是成立卖家联盟质保机构,市场中都会存在柠檬问题。根据上述研究可知,引入质保机制能够缓解知识付费市场中的柠檬问题,但并不能使相关问题消失。它们对知识付费市场中柠檬问题的影响方式相同,即知识交易的平均成功概率和知识付费平台的收益会随着这些影响因素的增加而降低,而市场中的柠檬问题会随着这些因素的增加而加重。

第二,在引入质保机制的知识付费市场治理模式中,平台质保、第三方质保、卖家联盟质保对市场中柠檬问题的缓解作用依次增加。其中,建立卖家联盟质保机构能够最大化地缓解知识付费市场中的柠檬问题。在知识付费市场中引入质保机制,不仅能够削弱柠檬问题的影响,还能为知识需求者带来安全感且使其增加对知识供给者以及知识付费平台的信任。在知识付费市场中建立卖家联盟质保机构，一方面能够较大地降低信息收集费用和知识产品质量鉴别费用；另一方面能够使各知识供给者共担风险、共享收益，这样会促使各知识供给者加强对自身及他人行为的约束。

结合以上研究结论，本书提出如下建议：

第一，在现有的知识付费市场中引入质保机制能够有效缓解柠檬问题。对于知识付费市场中的质保机制，应该客观评价并积极探索最优的运营模式。例如，在知识付费市场中建立卖家联盟质保机构，不仅有助于削弱信息不对称引发的柠檬问题，还有助于扩大知识付费的市场规模。在知识付费市场中积极地引入相关的质保机制，一方面能够降低信息收集费用、担保费用、抵押费用等，这将极大地减轻知识需求者的负担，且能促使他们增加购买知识产品的次数和频率；另一方面，质保机制的引入能够向相关知识供给者传递一种安全信号，这将促使他们更多地关注长期利益，同时，还将引导他们降低知识产品的利润率并激励他们创作更多优质的知识产品。

第二，知识付费平台应明确其市场定位，专注于为知识用户提供相关的信息服务。在知识付费市场中，信息不对称问题、委托代理问题等的存在使得市场中各主体都可能出现投机行为，这些行为将对市场产生巨大的破坏作用，且容易在市场中形成信任危机。为此，作为信息服务的提供者、知识交易的促成者，知识付费平台可以利用相关技术来缓解这些问题。例如，可以借助区块链技术来加强对知识付费市场的管理，因为：(1)利用分布式存储、管理的方式，不仅能够有效提高市场效率，还能够避免由于单个节点失效而使整个系统崩溃的情况。(2)系统中的数据不可篡改，这不仅能够有效保证平台数据的真实性和独立性，还能够有效预防市场中的“投机”“包装”“合谋”等行为。(3)在区块链技术的基础上构建信息分享平台，不仅能够增强相关信息的真实性，还能够有效减少信息收集的时间和费用。

五、案例：好大夫在线的质保机制

“好大夫在线”创立于 2006 年，是中国领先的互联网医疗平台之一。用户可以通过好大夫在线 App、PC 端网站、手机版网站、微信公众号、微信小程序等多个平台，方便地联系到 24 万名公立医院的医生，一站式解决线上服务、线下就诊等各种医疗问题。截至 2021 年 7 月，好大夫在线已累计服务超过7200万名患者。在《21世纪经济报道》主办的首届“2020中国大健康产业峰会”上，好大夫在线创始人王航表示：“整个社会的大趋势是在走向为服务付费，从买产品向买服务转化，这两年为知识付费的大潮在快速兴起。医药行业也是一样，大的机会还是在于要认可医生的服务，逐渐为这些服务更多地买单，去体现医生的服务价值。”好大夫在线问诊流程如图9-1所示。

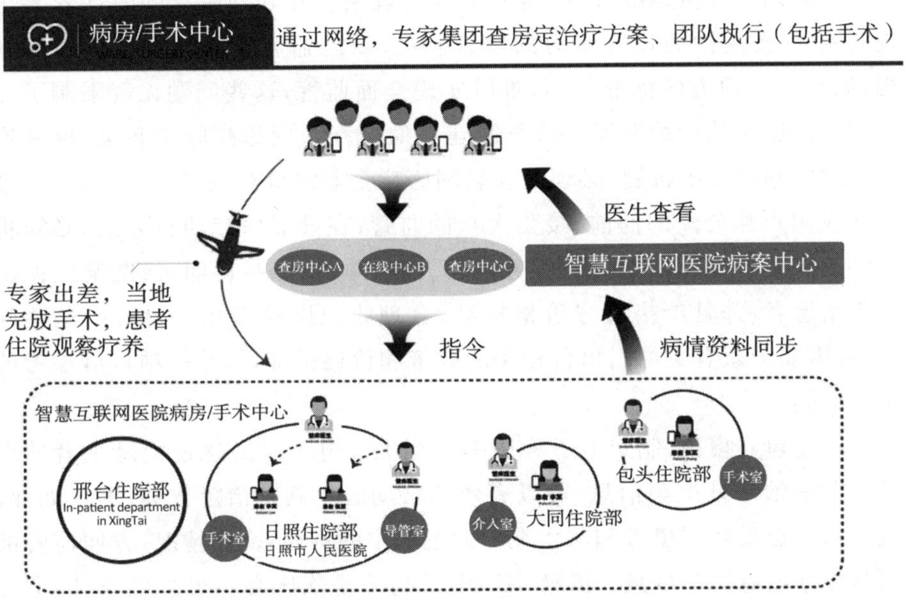

图9-1 好大夫在线问诊流程

但是，好大夫在线是以企业为主导的“互联网+医疗”平台，在平台监管、保险支付及信息安全方面没有明确的统一规范。平台监管主要包括接诊医生的资格认定、行为监管（诊治疾病的范围、需要遵循的流程及规范）及收费标准等。保险支付方面，企业主导的服务出于医疗项目不确定、服务暂无统一定价、医保部门难以核算实际成本、总体医保费用控制等角度考虑，仍无法将其纳入医保报销范围。信息安全方面，我国目前尚未出台统一的保护隐私信息的法律法规，同时对于侵犯隐私的惩罚机制没有具体规定。在此情况下，电子化的健康医疗数据安全面临重大的挑战。为此，好大夫在线在问诊就诊质量保证上做了以下工作。

一是加强医患注册信息的完善度，强制要求两者的身份信息必须完善。每一位注册医生在进行基于互联网的医疗服务之前，都必须完成对设备的核实登记、对个人身份信息的认证，比如人脸识别认证。在医生准入时，可以致电医生所在科室核实医生的身份信息是否正确。为了确保医生身份信息准确，在进行互联网就诊前和就诊后都会进行人脸识别验证；在医生就诊过程中，也会随机抽选验证其身份可靠性。同时，要求患者也必须通过严格的身份信息认证，在进行互联网就诊前，需要同意系统发放的“就诊知情书”，并且应当及时将线下医院的就诊报告上传至系统，使医生更好地进行诊断，避免一些医疗风险的发生。

二是划定收费标准，严格监管乱收费现象。互联网医疗的发展容易出现瓶颈，主要是因为没有得力的监管制度，缺乏监管人员和规范价格的准则，以及各个地方的标准不同，难以实现全面监管，这些问题无疑限制了互联网医疗服务的持续发展。故急需建立健全互联网诊疗收费政策，促进形成合理的利益分配机制，必须使互联网医疗企业定价有理可依，时刻将明细呈现在用户和公众的面前，接受大众的监管；在开展医疗项目之前，必须将详细的服务价格、药物价格、服务内容、计价单位、产品说明、诊断情况说明呈现给患者，并且严格遵守价格标准，合理收取医疗费用。要解决这些问题，就需要国家有关部门出台相关的政策和价格标准，如某一项目可参考的价格区间等。

三是建立模板，制定电子病历书写标准。电子病历通过记录患者的诉求和此前治疗情况等信息，可以有效地帮助医生确定治疗方案；不仅如此，电子病历也反映了患者和医生在治疗过程中的沟通、交流情况，方便监管部门从中获取有用的信息。既然书写电子病历是临床必不可少的条件，那么制定行之有效的电子病历书写标准也就变得极其重要。互联网医疗平台在制定电子病历的书写标准时至少应当涵盖患者诉求、患者有无药物过敏情况、患者既往史、先前检查信息、医生诊断情况以及治疗意见等内容。不仅如此，建议互联网医疗平台添加语音转成文字功能、图片转成文字功能，甚至制作一些电子病历的模板，以此来节省医生书写电子病历的时间。

四是规范诊疗行为，实施违规诊疗处罚制度。由于医生开具的电子处方对症与否，直接关系到患者的生命健康，所以医生在开具处方之前，应当经过专业的学习、培训和考核，掌握开具电子处方的基本要求，减少安全隐患。不仅如此，如果医生在开具电子处方时行为不规范、不合理，也应当受到惩戒。好大夫在线针对违规开具电子处方的医生首先进行口头告诫，次数高达 5 次以上者，平台将发函告知其工作单位，情节更重对患者造成危害者，则会被上报医生所属地卫计委。

医疗无小事。为了确保医疗质量、排查安全隐患，卫健委起草了《互联网诊疗监管细则（征求意见稿）》（以下简称《征求意见稿》）向公众征求意见。这份起草文件是自 2018 年《互联网诊疗管理办法(试行)》出台之后首个针对互联网医疗发布的细则,有利于促进互联网医疗行业健康、平稳、长久地发展,表明了国家维护互联网医疗秩序、规范行业准则、确保民众安全的决心。

《征求意见稿》释放出了明确的政策信号——互联网诊疗要与实体机构提供的诊疗服务实现最大限度的同质,要回归医疗服务的根本定位。其具体内容基本上延续了全程可追溯、责任倒追的原则,线上线下的要求明显一致,很多要求都是线下医疗机构的基本要求。好大夫在线创始人王航表示,《征求意见稿》旨在强调互联网医疗行业线上线下的一体化质控,将倒逼互联网平台把自己的质量控制做好。《征求意见稿》提出,医师接诊前需进行实名认证,确保由本人接诊。其他人员、人工智能软件等不得冒用、替代医师本人接诊。这对目前市场上一部分利用 AI 技术手段提供问诊服务的行为做了限制,以杜绝各类平台将非执业医师、AI 软件作为接诊、开方工具。

《征求意见稿》提出的对互联网医院的分类、诊疗范围的界定等,也为互联网医疗行业新业态打开了想象空间。业内人士分析指出,标准化监管带来的线上线下医疗服务的同质化,有利于推动互联网诊疗服务赢得医保的规模化购买,这将推动互联网医疗行业向整合型医疗服务体系方向发展,市场容量有望进一步扩大。总而言之,“互联网＋医疗”是大势所趋,此前出台的一系列政策清晰地表明国家对互联网医疗行业的鼓励和支持。《征求意见稿》进一步明确了监管规范,与一系列行业发展的利好政策一脉相承,是对互联网医疗行业规范且健康可持续发展的保护和对新业态的支持。

第十章　知识付费柠檬市场的认证机制

知识付费产业经过 2015～2017 年的迅速扩张、2018～2019 年的增速放缓，到 2020 年面临着产业的深度调整。在当前知识付费产业格局中，位于“头部”的知识付费客户端占据约 40％的市场份额，可借助用户评价、产品认证和平台认证实现认证认可；而占据 30％份额的“腰部”中小型知识产品生产者和 30％份额的“长尾”生产者提供的产品，还普遍缺乏认证认可机制，导致产品品质良莠不齐。由于知识供需两端信息不对称，知识付费市场柠檬问题严重。以治理市场中的柠檬问题、完善知识付费市场认证制度为出发点，本章通过构建理论模型，系统考察了认证信号对柠檬问题的治理效果。研究发现，认证信号会对市场需求产生影响，而且知识产品效用、认证信号接收度、知识供给者数量、高质量知识供给者占比、知识产品质量等因素都可能对知识付费市场产生影响。为优化知识付费市场认证机制，应加大对认证机构的监管力度，以确保认证信号的可靠性。认证机制的建立，需要各大知识付费客户端加强对知识生产者的培育与监管，并提供和完善用户评价功能，还需要平台间加强交流，并制定知识付费行业相关规范和认证，给用户更多保障。此外，建立第三方的知识付费内容质量评价与认证机制也非常必要。

一、引　言

自 2016 年以来，在大众消费升级、技术发展、知识供给者商业化运作等的作用下，知识付费行业得到了快速发展，其不仅拥有了大量的成交额，还逐渐改变了人们的消费习惯、消费方式。近年来，知识付费市场规模急剧扩大，由此引发了很多信息不对称问题。很多平台为了解决上述问题，将目光投向认证机制。例如，当知乎平台用户达到某话题的特定条件时，便会被平台认证为“优秀回答者”，且平台会用橙色标记来突出显示该用户的相关信息。

认证机制不仅可以有效解决柠檬市场中存在的信息不对称问题，还能借助信号功能来显著增加知识产品的销售量。在以往文献中，学者们认为可以借助认证机制来缓解市场中的柠檬问题。德兰诺夫（Dranove）和金（Jin）指出，借助于认证机制所传递的相关信息，不仅能激励消费者购买更多产品，还能激励企业生产更多高质量的产品。[①] 借助于网络平台中的相关交易数据，哈克尔（Hackl）等人对市场中的认证机制和声誉机制进行了比较，发现第三方独立认证机制对产品销量的影响更大，且花费较多认证成本对提高产品销量的作用更明显。[②] 厄兹波拉特（Özpolat）等人的研究结果显示，认证机制的引入能够明显增加市场中产品交易的可能性。[③] 基于eBay平台中的交易数据，埃尔芬贝因（Elfenbein）等学者研究了认证与产品交易量之间的关系，以及市场集中度、卖家声誉对这种关系的影响。[④] 王会娟、廖理的研究发现，采用"线上＋线下"的认证模式能够更有效地提高成交量，且对交易行为影响较大的认证指标有工作认证、房产认证、身份认证等。[⑤] 借助于理论模型和实际案例，陈艳莹、李鹏升指出，引入认证机制不仅能够吸引更多的优质卖家，还能够对市场中的声誉机制起到支撑作用。[⑥] 李明明、秦凤鸣指出信用评级可以对市场中的逆向选择问题进行治理，而担保机制则能对道德风险问题进行治理。[⑦] 赵杨等人指出，通过认证能够促使知识需求者发生更多的知识付费行为。[⑧]

在相关研究的基础上，本书主要对知识付费市场中的认证机制进行分析。首先，对无外部机制的知识付费市场进行分析；其次，对引入认证机制

① Dranove D., Jin G. Z., 2010: "Quality disclosure and certification: Theory and practice", *Journal of Economic Literature*, Vol.48, No.4, pp.935-963.

② Hackl F., Kügler A., Winter-Ebmer R., 2011: "Reputation and certification in online shops", Economics Series, Institute for Advanced Studies, 2011.

③ Özpolat K., Gao G., Jank W., et al., 2013: "The value of third-party assurance seals in online retailing: An empirical investigation", *Information Systems Research*, Vol.24, No.4, pp. 1100-1111.

④ Elfenbein D.W., Fisman R., Mcmanus B., 2015: "Market structure, reputation, and the value of quality certification", *American Economic Journal: Microeconomics*, Vol.7, No.4, pp. 83-108.

⑤ 参见王会娟、廖理：《中国P2P网络借贷平台信用认证机制研究——来自"人人贷"的经验证据》，《中国工业经济》2014年第4期。

⑥ 参见陈艳莹、李鹏升：《认证机制对"柠檬市场"的治理效果——基于淘宝网金牌卖家认证的经验研究》，《中国工业经济》2017年第9期。

⑦ 参见李明明、秦凤鸣：《担保机制、信用评级与中小企业私募债融资成本》，《证券市场导报》2015年第9期。

⑧ 参见赵杨等：《基于社会资本理论的问答平台用户知识付费行为影响因素研究》，《图书情报知识》2018年第4期。

的知识付费市场展开探究;最后,从知识产品效用、供给者数量、知识产品质量等因素出发探究认证机制的治理效果。

二、模型构建与分析

(一)基本假设

假设在知识付费市场中,有 n 个知识供给者在销售同类型但不同质量的知识产品。与此同时,有相同购买偏好的知识需求者均匀分布在知识付费市场中。为简化研究,假设售卖同类型知识产品的知识供给者为以下两类:(1)高质量的知识供给者,即在知识付费市场中创作、销售高质量知识产品的知识供给者。他们销售的知识产品质量为 α_H,销售数量在同领域中占比为 φ。(2)低质量的知识供给者,即在知识付费市场中创作、销售低质量知识产品的知识供给者。他们销售的知识产品质量为 α_L,销售数量在同领域中占比为 $1-\varphi$,$0<\varphi<1$。显然,在知识付费市场中,高质量知识供给者的产品质量要高于低质量知识供给者的产品质量,即存在 $\alpha_H>\alpha_L$。假设知识供给者 i 会向知识需求者销售质量为 α_i 的知识产品。对于知识供给者而言,售卖知识产品能为其带来一定的收益 u;对于知识需求者而言,在收集相关信息的过程中,单位时间所需支付的费用为 c。

(二)一般模式下的知识付费市场分析

当知识付费市场中没有设置外部机制时,知识需求者会基于自身对知识产品的质量预期来作出购买决策,其预期的知识产品质量为 $E(\alpha_i)=\varphi\alpha_H+(1-\varphi)\alpha_L$。假设单位时间所需要消耗的信息收集费用 c 非常高,故知识需求者在作出购买决策时将重点考虑信息收集时间这一因素。想要收集知识供给者 i 的信息,知识需求者耗费的时间为 t。假设知识供给者 i 设置的知识产品价格为 p_i。因此,当符合式(10-1)的要求时,知识需求者无论是向知识供给者 i 还是 $i+1$ 购买知识产品,其都将获得相同的收益。

$$E(\alpha_i)u-p_i-ct=E(\alpha_{i+1})u-p_{i+1}-c(\frac{1}{n}-t) \tag{10-1}$$

知识需求者预期每个知识产品的质量都相同,即 $E(\alpha_i)=E(\alpha_{i+1})$,且市场均衡时存在 $p_i=p_{i+1}$。所以,知识供给者 i 在市场均衡时拥有的市场份额为:

$$q_i = 2t = (p_{i+1} - p_i + \frac{c}{n})/c = \frac{1}{n} \tag{10-2}$$

(三)引入认证机制的知识付费市场治理模式

在知识付费市场中设置有认证机制的情况下,不同知识用户对认证机制的了解和认识可能不同,且他们付出的信息收集成本也可能不同。鉴于此,这里假设能够接收到认证信息的用户在所有用户中占比为 ε,即用户的认证信号接收度为 ε,且存在 $\varepsilon \in (0,1)$。与此同时,这部分用户会将市场中经过认证的知识供给者的产品质量判定为 α_H。对于剩下的 $1-\varepsilon$ 用户而言,他们不能准确接收到认证信息且对知识产品的质量预期为 $E(\alpha)$。此时,存在如下无差异条件:

$$[\varepsilon\alpha_H + (1-\varepsilon)E(\alpha)]u - p_i - ct = E(\alpha)u - p_{i+1} + c(\frac{1}{n} - t) \tag{10-3}$$

当知识产品的价格确定后,知识供给者一般不会受认证、声誉等外部因素的影响而出现加价行为,故依旧假定市场均衡时存在 $p_i = p_{i+1}$。因此,对于已通过认证的知识供给者 i 而言,其拥有的市场份额为:

$$q_i' = 2t = \frac{(1-\varphi)(\alpha_H - \alpha_L)\varepsilon u}{c} + \frac{1}{n} \tag{10-4}$$

所以,对于知识供给者 i 来说,认证前和认证后其所拥有的市场份额变动情况为:

$$D_q = \frac{q_i' - q_i}{q_i} = \frac{u\varepsilon n(1-\varphi)(\alpha_H - \alpha_L)}{c} \tag{10-5}$$

根据 $\varphi < 1, \alpha_H > \alpha_L$,可以知道 $D_q > 0$。这说明,进行认证能够明显增加知识付费市场中知识产品的销量。

(四)认证机制对知识付费市场的影响分析

1.知识产品效用的影响

根据式(10-5)能够知道,知识产品的效用 u 能够正向影响知识供给者的市场份额,即当知识产品的效用越多时,认证带来的销量增加效果就越显著。实践中,知识需求者会以低于产品效用收益的价格来购买知识产品。在知识付费市场中,不同领域的知识产品在价格和效用方面也不相同。根据 u 与 D_q 之间的关系可以知道,认证带来的销量增加的效果在知识产品价格较高的领域中发挥的作用更明显。这是因为,知识需求者对于高价格知识产品承受的风险较高，而他们会通过关注认证信息来降低这种风险。

2.认证信号接收度的影响

根据式(10-5)能够知道，认证信号接收度 ε 能够正向影响知识供给者的市场份额，即知识用户对认证信号的接收度越高，认证带来的销量增加效果会越显著。出现这种情况的原因是：知识需求者越了解认证制度，其越能高效地区分知识产品优劣，且越偏向于购买经过认证的知识产品。在实际情况中，知识需求者对认证信号的接收情况可能会直接或间接地受到知识产品的数量、价格、质量等因素的影响。其中，价格信息能够较直接地影响认证信号接收度，因为知识需求者会花费大量精力去判断价格高的知识产品的优劣，而在这个过程中，他们也会逐渐加深对认证制度的了解。

3.知识供给者数量的影响

根据式(10-5)能够知道，知识供给者数量 n 能够正向影响知识供给者的市场份额，即知识供给者数量越多，认证带来的销量增加的效果越显著。在知识付费市场中，要想判断知识产品的质量，知识需求者需要支付信息收集费用，当知识供给者越来越多时，收集信息支付的费用就越大，此时，借助认证机制所能节省的费用就越多。此外，知识供给者数量越多表明市场竞争越激烈，而借助认证机制能够明显地帮助知识供给者提高竞争力。

4.高质量知识供给者占比的影响

根据式(10-5)能够知道，高质量知识供给者占比 φ 能够反向影响知识供给者的市场份额，即高质量知识供给者数量越多，认证带来的销量增加效果会越不明显。在知识付费市场中，不同领域的知识产品的平均质量也不相同。根据 φ 与 D_q 之间的关系可以知道，认证带来的销量增加效果在知识产品平均质量较低的领域中发挥的作用更明显。这是因为，知识需求者在知识产品质量较低的领域中承受的风险较高，而他们会通过关注认证信息来降低这种风险。

5.知识产品质量差额的影响

根据式(10-5)能够知道，知识产品质量差额 $\alpha_H-\alpha_L$ 能够正向影响知识供给者的市场份额，即知识产品之间的质量差距越明显，认证带来的销量增加效果就会越显著。不同知识产品之间的质量差距越大，意味着不同知识产品之间的效用收益差距越明显。因而，为了确保自身的利益，知识需求者会深入了解认证机制并借助这一机制来帮助自己作出购买决策。同样地，知识产品之间的质量差额越小，意味着它们之间的效用收益差距越小。此时，深入了解认证机制并不能为知识需求者带来更多的利益，故认证机制难以发挥较大的销量增加作用。

三、结论与讨论

近几年，在知识付费平台、市场环境等的推动下，人们逐渐适应并接受“为知识付费”这一市场发展趋势。与此同时，人们对知识产品的质量也提出了更高的要求。但是，随着知识用户、知识产品、知识服务、知识付费平台等数量的增多，知识需求者在筛选知识产品过程中所消耗的时间和成本都明显增多。为此，喜马拉雅、知乎等知识付费平台开始引入认证机制。这一机制的引入不仅能够帮助平台中的知识需求者高效率地区分知识产品优劣，还能明显增加高质量知识产品的市场需求，这将激励知识供给者提供更多的优质知识产品。

在均衡分析的基础上，本书围绕知识付费市场构建了一个理论模型，用以探究认证机制对市场中柠檬问题的治理效果。研究发现，认证机制会对知识付费市场中的知识产品需求产生正面影响。通常，当知识供给者通过认证后，知识需求者将会增加对其知识产品的需求，但当改变某些因素时，知识产品的需求量也会随之变化。其中，知识产品效用、认证信号接收度、知识供给者数量、知识产品质量差额等因素的增加会为知识产品认证带来更多的需求，而高质量知识供给者占比的增加会使得知识产品认证带来的销量增加幅度降低。结合以上研究结论，本书提出如下建议：

(1)加强对认证机构的监管。在认证机构无作假行为的前提下，本书认为认证机制的建立不仅能够增加知识产品的销量，还能对市场中的柠檬问题起到缓解作用。但是，随着知识付费的快速发展，各知识付费平台为了吸引用户纷纷降低准入门槛。在这种情况下，认证机制虽然能够促进这一行业的发展，但激烈的市场竞争很可能会促使这些平台实施虚假认证行为。有关部门应加强对知识付费平台的监管以保证市场的良好运营。近年来，知识付费市场经常发生违法、违规事件，监管部门也针对这些事件采取了很多举措，例如罚款、暂停网络服务、下架等。知乎平台也曾因管理不善、涉嫌存在违法行为被下架 7 天。[①] 各知识付费平台在面对范围广、内容深的认证信息时常捉襟见肘，屡屡发生认证失误事件。所以，相关监管部门应加强对知识付费平台的监管，并提高对违法违规行为的处罚力度。同时，消费者、知识付费行业协会等也应加强对平台的监督。希望知识付费平台在多

① 参见《知乎 App 因违规信息被下架 7 天，一周后恢复》，“网易科技”报道，2018 年 3 月 2 日。

方力量的监管下,可以不断提高平台认证信号的可信度和权威性。

(2)防止过度认证或认证不足等问题的发生。在认证机制运行过程中,需要花费运营、监管、维护等一系列成本。当用户以认证为目标而忽视提升自身专业水平时,其就可能陷入“认证怪圈”中,即忽略知识付费市场的实际需求而将相关的认证要求视为创作知识产品的准则。此时,认证机制的存在将促使市场中出现更多的投机行为。当用户重复、过度地进行认证时,其将花费大量的认证成本,而若市场中缺乏相关认识时,用户将遭受巨大损失。因此,知识供给者应专注于提高知识产品的质量,而优质的知识产品不仅能够为其带来巨大收益,还能使其以较低的成本通过认证。当前,知识付费市场中不仅存在过度认证的情况,还存在认证不足的情况。为此,可以根据上述的研究结果对各知识领域的认证制度作出改进。例如,知识付费平台应该控制市场竞争小、优质知识产品多、知识产品价格低等领域中的认证项目,因为在这些领域中认证制度的效果并不明显且会增加各方的成本。知识付费平台应加强市场竞争大、优质知识产品少、知识产品间的质量差距大、知识产品价格高等领域中的认证制度建设,因为在这些领域中认证制度能够显著增加知识产品的销量。

(3)制定科学、合理的认证标准。在知识付费市场中,过高的认证标准将耗费用户大量的成本,过低的认证标准将会降低认证的可信度,因而需要制定一个科学、合理的标准来充分发挥认证机制的作用。研究显示,当认证标准比平均水平稍高时,知识付费市场中的认证覆盖率将处于一个合理的区间,这不仅能够显著增加知识产品的销量,还能够提高知识产品的平均质量。因此,知识付费平台应将认证标准设置在一个比平均水平稍高的区间内,并根据知识领域的不同设置相应的认证标准。此外,知识付费平台还应积极向用户宣传其认证机制及相关标志,坚持对已通过认证的知识用户进行监管;当已认证用户出现违法、违规行为时,平台应及时处理并向社会公布。

四、案例:知识付费市场上的认证乱象

随着用户数量剧增,知识付费市场也大规模兴起。存在利好的同时也存在不少鱼龙混杂的现象,例如:有些知识付费产品以假乱真,利用虚假证书文件诱骗消费者;部分无良商家利用盗版软件欺骗消费者;部分职业讲师资历作假或是中途“跑路”;等等。

(一)问题一:"证书"诱饵

当前,国家出台了知识付费相关政策,进一步强化了知识产权保护,随之知识付费产业快速扩张。从记者采访中得知,某些知识付费平台利用学员想要假证书提升资历的心理,夸大知识付费产品的作用,引诱学员付费。

例如:某平台在组织"少儿围棋"课程时曾承诺,如果报名此课程,就能优先参与围棋等级考试并取得等级证书。但事实上该考试是平台自己举行的,所谓的"等级证书"也并未得到专业机构的审核认证。

在黑猫投诉平台上,类似于虚假证书事件不胜枚举,比如有学员报名参加了国际注册心理咨询师技能培训班后才发现拿到的证书无效;还有学员报考了二级建造师,平台宣传的是可以"免考"且证书真实有效,但当收到"证书"时学员却发现上面连印章都没有,实际是一个工程协会继续教育的结业书。

(二)问题二:无资历讲师

目前,很多知识付费平台惯用资深名师做"诱饵",引诱消费者报名参加培训课程。实际情况却是平台大肆包装了讲师的实力,抑或是开讲后调换成普通老师,此时学员们已交了报名费,进退两难。

(三)问题三:代充乱象

低价代充现象之所以存在,是由于部分消费者觉得一些知识付费平台的收费较高,在贪小便宜心理的作用下,这些消费者倾向于寻找更低价位的购买渠道。一些平台营造出一种评论区好评如潮的假象,诱使消费者上当受骗。有消费者透露,代充方通过后台为消费者充值订购,但后期再予以取消,再加上事先有"不提供售后服务"的规则,导致消费者无权声讨。有记者采访淘宝店主得知,即使店铺严重违规被勒令停止经营,依然可以重新更改IP和注册新身份再次开店,由此消费者的权益难以保证。

根据《中华人民共和国网络安全法》《互联网视听节目服务管理规定》等法律法规以及国家广播电视电影总局等有关政府部门的监管要求,也为了更好地规范网络市场管理秩序,应对入驻的知识付费类商家的资质提出如下要求:

(1)直播类商家入驻时无须提交其他资质类材料,但需遵守知识付费产品协议中的内容。

(2)音频/视频类商家入驻时,除需提供工商营业执照以外,还需提供出版物经营许可证。

(3)图文类商家入驻时,除需提供工商营业执照以外,还需提供出版物经营许可证。

用户购买知识付费产品属于消费行为。《中华人民共和国反不正当竞争法》《中华人民共和国消费者权益保护法》及《中华人民共和国广告法》等法律都有对虚假宣传的处理规定,若存在虚假宣传,要以维护消费者的权益为中心来裁定。北京中闻律师事务所的赵虎律师曾对"少儿围棋课"中提供的等级证书考试进行批判,认为存在虚假宣传,涉及违法行为。同时,赵虎还提醒消费者,当购买知识付费产品时,要提高警惕,详细咨询相关服务,做好证据的留存,并且遇到问题时要积极维权。北京国双律师事务所合伙人许旭律师呼吁,如果消费者上当受骗了,应该要求平台按照合同约定返还费用;若得不到赔偿,要积极维权,进行投诉、举报甚至向法律部门报案。许旭还表示,针对代充平台欺诈消费者行为,消费者要保留好转账、聊天等记录,作为报案的证据,让有关部门依法处罚弄虚作假的平台。

第十一章　案例分析——知乎

知乎凭借认真、专业、友善的社区氛围，独特的产品机制以及结构化和易获得的优质内容，已成为综合性、全品类、在诸多领域具有关键影响力的知识分享社区和创作者聚集的原创内容平台，建立起了以社区驱动的内容变现商业模式。同时，知乎也面临着柠檬市场的困境，优质内容生存维艰。本章通过构建收费机制、信号传递机制、声誉机制、质保机制和认证机制来治理知乎平台中的柠檬问题，以期为知识付费运营商提供管理经验。

一、知乎简介

在互联网时代，随着知识付费的不断发展，知识市场中涌现出了大量知识付费平台。经过长期的沉淀积累，大量的知识供给者和知识需求者汇聚于知识付费平台，"知识付费""知识产品""知识用户""知识经济""知识服务"等概念也逐渐被人们广泛讨论。[①] 根据《中国共享经济发展年度报告(2019)》，2018 年我国知识技能领域的交易规模达 2353 亿元，其交易额占整个共享经济市场的 8%，增长速度在整个共享经济市场中位居第三。[②]

作为知识付费平台的典型代表，知乎是一个开放、真实、可信赖的社交化网络问答平台，其希望能够为用户营造一个方便、快捷的知识分享环境，让用户能够自由地分享经验、知识、观点。知乎中汇集了各类知识用户，他们的职业涉及科技、医疗、商业、教育、旅游等多方面，用户能够在这一专业、

① 参见蔡舜等：《知识付费产品销量影响因素研究：以知乎 Live 为例》，《管理工程学报》2019 年第 3 期。

② 参见国家信息中心/国家电子政务外网管理中心：《中国共享经济发展年度报告(2019)》，http://www.sic.gov.cn/News/557/9904.htm，2019 年 3 月 1 日。

认真、友善的知识社区中遇见更多的人、探寻更大的世界。知乎用户们通过知识建立信任和连接，对热点事件或话题进行理性、深度、多维度的讨论，分享专业、有趣、多元的高质量内容，打造和提升个人品牌价值，发现并获得新机会。

知乎运营初期，主要以“邀请制”来汇聚各行业的专家、精英，这些用户的入驻不仅为知乎营造了一个专业化、高质量的社区氛围，还为知乎吸引了更多的优质用户，且在行业内产生了良好的口碑。2013 年，考虑到发展问题，知乎降低了其注册门槛，允许公众自由地进入。注册制度的改变使大量用户涌入平台，平台用户数量在一年的时间内由 40 万飙升至 400 万。在 2018 年 11 月底，知乎平台中的用户数已突破 2.2 亿，同比增长 102%，其问题数超过 3000 万，回答数超过 1.3 亿。2019 年 8 月 12 日，知乎宣布完成 F 轮融资，总额 4.34 亿美元。知乎能够获得这么多的融资也表明了其具有巨大的发展潜力。根据 IT 桔子数据显示，截至 2019 年 8 月 14 日，知乎共计完成 7 轮融资，投资方包括腾讯、百度、创新工场等机构。[①] 目前，知乎已发展成为知识付费领域的“头部企业”，其品牌影响力也在不断扩大。

二、知乎平台中柠檬问题的治理机制

在知识付费市场中，知识付费平台不仅要为知识用户构建和谐、安全、稳定的环境，还要制定相应的制度来规范、约束用户的行为。在知乎平台中，用户可对不同领域的知识产品进行搜索，其搜寻结果中会呈现价格、评分、销量、知识产品或知识供给者简介等信息，这些为知识需求者的购买行为提供了参考。对知识需求者而言，在支付之前，其不仅要考察知识产品的相关信息，还会查阅知识供给者的信息，不过这两个操作并不存在明确的先后顺序，目的都是尽可能地减少信息不对称程度。本书根据前面的探究结果，对知乎平台应对柠檬问题所采取的措施进行了分类，具体划分见表 11-1。

---

① 参见 IT 桔子：《知乎完成 7 轮融资，累计获投超 8 亿美元——2019 知识付费“马太效应”更加明显》，2019 年 8 月 21 日。

表 11-1　知乎平台中柠檬市场治理机制的归类

信息分类	相关内容	具体信息	治理机制类别
知识付费平台信息	内容价值化	想法	收费机制
知识付费平台信息	内容价值化	专栏	收费机制
知识付费平台信息	内容价值化	付费咨询	收费机制
知识付费平台信息	社交网络化	圆桌	收费机制
知识付费平台信息	社交网络化	Live	收费机制
知识付费平台信息	社交网络化	私家课	收费机制
知识付费平台信息	场景生态化	广告	收费机制
知识付费平台信息	场景生态化	知乎书店	收费机制
知识付费平台信息	场景生态化	不知道诊所	收费机制
知识产品信息	价格	知识产品/服务的价格	信号传递机制
知识产品信息	详情	内容简介	信号传递机制
知识产品信息	详情	内容大纲、目录	信号传递机制
知识产品信息	详情	作者简介	信号传递机制
知识产品信息	评论	点评	声誉机制
知识产品信息	评论	评分	声誉机制
知识产品信息	记录	交易数量	声誉机制
知识产品信息	记录	阅读、浏览记录	声誉机制
知识产品信息	记录	对内容赞同或感兴趣的用户数	声誉机制
知识产品信息	专享服务	试听/试读/试看	质保机制
知识产品信息	专享服务	七天无理由退款	质保机制
知识产品信息	专享服务	可无限回听	质保机制
知识产品信息	专享服务	可按章节收费	质保机制
知识产品信息	专享服务	旁听	质保机制
知识产品信息	专享服务	举报	质保机制
知识产品信息	专享服务	知乎众裁	质保机制
知识产品信息	专享服务	回答折叠	质保机制
知识产品信息	专享服务	禁言	质保机制
知识供给者信息	个人信息	居住地	信号传递机制
知识供给者信息	个人信息	所在行业	信号传递机制
知识供给者信息	个人信息	职业经历	信号传递机制
知识供给者信息	个人信息	教育经历	信号传递机制
知识供给者信息	个人信息	个人简介	信号传递机制

续表

信息分类	相关内容	具体信息	治理机制类别
知识供给者信息	机构信息	所在行业	信号传递机制
		机构网站	信号传递机制
		机构简介	信号传递机制
		机构主体	信号传递机制
	动态	回答	信号传递机制
		提问	信号传递机制
		文章	信号传递机制
		专栏	信号传递机制
		想法	信号传递机制
		收藏	信号传递机制
	关注	关注的人	信号传递机制
		关注的话题	信号传递机制
		关注的问题	信号传递机制
		关注的专栏	信号传递机制
		关注的收藏夹	信号传递机制
	认证	个人/机构认证	认证机制
		优秀回答者认证(针对某一话题,如互联网、摄影)	认证机制
		专业认证	认证机制
		活跃回答者认证	认证机制
	成就	知乎收录	声誉机制
		获得赞同(感谢、收藏、专业认可)	声誉机制
		参与公共编辑	声誉机制
		知乎众裁官	声誉机制
		出版作品	声誉机制
		举办的 Live	声誉机制
		关注者	声誉机制
	徽章	专业徽章	声誉机制
		成就徽章	声誉机制

(一)收费机制

1.内容价值化

目前,知乎在内容价值化盈利方面主要涉及三个板块:专栏、想法和付费咨询。这三个板块以具体化、多样化的形式对内容进行展示,从而实现内容价值化盈利。①

1)专栏

知乎是中文互联网高质量的问答社区和创作者聚集的原创内容平台,于2011年1月正式上线,在2016年3月面向全部用户开放写作。当关注的人新发表了文章,或关注的专栏更新了文章的时候,用户就会在消息列表收到提醒。在专业化方面,知乎专栏在前期申请和后期创作时都由专业化团队运作。目前,专栏的盈利来源有三点:第一,依靠粉丝"打赏"优质内容,"打赏"金额一般为2～100元;知乎推出了"知乎周刊""一小时""知乎·盐"三个出版物系列,也是"打赏"的主要来源。第二,与相关企业合作打造栏目主题。第三,发布满足用户某种需求的搜索广告并从中获利。

2)想法

2017年8月,知乎全新的知识分享模式——"想法"开启内测。新推出的"想法"能够使用户即时、随意地分享灵感和观点,极大地丰富了内容创作渠道。在视频、图片、语音、文字等技术的支撑下,用户可以进行多样化的内容分享。近几年,知乎在升级迭代的步伐上明显加速。而作为知乎在知识和社交平台定位上的一次全方位升级,新版本重磅上线的四大板块无一不具有行业颠覆性。目前,"想法"主要从两方面为知乎带来间接收益:一方面,大量碎片化技能知识的共享可以激发消费者的学习欲望,进而通过电子书、Live、私家课等方式来进行付费学习;另一方面,通过对平台数据的检测,挖掘消费者的潜在需求,可以将数据分析成果在相关行业进行销售,也可以与企业建立长期合作机制,进而实时掌握市场动态,把握市场走向。

3)付费咨询

知乎的付费咨询项目——"值乎"在2016年4月上线,其口号为"说点有用的"。在技术上,值乎主要依托于支付技术和数据筛选匹配技术。基于支付技术,用户可以安全、快速地盈利。而借助于数据筛选匹配技术,平台

---

① 参见简旭、常江波:《知识付费盈利模式研究——以知乎为例》,《郑州轻工业学院学报》2018年第5期。

能够快速实现问答匹配。在内容上，值乎主要以语音的方式来实现内容共享。在专业划分上，值乎包括心理学、医学、职业规划、法律等20多个专业。知乎主要的盈利模式有三种：第一，直接咨询。用户可以就某一问题选择答主进行咨询。第二，问题学习。对于感兴趣的问题，用户可以付费1元进行学习。第三，合辑学习。知乎将知识按照类别形成合辑，在用户提问后，系统自动进行筛选匹配。

2.社交网络化

目前，知乎在社交网络化盈利方面主要涉及三个板块：Live、圆桌、私家课。这三个板块通过不同的交互模式，将陌生人以网络化的方式进行连接，发现社交网络化中潜在的商业价值，从而在知识的创造主体中实现盈利。

1)Live

2016年5月，知乎推出了实时付费问答产品“知乎Live”，该产品能够使问答双方围绕特定话题实时交流。在市场方面，通过对内容创作模块中的用户数据进行分析，实时、准确地把握市场动态，进而可以有针对性地举办关注度高、利润空间大的Live。同时，知乎为内容生产者提供一些营销手段(优惠活动方案配套)以及一个与用户互动的良好场所(互动区的设计)，真正实现“信息找人”，让用户得到最大价值的播放体验，形成良好的课程口碑及产品口碑，使用户自发传播。

2)圆桌

知乎圆桌就是围绕一个特定主题，组织线上的用户进行讨论，在这个过程中会产生新的问题以及回答，也会有更多的专业人士进行点评分析，解答疑惑。圆桌活动一般设有5～8位嘉宾，为期一周，需收录优质内容(问题、回答、文章等)。每场圆桌会议至少讨论20～30道“问题”，20～30道“回答”，多多益善。在多元化方面，知乎积极吸引宝马(中国)、京东金融、腾讯体育、奔驰等各类机构入驻，企业在分享知识的同时也带来了利润增长。知乎圆桌在2017年主办的“减脂进行时”，浏览量超过4000万人次。而依托大流量，一方面知乎可以吸引更多的企业入驻创办机构账号，另一方面知乎也能够借助良好的数据来吸引企业进行投资及广告投放。此外，知乎圆桌中创造的相关知识，也可以通过付费的方式申请转载以实现盈利。

3)私家课

私家课是平台知识从碎片化转向专业化、系统化的尝试。互联网知识最大、最显著的特性就是碎片化，用户的需求是随时随地产生的，知乎上的知识形态最直接的需求是用户碎片化的需求。与实时问答的Live相比，私家课主要采用预先录制的方式进行私课教授，可以在较长时间内带来盈利。在社交方面，私家课中的主讲者一般为行业领军人物，凭借较强的影响力和专业能力形成良好的知识口碑，进而吸引更多人购买。

3.场景生态化

知乎在场景生态化盈利方面主要涉及广告、知乎书店和不知道诊所。线上线下相结合的方式不仅是对内容价值化的一种重新认可和回归，更能通过与新兴知识付费产业的互补，建立起共生共荣的生态格局。

1)广告

近年来，原生广告成为国内外广告与传媒业关注的热点话题之一。原生广告将内容与环境高度融合，通过新奇、友好的宣传形式使消费者、广告主、社交媒体三方实现共赢。在组织方面，知乎既积极协调企业内部运行，又与其他企业建立良好的合作关系，其良好的组织协调与分工能力使得企业不断产生具有创意的广告。在生态化方面，知乎在产品发展过程中就进行了战略布局，从“机构账号”到“原生广告”，再到如今的“品牌提问”，其一系列产品背后的商业逻辑一脉相承。在场景方面，知乎通过对话、视频展示等多种形式对企业进行品牌曝光，不断向人们传递企业文化及深层的品牌信息，从而为企业带来更多的用户。目前，DR钻戒、凯迪拉克、中国平安等企业在知乎上通过品牌提问、专栏、Live等方式来实现品牌推广，而知乎也能够从中获得盈利。

2)知乎书店

2013年8月，知乎推出第一本《知乎周刊》；从2014年4月开始，知乎又陆续推出了“知乎・盐”系列、“一小时”系列以及“知乎周刊Plus”等付费电子书，这些电子书有的是将回答、文章进行深度编辑和扩展，有的是完全针对特定主题单独约稿成书。至2022年年底，知乎一共发布了超过300本电子书，频繁占据各排行榜前列，被购买或下载超过2600万册。借助于多形式的内容生产模块，知乎积极打造一体化的知识生产、处理及销售系统，而知乎书店作为知识销售端口，在拓宽企业盈利渠道的同时也带来了高额的利润。在场景方面，知乎重新引回电子书阅读场景，连接起平台内电子书的购买、阅读，继而产生新知识和见解的闭环，实现了知识生产和再组织。知乎书店作为电子书分销平台的一大优势就是用户流量，根据艾瑞网的数据监测系统，知乎移动App在2020年10月活跃设备数达到5623万，其网页端覆盖用户由2020年1月的1.43亿增长到10月的1.87亿，增势迅猛。知乎推出的四个电子书品牌满足了用户不同场景的阅读需求，凭借其优质内容，知乎也能够获取出版收益。截至12月，知乎电子书下载量已破8700万册。

3)不知道诊所

2017年11月，知乎打造了一间创意体验馆——不知道诊所。在场景方面，知乎通过模拟真实的诊所场景，借助于内科、口腔科、心理科等六大科室对知识进行了可视化、具体化展示。在生态化方面，知乎将以往的优质内容以及热门人物通过场景化的方式组织在一起，在进行品牌宣传的过程中也对产品和人员进行了推广。例如，在内科诊室的墙壁上，布置了100本知乎电子书，而热门答主与用户面对面的交流也可以为答主吸引更多的用户，从而增加其咨询、Live、书店等的消费量。一直以来，知乎“专业”的品牌形象都深入人心。而随着从知识社区向知识平台的转化，知乎也从原本外人眼中的“小众社区”转型为大众化的知识平台。在此过程中，知乎需要进一步向用户展示自身“有趣、多元”的另一面。

(二)信号传递机制

1.知识产品的价格

对知识需求者而言，在其购买知识产品或服务的整个过程中，价格信号一直无形地影响其决策行为，且能够对付费行为产生积极或消极的影响。在这个过程中，当价格被知识需求者视为积极信号时，其代表知识产品的质量或知识供给者的影响力；当价格被知识需求者视作消极信号时，其代表知识产品的创作成本，当价格越高时，知识需求者付出的经济成本也越高。在知识市场中，某些知识产品只需生产一次即可多次售卖，这一特性使得知识产品的价格更多地代表产品的价值而非简单的生产成本。与此同时，在知识付费市场中，知识产品的价格制定者可能是知识供给者也可能是知识付费平台。当知识付费平台拥有价格决定权时，其会制定统一或差距较小的价格，且整个知识付费市场的平均价格会降低，而这样容易打击优质知识供给者的积极性，且会吸引大量劣质知识供给者的加入。这样发展的结果将是优质卖家退出市场而劣质卖家盛行。当知识供给者拥有价格决定权时，“价格反映知识产品的质量”这一观念容易让知识供给者偏向于定高价，这样会使整个知识付费市场的平均价格上浮，长久下去会使大量知识需求者流失。实际上,知识付费平台和知识供给者会想尽办法来增加销量,如其会通过打折、广告宣传、降价、线下互动、会员福利等方式来吸引知识需求者。因此,知识产品价格虽然能够帮助知识需求者在复杂的知识市场中作出决策,但其很难发挥显著的信号显示作用。

在知乎平台中,“付费咨询”“Live”“知乎书店”“课堂”“读书会”等定价方式都比较多样。在“付费咨询”中,主要由知识供给者制定价格,其会综合考虑知识产品的价值、成本、质量等多种因素,此时价格会起到一定的信号显示作用。但是,在“付费咨询”中有一项“偷听”功能,知乎平台统一定价1元,此时价格并未起到信号显示作用,也不能够帮助知识需求者作出决策。在“Live”“课堂”中,一般由知识供给者定价,但部分知识产品会对知乎会员免费,此时,知识产品价格能够起到一定的信号显示作用。在“知乎书店”中,有些图书由知乎平台统一定价,有些由知识供给者自行定价,价格所发挥的信号显示作用需根据实际情况进行判断。在“读书会”中,知乎平台采取统一的定价方式,一般都是9.99元,且对于会员全部免费,此时价格难以发挥信号显示作用。总体而言,知乎平台采用平台、供给者交叉定价的方式,从而使得知识市场维持一个相对稳定的状态,但整体而言,价格并未发挥较为显著的信号显示作用。

2.知识产品详情

在长期的运营过程中,知乎平台不断地对自身进行完善、优化,并根据知识产品的形式、类型等制定了明确的知识产品详情发布制度。具体包括:(1)规范化的发布程序。在发布知识产品详情时,知识供给者必须依照平台规定程序正确发布。(2)规范化的发布内容。对于发布的知识产品详情,知识供给者要确保发布内容的真实性和全面性。(3)规范化的发布形式。在发布知识产品详情时,知识供给者需要根据平台提供的标准格式来发布。在知乎平台中,知识产品详情主要包括内容简介、内容大纲、内容目录、作者简介等内容。(4)规范化的发布数量。在发布知识产品详情之前,知识供给者需要对相关内容进行筛选,剔除无关信息,选择重要信息进行发布。明确的产品详情发布制度,不仅能够解决信息不对称和信息冗余的问题,还能为知识付费平台、知识供给者、知识需求者等节省成本。

3.知识供给者信息

知识供给者信息主要包括知识供给者的详细资料、动态及关注等。虽然知识供给者的详细资料不存在沉淀成本,但能够客观反映知识供给者的职业经历、受教育经历等。对于身处不同行业、拥有不同经历的知识供给者而言,详细资料之间存在着明显差别。因此,知识需求者可以根据知识供给者的详细资料来预估知识产品的质量。在动态、关注等方面,知识供给者通常需要投入大量的沉淀成本,且具有不同知识水平的知识供给者的信息也存在明显差异,因为这些信息需要知识供给者长期的精心运营和维护。知识供给者的动态信息是一种典型的信号传递机制,在一定程度上对其提供的知识产品质量有暗示作用。

知乎平台一般不会对知识供给者提供的信息进行过多干预,其对知识供给者信息的管理主要集中在:(1)规范知识供给者的详细资料。知乎平台中的供给者信息有一个固定的格式,目的是实现用户详细资料的标准化和精简化,确保"信息对称"的有效性。个人和机构所提供的详细资料有所不同。其中,个人用户需要提供居住地、所在行业、职业经历、受教育经历、个人简介等信息,如图 11-1 所示;机构用户需要提供所在行业、机构网站、机构简介、机构主体等信息,如图 11-2 所示。(2)检查知识供给者的动态、关注信息。在知乎平台中,用户的即时信息会被记录和存储但很难被修改,这不仅能够保证知识供给者动态、关注信息的真实性,还能够保证质量暗示的有效性。用户的动态信息包括回答、提问、文章、专栏、想法、收藏等,关注信息包括关注的人、关注的话题、关注的问题、关注的专栏、关注的收藏夹等。在相关算法的作用下,知乎平台对知识供给者的动态、关注信息进行统计,并以一定的模式进行展示,从而实现用户动态信息的标准化和精简化。

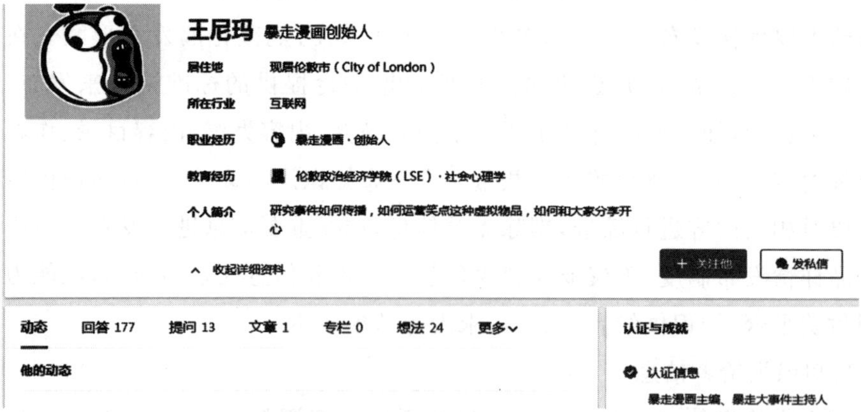

图 11-1 知识供给者(个人)信息

图 11-2　知识供给者(机构)信息

(三)声誉机制

1.知识产品声誉

在知识付费市场中,知识产品声誉主要包括评价、综合评分、交易数量、浏览记录、感兴趣数量等信息。知识产品作为一种典型的体验型产品,只有在消费后才能对其质量作出客观的判断。在产品评价模块,会显示评价数量、评价时间以及具体的评价内容。用户只有在购买相关知识产品后才可以进行评价,这些评价信息是知识需求者对知识产品作出的主观评价,其包含着用户的使用经历、体验和感受。一般而言,用户可以自由地发表自己的观点、看法,这些较真实的使用感受能够为其他用户提供决策参考。其中,评价数量信息能够对知识产品的质量起到暗示作用,具体的评价信息能够缓解知识供给者和知识需求者之间的信息不对称程度,让知识需求者了解更多的产品信息。如今,评论信息在用户的付费决策过程中起着越来越重要的作用。在产品评分模块,不仅会显示产品的综合评分,还会显示好评、中评、差评等信息,这些信息会以显性声誉信号的方式进行传播,不仅能够暗示产品质量,还能在无形中影响知识需求者的购买决策。在交易数量模块,会显示知识产品的交易总量,这一数据能够间接地暗示产品质量。在浏览记录模块,会显示用户浏览某知识产品的总数量。在感兴趣数量模块,会显示用户对知识产品标注的数量总额。在知识付费平台中,用户会对自己感兴趣的内容进行标注以便之后能够快速找到相关内容。标注的人数越多，意味着潜在的知识需求者基数也就越大，即知识产品的销量越高。一般来说，知识付费平台会将浏览数量、赞同数量、感兴趣数量等进行统计并展示，这些信息能够发挥“信息对称”和“质量暗示”作用，这将对潜在知识需求者产生正向影响。对于知识产品声誉而言，产品评论、交易数量、感兴趣数量等虽不能带来直接的价格溢价，但能够对成交可能性产生影响，且能对知识产品起到营销宣传作用。

为规范管理知识付费平台，确保相关信息的真实可靠，知乎平台制定了一系列的评价制度。具体内容包括：(1)评价的资格。在“付费咨询”“Live”“读书会”等模块中，知乎设立了明确的评价门槛，即只有在平台中购买相应知识产品的用户才能评价，这在一定程度上确保了评价信息的真实性，且能降低买卖双方的“合谋”行为。(2)评价的方向。在知乎平台中，为了规范知识需求者的评价信息，确保其评价真实、有效，平台会对知识需求者的评价行为进行约束。例如，在知乎书店中，对于已经评价的信息，其他用户可以进行点赞、评论、举报，这样可对知识需求者起到激励和震慑作用。(3)评价更改。知乎赋予了评价方修改、删除的权利，对于不合适、有争议的内容，知识需求者拥有修改的权利。但是，在整个评价过程中，知识需求者都有完全的自主决定权，这能够在一定程度上制约知识付费平台的不规范操作。(4)评价规范。在知乎平台上，所有知识产品的评价信息都需要遵循法律规定和平台规定，违规的评价信息将无法通过平台的审核。(5)评价累计。在知乎平台上，产品评分、交易数量、浏览记录、感兴趣数量等信息都是由系统根据规则自动生成的，这有助于降低人为因素的干扰，保持数据的客观性。

2.知识供给者声誉

在知识付费平台中，知识供给者的声誉信号具有成本特征。为了在平台中获得高声誉，知识用户会通过提问、回答、发布动态、发表观点、举办活动等方式来获得更多的平台曝光率，但举办这些活动需要花费用户大量的时间和精力且难以转化为直接的收益，故平台用户很少去组织这些活动来获得声誉。知识供给者声誉虽不能为自身带来直接收益，但其能够形成一定的行业口碑，且能够为自己的知识产品带来声誉溢价。因而，知识供给者会尽可能地约束自己的行为，且不断地创造高质量的知识产品。知识供给者在采取广告宣传、线下营销、打折降价等方式来刺激消费时，可能会影响知识需求者的质量预估。此时，知识产品的成交会受到知识供给者声誉的影响，但产品成交价格不会受到影响。知识供给者声誉除了能够为其带来声誉溢价，还能为其吸引更多的关注者。当平台用户关注、浏览、阅读、收藏知识供给者的相关信息时，就会产生一定的成交可能性。用户关注数量越多，成交数量也就越多。

为确保知识供给者声誉的真实性，激励其创作更多优质内容，知乎平台推出了一系列举措，具体有：(1)知乎盐值。为方便用户更好地进行交流，形成认真、专业和友善的分享意识，知乎对每个用户的行为都进行了智能识别和加权计算，并形成了由基础信用、内容创作、友善互动、遵守公约、社区建设五大维度构成的知乎盐值体系，如图 11-3 所示。盐值的浮动会对应不同的账号权益和权限，还直接作用于内容的推荐系统和赋权系统。一般来说，当用户的知乎盐值较高时，表明该用户更专业、更可靠。(2)知乎收录。对于质量较好的回答、文章，知乎平台会进行收录，根据内容、形式等的不同，这些内容会被“编辑推荐”“知乎圆桌”“知乎周刊”“知乎日报”等收录，对于已收录的内容，知乎会在相关内容上面做出标识。(3)获得赞同。用户认可数据能够帮助人们更快地识别高质量知识产品和高质量知识供给者。知识产品的赞同数可以反映其质量水平，知识供给者获得的总赞同数可以表明其在某些领域的专业化水平。在知乎平台中，“获得赞同”模块中会显示该用户总共获得的“喜欢数量”“收藏数量”及“专业认可数量”，这些信息在一定程度上反映了知识供给者的质量水平。(4)出版作品、举办的 Live。知乎平台会对知识供给者以往的出版作品、Live 等进行展示和统计，这些成果对知识供给者的质量水平具有暗示作用。(5)知乎众裁官。在知乎平台中，每一位知乎盐值达到 500 分，且最近 30 天无违规行为的用户，都有机会通过参加社区价值观和社区规范考试成为众裁官。众裁官个人主页会展示“知乎众裁官”身份标识，满足一定条件后还会显示参与众裁数量和众裁观点得到的赞同数。(6)徽章。为鼓励用户在平台中进行正向互动，知乎平台设置了徽章，用户可以通过“赞同”“关注”“回答问题”等行为获得徽章奖励，提升徽章等级，如图 11-4 所示。例如，当知识供给者提供的内容受到专业认可时即可获得“专业”徽章，其数量代表了知识供给者的专业创作能力；当用户获得 50 万个“赞同”时即可获得“有口皆碑”徽章；当用户被 10 万个人关注时可获得“备受瞩目”徽章；等等。

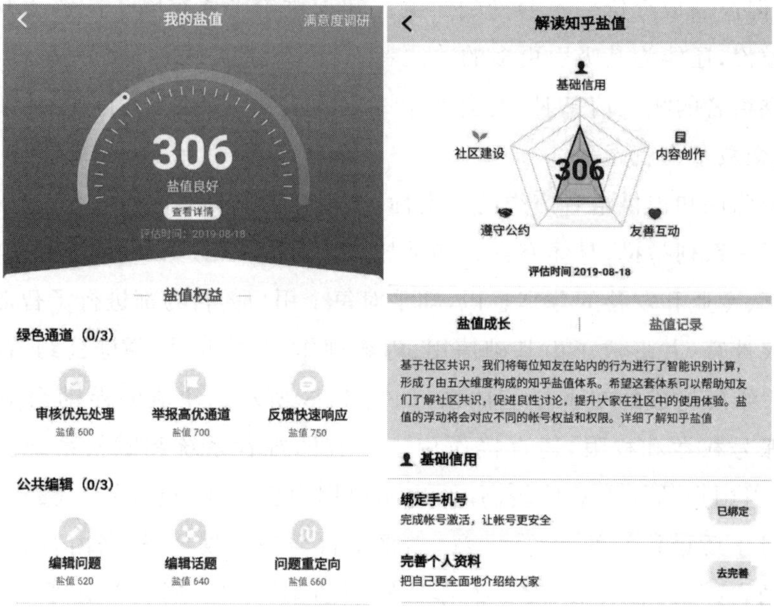

图 11-3　知乎盐值

图 11-4　知乎徽章

（四）质保机制

知识产品作为一种典型的体验型产品，要评价其质量好坏，需要用户亲自去体验。鉴于此，知乎在平台中推出了试听、试读、试看、按章节收费、旁听等服务，可以让知识需求者对知识产品进行直接体验，进而决定是否购买。这些服务不仅会激励知识供给者生产高质量产品，还会对知识需求者起到质量暗示作用。此外，为保障用户的权益，提高平台内知识产品的质量，知乎还推出了一系列质保制度，具体有以下几点：

(1)知乎众裁。为了更好地维护平台的运行秩序，知乎推出了“众裁”机制。知乎众裁是用户参与平台争议问题解决的一种机制，即向用户提供更多改变平台的能力，将不友善、低质内容等开放给用户参与判断。对于具有争议的内容，平台会随机抽取多位众裁官来进行投票。当众裁结果为违规时，相关内容会被处理；当众裁结果为不违规时，相关内容将继续在平台中存在。其中，众裁官是独立于知乎团队之外，参与争议内容处置、社区规范演进的用户。为了保障众裁制度的顺利运行，避免可能出现的不当行为，知乎对众裁机制也进行了优化。众裁案件会随机分发给众裁官，如果众裁官是某事件的举报当事人，则不能参与本次案件的众裁。众裁官需要遵守众裁行为准则，众裁过程中要保持中立客观，合理使用职权，在情理兼顾的情况下作出判断。如果众裁官存在严重违反众裁规范的行为，会被取消众裁资格。

(2)7天无理由退款。知乎 Live“7天无理由退款”是知乎平台在2017年5月上线时的政策。知乎 Live 接受用户收听单场 Live 语音少于15条时“7天无理由退款”权利，但因产品的特殊性，退款须符合特定条件，具体条件和退款规则以用户收到的通知、提示信息为准。目前，只有在 Live 商品详情页包含“7天无理由退款”标识的单场 Live 可以进行退款。“课程”“专题”“Live 赠礼”在购买后暂不支持退款。

(3)回答折叠。知乎的初衷是帮助人们更好地分享彼此的知识、经验和见解，平台鼓励用户创造有价值的内容。“折叠”功能是知乎为了维护良好的问答讨论氛围引入的机制。如果内容对于解答问题没有帮助，就会进入折叠区，在“回答”列表的底部集中显示。“回答”被折叠的具体理由包括属于对问题或其他回答的评论，属于占位、收藏、邀请、谢邀等行为，不符合问题的限定条件，需要详细阐述，包含事实性错误，与现有回答重复，等等。知乎尊重所有用户的内容创作，对于那些答非所问、违反平台规范的内容，平台会对其进行折叠；而对于那些采用特殊方式表达、观点不同的内容，平台不会对其进行折叠。目前，判断“回答”是否需要折叠的主体是知乎平台中的用户。在内容下方有一个“没有帮助”选项，用户可以点击，但不是该选项只要被点击内容就会被折叠，而是需要该选项被多次点击且内容满足其他条件才会被折叠。除了平台用户以外，平台管理机器人“瓦力”也会主动识别和处理需要折叠的内容。有时候,知乎管理员也会参与其中,在人工判断后对部分"回答"进行折叠。此外,被建议修改的"回答"也会显示在折叠区中,在作者修改内容通过后会恢复正常。

(4)举报。在知乎平台上,每位用户均可在问题、回答、评论、私信、收藏夹、文章、个人页面以及问题编辑日志中点击"举报"按钮,举报垃圾广告信息、不友善行为、有害信息、涉嫌侵权、诱导赞同等问题。对于被举报的内容,依据《知乎社区管理规定》中的相关条例,知乎平台的管理人员会作出判断、处罚。当平台处理完举报内容后,其会向举报者及被举报者发送相关处理信息。举报者与被举报者都可以随时查看自己的举报及违规记录。

(5)禁言。知乎提倡大家理性讨论,友善沟通,互相尊重。为了创造一个健康良好的平台生态,在知乎中发布违反法律法规、不友善行为、垃圾广告等内容时,账号可能遭"禁言处罚"。知乎账号的"禁言处罚"目前分为"禁言1天""禁言7天"和"永久禁言"三种,处于禁言期的账号无法在平台内发布新的内容,但不影响浏览平台各类内容及购买和使用付费产品,禁言期结束后以上权限将恢复正常。

(五)认证机制

在知识付费市场中,知识供给者的信息投机动机较强、信息投机成本较低,知识需求者的信息接收能力、信息甄别能力以及理性预测能力较为有限且甄别成本较高。鉴于此,知识付费平台为知识供给者提供了认证服务,希望能够使知识付费市场变得更加繁荣。在知乎平台中,基于知识供给者提供的数据及历史行为数据,平台推出了多种认证制度,以期让平台用户能够更好地识别信誉高、质量优、口碑好的知识供给者。具体有以下几点:

(1)用户身份认证。为帮助用户降低筛选和识别成本,提高平台的可靠性和真实性,知乎提供了身份认证服务,具体包括个人认证和机构认证。其中,个人认证是知乎对用户个人在一个或多个领域身份真实性的确认。目前,用户可根据自身情况进行职业认证或学历认证,最多可申请5个认证,并可自主选择2个进行前台展示。通过个人认证的用户,用户名旁边会显示认证标识及认证信息。认证标识及认证信息除了在个人主页展示,也会在回答页、搜索结果页等多个页面显示。目前,个人认证支持包括科研、互联网科技、医疗健康、教育、金融、公众人物等11个领域的认证,用户可根据自身情况进行申请。为了保障机构号资质信息的真实性与安全性,知乎平台为入驻机构提供了"机构认证"服务。认证后,账号主页及用户名旁边将显示蓝色认证标识,并标识为"已认证的官方账号"。此外,认证机构可以享受名称保护、数据分析等额外权益，并可以在对外展示、营销推广、盐值功能等方面享受更多有价值的个性化服务。借助于用户身份标识功能，大家可以在平台中快速地了解其他用户，但拥有标识只能说明身份真实，并不意味着发布的全部内容都是正确无误的，所以仍然需要大家理性对待、谨慎甄别。

（2）优秀回答者认证。为了让大家更加高效地识别各领域的专业用户与内容，知乎平台推出了“优秀回答者”认证服务。“优秀回答者”这一制度的推出，让平台用户能够快速识别那些创作了大量优质内容的用户。这些优秀回答者拥有某些领域专业化的知识，他们经常在知乎平台中分享自己的经验、观点，而相关内容也受到了广大用户的认可。在筛选优秀回答者的过程中，知乎会以内容质量、用户活跃度、内容认可度等数据为依据，通过相关的算法来选择那些专业、友善、认真、活跃度高且无违规行为的用户，授予其“优秀回答者”称号。成为“优秀回答者”的用户，他们个人主页以及用户名旁边会带上橙色标识。在其个人主页，可以看到具体是哪些话题下的优秀回答者，点击话题可查看他们在该话题下的所有回答；同时，话题页也会展示该话题下的所有优秀回答者。

（3）活跃回答者认证。一直以来，成为“优秀回答者”都是知乎平台中创作用户们努力的一个目标。但是成为“优秀回答者”的门槛较高，只有少数用户才能取得这个身份。为此，知乎平台推出了“活跃回答者”认证服务。只要用户在某个话题下的活跃度达到标准，即可成为该话题下的活跃回答者。活跃回答者发布的内容会在话题下的内容卡片上出现一个橙色标识，同时该话题下的“优秀回答者”选拔也会参考“活跃回答者”的身份。相比“优秀回答者”，成为“活跃回答者”的路径也更加透明。一般情况下，平台会根据话题下近 30 天的创作量，将话题分为三个等级，并取当天活跃度排名前 200/50/5 的用户成为活跃回答者。其中，活跃度的计算主要会参考发布的内容、获得的赞同数、获得编辑推荐的次数、获得的专业徽章数等四个指标。

（4）专业认可。为了让大众看到更专业的内容，知乎将隐藏在算法之下的机制进行了产品化展示，推出了“专业认可”服务。“专业认可”是指当用户赞同一个内容后，还可以专业度为依据对内容作出判断，对回答的专业性给予肯定。“专业认可”制度的推出，能够帮助用户减少信息查找、信息筛选的时间和成本，且能为用户判断知识产品的质量提供参考。此外，这一制度还能对专业化的知识起到宣传推广作用，不仅能激发优质知识供给者的创作热情，还能让更多的知识需求者学习到高质量的知识。收到专业认可的回答,会有专属"专业内容"金色标识,每个认可也会被记录到"个人成就"中。每人每月拥有10次送出专业认可的机会。"认可"可以流通,所以,当内测用户在自己的回答获得认可时,即可在当月增加一次认可机会。现阶段,专业认可暂不对回答内容的排序产生影响。后续,平台将逐步扩大内测权限,让更多专业用户参与进来,还会结合用户的使用情况提供更多元的服务。未来,"专业认可"还将被纳入回答排序及分发的算法中,使专业内容得到更广的传播。

三、结论与讨论

近几年,随着知识付费平台的发展与完善,知识付费的市场占有率及影响力都在不断扩大。在知识付费平台中,用户可以便捷地分享知识,也可以通过付费或免费的方式获取知识。但是,随着知识交易的快速增多,平台中的柠檬问题也日益凸显。在此,本书以知乎平台为例,深入探究其在应对柠檬问题时所采取的一些策略,希望能够给知识付费平台以及整个市场的良性发展带来启发。

知乎平台中柠檬问题的治理机制主要有:(1)收费机制。在知乎平台上,想法、专栏、付费咨询、圆桌、Live、私家课、广告、知乎书店、不知道诊所等是主要的收费、盈利途径。目前,知乎在内容价值化和场景生态化方面的盈利较少,未来仍具有较大的盈利发展空间,应充分利用内容、社交资源,创建完善的场景生态化系统,发掘更多具体化的盈利方式,不断提升企业利润空间。(2)信号传递机制。在知乎平台中,知识产品价格、知识产品详情、知识供给者信息等是信号显示的重要因素。其中,受平台价格机制的影响,知识产品价格所发挥的信号显示功能较不明显,知识供给者信息及知识产品详情能够发挥一定的信号显示作用。(3)声誉机制。产品评论、交易数量、感兴趣数量等在知识需求者驱动下形成的知识产品声誉具有较强的信号甄别功能,这些信息不仅可能会影响成交可能性,还可能对知识产品起到宣传作用。此外,在知识供给者努力下形成的声誉不仅可以为其吸引大量潜在的知识需求者,还会在一定程度上影响知识产品的价格。(4)质保机制。知乎平台推出的试听、按章节收费、知乎众裁、7天无理由退款、禁言等一系列服务,不仅能够激励用户创作高质量的知识产品,还能抑制知识供给者的投机行为。此外,让用户参与平台的建设和维护,不仅可以节省一定的成本,还能够防止平台投机行为,进而使平台决议更具公正性。(5)认证机制。在知乎平台中,用户身份认证、优秀回答者认证、活跃回答者认证、专业认证等平台认证制度代表了用户身份的真实性及创作内容的专业性。知乎平台会对用户的动态信息进行收集归纳,这些数据即为后续获取相关认证的依据。与此同时,借助于这些认证制度,平台用户大幅降低了识别其他用户以及内容的难度和成本。

总体来看,知乎从多个方面对治理柠檬问题作出了努力,但未来还有很大的提升空间。究其原因,主要是用户对平台的各项规则和制度缺乏足够的了解,以至于很多制度都难以发挥作用。为此,平台应从多个方面作出改进:(1)制定明确的平台制度。可以将平台的各项规章、制度进行统一整理、归纳,并通过官方宣传的方式将这些信息告知所有用户。(2)积极宣传平台制度。可以通过各种宣传活动,让用户能够对平台政策有一个更明确的了解。(3)不断完善平台制度。随着平台的运营,新情况和新问题会不断产生,因此,平台需要不断地完善其规章制度。(4)坚决贯彻落实平台制度。对于提出的新制度、新方案,从其推出之日起,平台就需要去贯彻落实,以确保各项制度能够真正运行,同时也需要根据各项制度运行的实际情况及时作出调整、完善和优化。

第十二章　案例分析——罗辑思维

作为互联网时代知识的运营商和服务商，罗辑思维包括微信公众订阅号、知识类脱口秀视频节目《罗辑思维》、知识服务 App 和得到 App。从 2012 年开播以来，“罗辑思维没逻辑”“量化生产的模式有问题”“同质化太明显”等问题一直困扰着罗辑思维。本章构建了收费机制、信号传递机制、声誉机制、质保机制和认证机制来治理罗辑思维平台中的柠檬问题，以期通过市场机制来打击并驱逐劣质知识供给者，实现知识付费市场的可持续发展。

一、罗辑思维简介

罗辑思维作为一个知识付费平台，近年来已经逐渐成为媒体创业中的行业翘楚。2012 年 12 月，罗振宇和申音共同创办了“罗辑思维”，同年在优酷视频中上线了同名视频节目《罗辑思维》，这一节目是罗振宇打造的一款个人知识型脱口秀节目，涉猎广泛、无话不谈；与此同时还创办了同名的微信公众号，每天在公众号中推送不到 60 秒的微信语音来分享观点。2013 年 8 月9 日，罗辑思维推出被戏称为“史上最无理”的付费会员制——5000 个“亲情号”，每个需要 200 元；500 个“铁杆会员”，每个需要 1200 元。而所有会员名额仅用 6 小时全部告罄。2014 年 5 月，罗振宇和申音这对“黄金搭档”针对罗辑思维后续的发展道路产生分歧，二人就此分家。2014 年6 月，罗振宇成立罗辑思维公司并且在年底获得 A 轮高达数千万元的项目融资。2015 年 10 月，对外宣称“知识运营商”的罗辑思维公司完成了 B 轮融资并且获得了大约 13.2 亿元的资金。2016 年 5 月，罗辑思维旗下上线了得到 App，此款 App 包含线上课程、线上讲座、《罗辑思维》节目等众多知识产品，旨在为消费者提供更加便捷高效的知识服务。

二、罗辑思维平台中柠檬问题的治理机制

罗辑思维引领潮流，风格超前，成为国内知识付费领域的先驱。罗辑思维最初定位于内容免费，之后是知识付费，目前则是知识服务，这种急剧变化的创业行为是其观察和分析经济发展趋势的结果。正如上文所述，知识类创业实践面临柠檬危机且饱受争议。基于此，从罗辑思维的建立到得到App的上线，罗振宇在众多场合都提出了"知识付费的柠檬问题"，也尝试构建具有重要意义的知识付费柠檬问题的治理机制。综上，本书依据前文结果，对罗辑思维平台应对柠檬问题时所采取的措施进行分类，具体如表12-1所示。

表12-1　罗辑思维平台中柠檬问题治理机制的归类

信息分类	相关内容	具体信息	治理机制类别
知识产品信息	价格	亲情会员/铁杆会员	收费机制
	得到App	罗辑思维课程	收费机制
		听书业务	收费机制
		得到大学	收费机制
	评论	品牌赋能	声誉机制
		魅力增值	声誉机制
	记录	交易数量	声誉机制
		每天听本书	声誉机制
		雪枫音乐会	信号传递机制
	知识社群	北大经济学课	质保机制
		会来事	质保机制
		可无限回听	质保机制
		会员招募	质保机制
		李翔商业内参	质保机制
		举报	质保机制
		李笑来的专栏	质保机制
		回答折叠	质保机制
		禁言	质保机制

续表

信息分类	相关内容	具体信息	治理机制类别
知识供给者信息	个人信息	居住地	信号传递机制
		所在行业	信号传递机制
		职业经历	信号传递机制
		受教育经历	信号传递机制
		个人简介	信号传递机制
	机构信息	得到 App 充值兑换码	信号传递机制
		机构网站	信号传递机制
		机构简介	信号传递机制
		机构主体	信号传递机制
	动态	有道云笔记	信号传递机制
		一气奔腾	信号传递机制
		专栏	信号传递机制
		想法	信号传递机制
		收藏	信号传递机制
	关注	真爱月饼	信号传递机制
		少年得到	信号传递机制
		关注的问题	信号传递机制
		关注的专栏	信号传递机制
		关注的收藏夹	信号传递机制
	认证	个人/机构认证	认证机制
		U 盘化生存	认证机制
		匠人精神	认证机制
		阅读期待	认证机制
	成就	“时间的朋友”跨年演讲	声誉机制
		“时间的战场”跨年演讲	声誉机制
		微信商城	声誉机制
		淘宝商城	声誉机制
		出版作品	声誉机制
		失控的儿童节	声誉机制
		视野学院	声誉机制

续表

信息分类	相关内容	具体信息	治理机制类别
知识供给者信息	创新研发	得到字体	声誉机制
		云组织	声誉机制

(一)收费机制

1.节目流量收费

罗辑思维以“有种、有料、有趣”为口号,将传统的知识普及类节目从略显枯燥的知识点灌输模式中挣脱出来,融入了更多趣味性。同时,主持人罗振宇拥有极其鲜明的个性,能够很容易地将枯燥的内容讲解得生动易懂。节目内容涵盖了历史、社会、政治、经济、法律等各个方面,同时节目也会不时推出针对社会时事热点的讨论,如“这一代人的怕与爱”“一个公务员的海市蜃楼”等节目均取自当时社会的痛点。这种多元化的节目内容,开放性的思维讨论模式,让节目收获了一大批忠实观众。众多的节目数量以及每集节目大量的播放量让节目组拥有了可观的流量收入。这也是节目本身收益的基础与最稳定的收入来源。

2.会员制收费

2013 年 8 月 9 日,罗辑思维开始在全网进行第一轮会员招募,其中会员的收费标准为每期 200 元,招募的有效期为 2 年。由于存在试点行为,总计招募个数为 5000 个;由于普通会员在社会上引起了较好的反响,平台短时间内即完成招募,后续又推送了 500 个“铁杆会员”的发售,每个售价高达 1200 元。不同的会员等级将会享受到节目组不同的福利待遇。“铁杆会员”每个月都能收到节目中罗振宇推荐的优质图书,同时在线下活动中享受优先进场、前排观看等福利待遇,并有机会与罗振宇进行一场思维碰撞——面对面交流。由于上述吸引点,会员招募全部名额在不到 6 小时的时间内便被抢购一空,与 5 天的发售期相比,火爆程度可见一斑。仅此一项,便为罗辑思维节目组创收超过 160 万元。

2013 年 12 月 27 日,第二批会员名额开始在微信电商平台发售,从开始发售到截止不到 24 小时的时间内,售出的名额近 2 万个,收益超过了 800 万元;2014 年 12 月,第三批会员名额发售。与之前两批会员招募的方式不同,这次招募首次采用了“老带新”的招募模式,老会员作为新会员的“引荐人”将新会员推荐到会员群体中。同时,老会员也将承担起为新会员解惑答疑的任务。本次招募的会员采用区域化管理的模式，由老会员建立区域微信群并担任群管理员，将新会员按照不同的区域分配到各个不同的群中进行管理。由于老会员对于节目组及罗振宇有着充分的信任，因此也相当于"变相地"成为节目精神的宣扬者，会主动、及时地处理群内出现的不和谐现象，甚至将一些"刺头"直接清理出群。第三批会员招募中共有近6万个名额产生。

通过这三次会员招募，罗辑思维开始进入"收费时代"，收费模式也逐渐成型。这种以会员费为基础的收费模式已经成为最稳定且最容易实现的盈利模式。为保证会员数量能够保持一个较为稳定的增加趋势，在会员招募的过程中，罗辑思维采用"爱就供养，不爱就观望"的口号。随着罗辑思维视频在微信、微博等平台上的传播逐渐扩大，节目组又提出了新的理念，即"会员费可以视为面向未来的一次投资，是在购买一种基于新型社交关系的自助服务"。这种招募口号也在很大程度上预示着罗辑思维的发展新模式——从内容为王开始转向多方面、多渠道的服务。

3.广告收费

罗辑思维节目组所创建的公众号已经拥有了极其庞大的粉丝群体，该公众号上发布的文章内容都获得了极大的阅读量与点击量。因此在公众号上推送文章的同时植入广告，已经成为罗辑思维节目组收益的主要来源之一。一般而言，可以将广告分为硬广告和软广告。在公众号推送的内容中，有多个产品的直接推荐，比如直接推送60秒的语音广告，在文章的结尾处直接附上购物链接；也可以通过软性文章的发布，将广告内容变相植入文章的字里行间。这种不经意间对广告的传播，在一定程度上更能获得读者的认可，同时又在很大程度上避免了硬广告引发读者的逆反心理。而软广告能够很好地中和读者、公众号、商家三者之间的矛盾关系。读者在无意间接触的广告信息，远比直接的硬广告具有更多的点击量与浏览量，这些点击量和浏览量也能产生一种病毒式的传播效果和心理期待。同时，由于罗辑思维节目组一直以正面形象根植于众多关注者心中，这种形式的广告推广比其他途径的推广更有可信度与说服力，能够使商家获得极大的收益，这也是其他广告推广模式无法获得的效果。这些直接推高了该公众号的广告费价格。

（二）信号传递机制

1."知识服务供应商"的积极信号

罗辑思维成立于知识付费市场鱼龙混杂的时代。它旗下推出得到App之后不久也开始了由知识付费到知识服务的升级转型。在这一阶段，罗辑思维针对于自我形象和组织认同感的重新定位也极大地影响了组织框架。在某种程度上,罗辑思维从最初的内容免费、知识付费到如今的知识服务,这种转型升级不仅可以打消创业前期人们的困惑和负面评论、提升企业形象,更可以拓宽创业渠道、增加市场份额,重构组织正当性。

2016 年,罗振宇在新榜“内容创业者之春”上进行演讲。在此次演讲中,罗振宇最先提出“罗辑思维”并定位为“知识服务供应商”,与此同时,还提出了知识服务项目。罗振宇觉得,在工业时代,人们从教育、出版和传媒行业获取知识,然而在互联网时代,不仅它们在逐渐进行产业融合,而且用户也想要“成为更好的自己”,这共同催生了“知识服务”这一新行业。罗辑思维上线得到 App 的初衷,就是“为终身学习者提供最好的知识服务”。作为知识服务行业的先行者,得到 App 立志通过为用户提供最好的知识服务满足用户需求,进而在知识服务行业保持世界领先地位。得到 App 在为用户提供知识产品时率先进行内容的鉴别、过滤以保证为用户提供高质量的知识产品,这也充分体现了得到 App 的“服务意识”。为此团队还专门印刷了《得到品控手册》,手册中包含学习目的、学习工具、学习方案等各个方面,对得到 App 进行了准确的定位。

得到 App 的另一个定位是为用户高效利用碎片化时间提供便利。得到 App 上线的知识产品就是为了提升用户认知以及帮助用户高效利用碎片化时间。因此,得到 App 对于终身学习者来讲不仅是一所通识大学,而且也是一个俱乐部,它将人类历史上广博的知识通过先进技术进行重新转化并且展示给消费者。“得到”App 的上线使得罗辑思维不再是自媒体时代的“知识网红”,它更像是一个为终身学习者进行知识再生产和传播的第三方中介平台。

2.传递知识服务与赋能信号

罗辑思维作为知识传播的中介,也需要生产者、出版社与媒体产业的支持。罗辑思维在获得它们帮助的同时,也未忽视它们的利益并对它们进行赋能。得到致力于将其内部老师树立为行业标杆,为终身学习者提供一系列线下知识服务。得到还与教育、影视等行业进行产业融合,以此来打造多维度的知识服务产品。在电子书生产方面,得到和社科文献出版社、理想国、中信出版社、中华书局、商务印书馆等国内知名图书出版机构进行了合作,且每年都会从它们出版的图书中选择 30～50 本放到得到 App 中进行线上运营。此外,得到的“每天听本书”系列也取得了骄人的成绩,且于 2018 年被评为中国十佳数字阅读项目。罗辑思维与出版社也由此形成了良好的合作关系。

3.凸显知识服务的前瞻性

罗辑思维认为知识服务行业前景广阔,得到 App 的上线是将人类捕获信息的需求与得到提供知识服务的目标进行了有机结合,这也意味着罗辑思维的知识服务有可持续发展的机会。得到 App 为互联网时期的知识服务进行部署,从而保证最新技术在知识转化和传播过程中的前瞻性;除此之外,《得到品控手册》认为技术改革是推动知识革命的原因,因此罗辑思维也正努力成为技术型企业。

在知识服务行业,罗辑思维作用显著,也逐渐获得多家媒体及活动主办方的认同。2017 年 11 月,罗辑思维成功入选"中国商业案例 TOP 30 企业";2017 年 12 月第四届世界互联网大会开幕,罗振宇与马化腾等多名企业家针对"携手新时代,共话新经济"进行探讨。

(三)声誉机制

1.创业者个人声誉

罗辑思维的创始人罗振宇拥有前央视制片人和"知识网红"的独特名片,这也使得罗辑思维在创业之初便备受关注。罗辑思维作为知识付费内容的佼佼者,也被新闻媒体称赞为创新创业的典范。罗辑思维在内容上是将罗振宇的所见、所闻进行知识的再加工,然后传播给知识的终身学习者;在运营管理方面,罗辑思维采用电商、会员制等新运营技术而非传统的广告营销,这也使得罗辑思维被罗振宇定位为知识时代的"大众传媒"。

罗振宇凭借独特的人格魅力,使得罗辑思维备受粉丝的关注与认同。虽然一个胖子(网称罗振宇为"罗胖")、一张桌子、一台摄像机是罗辑思维创业的起点,但是这并不妨碍大众在罗辑思维创业之初对它的广泛关注,由此也引发了一系列连锁反应——微信公众号成为"大 V",媒体争相报道,社区营销类畅销图书争相征引。总而言之,罗振宇的人格魅力,使得罗辑思维在创业过程中占据了用户品牌名誉认知的极大优势。

2.创业业绩的声誉

罗辑思维的业绩涵盖社群众筹接力、电商网站内图书的超量销售、付费会员制的超常购买力等,并且罗辑思维也通过业绩创立了声誉机制。2013 年 8 月,罗振宇推出了被人们戏称为"史上最无理"的付费会员制,他想通过粉丝的购买力支持自己建立"自由人的自由联合体",并且将罗辑思维创造为中国顶尖的"知识人社区"。罗辑思维也通过互联网技术将全世界志同道合的网友们聚拢到一起,通过他们之间的交流、共享、互助从而创造出新的价值,这代表罗辑思维打造出了一个基于社群和信任的商业模式。罗辑思维拥有一定的资金和粉丝基础之后，依靠特殊的会员资源、庞大的粉丝基础、优秀的社区组织能力，开始了会员间传播知识、相互帮助的新商业模式。也就是说，基于社区内成员的相互信任和帮助，罗辑思维实现了商业运作的升级转型。

2014 年 5 月之后，罗辑思维通过资本的介入、跨界合作、公司化的管理逐渐开展了多方面的业务，如售卖“罗辑实验”系列图书、进行全国巡演等，在商业上有了更加长远的发展。

(四)质保机制

第一，目前，大多数人还是会根深蒂固地认为，免费产品的质量是没有保证的。得到 App 提出了一个新的概念——它把对知识产品的收费概括为“知识服务”，这是不同于“知识付费”的一种说法，但是这种新的提法也受到“知识免费论”者的质疑。对于这种现象，得到 App 和它的专栏作者提出了不一样的看法，他们不赞同“知识免费论”，认为知识也是一种商品，人们在提供知识的过程中付出了巨大的劳动，这种劳动应该得到物质回报。如果不实行知识付费，将不能保证知识产品的质量，从而使知识支付不能达到预期的效果。专栏作者刘润曾在公开场合表示，得到 App 的产品和运营模式是十分正确的，公司只有有了收入才能支付运营中的成本，收入也是他们不断进行产品升级的保证。总的来说，付费是顺应经济发展形势的一种模式。

第二，知识服务产品的品质也是需要得到保障的，因此要加强知识产品的品质管理。加强品控管理是得到 App 一直以来十分看重的。得到 App 允诺会对知识产品进行严苛的品控管理，会为用户提供“最好的知识服务”，永远把用户的利益、知识的品质放在重要位置，还会履行自己的社会责任，做一家有社会责任感的企业。

第三，努力吸收现存的优秀成果，在现有知识付费平台的基础上结合自身的特点打造出成熟的知识生产机制。得到 App 对优秀的运营模式有着敏锐的触觉，充分吸收现有教育机构的优点，包括注重校友的网络建设、建立学员荣誉制度、建立有关知识的日历以及维护老师资源这四个方面。得到 App 还推出了大学项目，致力于“建设一所全世界领先的新型通识大学”，让自主教育深入人心，同时营造终身学习的氛围。换句话说，就是吸收现有教育模式的优点，结合自身的特点，树立一个能被用户喜欢和接受的企业形象。

(五)认证机制

1.要对用户的身份进行准确的认证

得到 App 通过建立用户中心来实现便捷实用性,努力为用户提供高效、便捷、实用的知识服务。罗辑思维试图向我们传达这样的理念:知识服务不是大水漫灌式的知识传输,而是教会大家如何站在巨人的肩膀上,在学习时间不够的情况下,有效地填补自身的知识不足。知识生产者要从需求者的立场出发,而不能仅仅作为一个生产者。《得到品控手册 5.0》详细说明了这里所讲的"知识服务"和我们非常熟悉的传统的教育方式是有很大差别的。举个通俗的例子,传统的教育方式下,老师就像饭店的老板,会给学生做好满汉全席,而学生只是被动地接受,这时老师是在向学生灌输知识;而知识服务者要做的是把自己当成外卖小哥,充分考虑顾客的体验。知识是知识付费的中心,用户是知识服务的中心,所以在罗辑思维中,知识付费和知识服务是不同的概念。知识服务是一种新的分工,在这种分工下,用户的体验特别重要,是任何时刻都要被放在第一位的。需要强调的是,知识服务不是知识灌输。有人认为,"得到"之所以取得成功,是因为它准确地抓住了市场需求,让信息不对称的问题得到了根本的解决,使多方都能从中受益。

2.强调要对某些特殊用户群体实行身份认证

罗辑思维把那些已经完成了学年制教育,但是还在不断学习、不断更新自己知识结构的人定义为"终身学习者"。这类人有了一定的知识储备,形成了完整的世界观、价值观、人生观,忙碌的职场让他们对学习新的知识有极大的兴趣,他们急切地渴望掌握新的技能,有强烈的好奇心,喜欢探索未知领域,从而不断实现自我突破。这类人是一群"高级外行"。之所以叫"高级外行",是因为他们虽不是行业的精深者,但是由于受过完整的职业教育,再加上后期的学习,他们会以很快的速度了解一个行业。

三、结论与思考

虽然知识服务和付费实践很早就已经出现于信息管理领域,但是在当前信息化大背景的影响下,无论是知识付费还是知识服务都在发生着巨大的变化。它们打破了传统的边界划分方式,形成了新的融合的知识形式。在这里重点研究罗辑思维在应对柠檬问题时采取的措施,希望能够给知识付费平台以及整个市场带来启发。

在知识付费盛行时，罗辑思维非常看重组织定位，尤其强调知识服务良好的声誉、科学的认证、先进的技术。但是罗辑思维的理想目标不是靠重塑组织声誉就能完全实现的，换句话说，罗辑思维关于“知识服务供应商”的组织声誉还没能成为大众完全认同的理念。

这里要着重说明的是，知识付费使传统教育领域之外的一些东西得到了改变，比如我们了解到的传播形态以及很重要的定价机制。弗朗索瓦·利奥塔(Jean-Francois Lyotard)认为，在这样一个信息社会中，生产的最终目的都是让大家消费。与知识相关的社会交换形式是丰富多样的，这也是柠檬问题能够靠质保机制消除的原因。新媒体知识是一种完全不同的形式，在这种形式下，要创造出大众喜闻乐见的知识形态，知识定价的评判机制也要得到大众的审核。互联网技术的发展使知识的生产者和使用者之间有了更好的联系。生产者会对知识进行加工，然后以合格的方式推送给知识的使用者。在这种新兴的社会现象下，新媒体组织十分重要，是行业的风向标，其选择会对行业走向产生很大影响。到目前为止，人们对知识付费和知识服务的理解还是多种多样的，依然存在很多争议。我们要学会用一分为二的观点看问题，不能消极地看待知识付费的创业实践，或者认为用户是在为他的智商“买单”，这会导致我们陷入精英主义的陷阱，会让我们难以正确理解传统教育转化为互联网教育所带来的变化。我们必须要肯定的是，在数字化时代，“知识”的定义得到了扩展，它不单指传统意义上的科学性知识，还包括长期积累下来的一些有价值的经验，这些经验可以来源于历史、生活、情感、职场等各个地方。庞德斯通提到，这个时代的人们对待知识的态度复杂且矛盾。我们对知识充满敬仰，但大多时候知识变成了我们获得财富、荣誉、权力，推动社会进步的一个工具。技术的不断革新为知识形式的创新提供了保证，知识的生产和传播过程也是不同形式的知识相互竞争的过程，只有经得起历史和大众检验的知识才能被社会接受。或许，在这个过程中新媒体知识中介组织提供的知识是否系统和科学并不是绝对重要的，重要的是人们对知识有着怎样的理解，以及人们对待多元知识形式的态度。随着新媒体知识中介组织的蓬勃发展，知识的生产方式和传播机制也会不断发生变化，进而给人们的生活带来一些变化。因此，对这方面的研究是现实且迫切的。

第十三章　结论、启示与展望

一、研究结论

本书的研究对象是近几年兴起的经济模式——知识付费，主要围绕知识付费柠檬问题的形成机理和治理机制展开，主要研究结论如下：

1.在知识付费市场(包含知识付费平台、知识供给者、知识需求者等主体)中存在着柠檬问题。根据研究可知，造成知识付费市场出现柠檬问题的根本原因有:(1)知识付费市场中的信息不对称问题。其中，信息超载、信息衰减、信息投机等是造成信息不对称的主要原因。因而，要想治理知识付费市场中的柠檬问题，首先就需要对市场中的相关信息进行完善、筛选，即需要让知识供给者展露更多高质量、真实可靠的产品信息。(2)知识付费市场中的委托代理问题。在知识付费市场中，知识供给者、知识需求者、知识付费平台等之间存在多层委托代理关系，其中，知识付费平台与知识需求者之间不存在委托代理问题。

2.作为共享经济的新型业态，知识付费市场发展迅猛，制定合理有效的收费机制能够协调知识付费平台与用户之间的利益关系，实现各方利益最大化，推动知识交易可持续健康发展。本书通过构建以知识需求者、知识供给者、知识付费平台为主体的三方博弈模型，比较知识产品质量水平、知识产品价格、增值服务水平和交易佣金收费比例等变量对各博弈主体决策的作用，并对博弈模型中的三方决策进行算例模拟。知识需求者会在金钱的边际效用与质量的边际效用相等时作出购买决策，此时知识需求者的总效用最大。为增加收益，知识供给者会提高知识产品的质量水平，会以知识需求者的意愿定价高质量知识产品。此外，知识供给者还会购买使自身收益最大化的增值服务。知识付费平台会通过增加对知识需求者购买行为的影响，提高增值服务效率，对知识供给者实行佣金差异收费等方式来使利润最大化。

3.对于知识付费市场中的柠檬问题，可以通过市场治理机制来解决，即通过市场中知识供给者、知识需求者以及知识付费平台等的努力来缓解柠檬问题。市场治理主要包括两种方式：(1)改善信息。这种治理方式要求知识供给者发送更多的信息来降低买卖双方的信息不对称程度。(2)制定激励机制。这种治理方式主要是在买卖双方的交易合同中加入相关的激励条约，进而约束知识供给者的行为。根据本书的研究可知，可以借助信号传递机制、声誉机制、质保机制和认证机制来对知识付费市场中的柠檬问题进行治理。这四种治理机制都能通过不同的方式对市场中的柠檬问题起到缓解作用，如表 13-1 所示。其中，信号传递机制主要通过改善信息来对市场进行治理，质保机制主要借助于激励机制来发挥治理作用，声誉机制和认证机制在具体运行过程中涉及改善信息和激励机制的相关内容。

表 13-1　知识付费柠檬市场各治理机制间的比较

	优势	劣势
信号传递机制	可以从多方面对知识需求者进行暗示，且有助于改善知识付费市场中的信息不对称问题	需要知识供给者积极地参与，知识需求者需要对海量的信息进行筛选和甄别
声誉机制	可以从多方面对知识供给者和知识需求者的行为起到约束作用	对用户的约束较小，且只能间接地反映知识产品质量
质保机制	能够切实地保障知识需求者的利益，且能在一定程度上帮助区分优劣知识产品	能够约束的范围较小，且无法对质保机制之外的用户起到约束作用
认证机制	借助于权威机构或平台设定的相关算法来对优质用户进行认证，能够直接地传递质量信息，且能降低用户的信息搜索及筛选成本	需要保证认证机构或相关算法的专业性和独立性

4.可以借助信号传递机制来缓解知识付费市场中的柠檬问题。由上述研究可知，知识付费市场中卖家与平台间完全成功的分离均衡是最有效率的市场均衡。当市场处于分离均衡状态时，知识供给者会发送知识产品真实的质量信息，市场中的柠檬问题最轻。分析信号传递机制可以发现，伪装成本、伪装被发现的概率、惩罚金额、卖家积极性损伤成本、卖家收益情况、知识产品质量的高低比例等因素都能够影响知识付费市场的均衡效率，具体可

以通过提高伪装成本、惩罚金额、伪装被发现的概率来提升市场的均衡效率。

5.可以借助声誉机制来缓解知识付费市场中的柠檬问题。声誉机制能够从多方面对知识供给者和知识需求者的行为进行约束。在引入声誉机制的三种治理模式中，平台征信系统、第三方征信系统、平台联盟征信系统对知识付费市场中柠檬问题的缓解作用依次增加。其中，构建平台联盟征信系统的效果最为显著。此外，在探究声誉机制的过程中发现，知识付费市场中的柠檬问题会受到知识产品利润率、信息收集费用、声誉补偿费用等因素的影响。

6.可以借助质保机制来缓解知识付费市场中的柠檬问题。在知识付费市场中引入质保机制能够保障知识需求者的权益，能够在增加他们安全感的同时提升他们对知识供给者及知识付费平台的信任，进而能够有效地减轻柠檬问题的影响。在引入质保机制的三种治理模式中，平台质保、第三方质保、卖家联盟质保对柠檬问题的缓解作用依次增加。其中，建立卖家联盟质保机制的效果最为明显。此外，在探究质保机制的过程中发现，知识付费市场中的柠檬问题会受到知识产品利润率、信息收集费用、担保费用率、抵押费用率等因素的影响。

7.可以借助认证机制来缓解知识付费市场中的柠檬问题。在探究认证机制的过程中发现，知识付费市场中的柠檬问题会受到认证信号、知识产品效用、高质量知识供给者占比、认证信号接收度、知识产品质量差额、知识供给者数量等因素的影响。知识供给者在通过知识付费平台的认证后，其知识产品或服务的销售量都会有一个明显的增长。其中，知识产品效用、认证信号接收度、知识供给者数量、知识产品质量等因素影响越大，销售量的增加就越明显；而高质量知识供给者占比越大，销售量的增加越不明显。

综上可知，收费机制、信号传递机制、声誉机制、质保机制和认证机制都能够对知识付费市场中的柠檬问题起到缓解作用。可以发现，伪装成本、伪装被发现的概率、惩罚金额、卖家收益情况、知识产品质量的高低比例、知识产品利润率、声誉补偿费用、担保费用率、信息收集费用、抵押费用率、知识供给者数量、知识产品效用、认证信号接收度等因素都会对知识付费市场中的柠檬问题产生影响。因此，要想较好地对知识付费市场中的柠檬问题进行治理，就需要综合考虑政府、市场、行业、消费者、生产者等多方因素，尽可能地去构建一个较全面的协同治理机制。

二、研究启示

(一)审核制度

为了提高知识付费市场中的信息质量,知识付费平台应进一步完善和规范其审核制度。首先,应该从知识的源头严格把控信息质量,建立完善的知识供给者资格审查机制。知识付费平台可以将用户信息与征信系统、学信网(学籍信息)等进行对接,从知识供给者的学历、在专业领域内的知名度、职业、平台活跃度、表达能力、所获成就等方面对其进行审核,以便能够对其的诚信水平、知识产品创作能力、知识产品消费能力有一个整体性把控。其次,知识付费平台需保证审核模块的专业性和独立性,以确保平台审核制度能够公平、持久地运转。知识付费平台可以成立专门的审核部门,部门工作人员不仅要对用户信息进行审核,还要定期对平台中各个板块的内容进行审核。再次,平台应细化知识产品售卖规则、规范产品审核流程以提高知识产品进入市场的门槛。例如,对于某些知识产品,平台可要求知识卖家提供创造知识产品的时间、内容和人员等信息,一方面可保障知识产品的原创性,另一方面还能为事后追责、核验提供依据。最后,知识付费平台应完善其审核报告的公开规则。对于审核主体、被规制主体等的相关信息,平台需以报告形式向用户公开,但是,审核报告所公开的内容、信息披露的程度则由平台来决定,且设计良好的审核报告和公开规则能够提高问责效率、促进平台信息透明化、震慑不诚信用户。

(二)奖惩制度

为实现知识付费市场的有序化运营,各知识付费平台需要不断完善其奖罚制度,加大奖惩力度。首先,知识付费平台应以知识卖家的信用档案为中心,建立一套完善的信号识别、检测、处理系统,从而能够对卖家所传递的信号作出准确判断;同时,对于知识卖家的信用记录也需进行存档管理,进而为之后平台奖罚标准及额度制定提供依据。其次,为实现奖罚分明,知识付费平台应提高对优质知识卖家的奖励力度、对劣质知识卖家的处罚力度,同时平台还应提高自身对知识卖家信号检测的准确度及效率。对于长期经营优质产品的知识卖家,知识付费平台可降低其交易佣金的收费比例,减少其广告、竞价排名费用等;此外,平台还可增加其曝光率,邀请其参加相关的营销推广活动。例如，知乎会定期邀请平台内的优质卖家参与交流活动，在每年举办的“知乎盐 club”线下活动中，知乎都会根据平台中知识卖家的信誉度、营业收入、知识产品质量等来决定参与线下活动的知识卖家和知识产品名单。对于平台中不诚信的知识卖家，当检测到其以高价销售低质量产品时，平台会对其收取一定数量的惩罚费用，并对其部分行为作出限制。例如，知乎会对在平台中发布违规信息的用户进行禁言处罚，规定处于禁言期的用户无法发布新的内容。与此同时，对于存在欺诈行为的知识卖家，知识付费平台也会向所有用户公开其违规信息。最后，知识付费平台还可不断创新其奖惩制度，尝试引入专家鉴别制度、用户有奖举报制度、媒体有奖监测制度等，以引导知识卖家能够诚信经营，进而构造诚信、高质、专业的知识付费市场环境。

（三）质量保障制度

为确保知识买家的利益，维护平台的声誉，知识付费平台应制定合理的质量保障体系。首先，对于在平台中销售产品的知识卖家，知识付费平台可要求其缴纳一定额度的质量保证金，当卖家产品出现质量问题时，平台则会扣押这部分金额用以补偿相关的知识消费者。当然，对于信用记录长期保持良好的知识卖家，平台也可对其实行信用免押政策。其次，知识付费平台还可推动知识卖家建立卖家联盟。加入联盟可以方便知识卖家间进行交流合作，从而提升自身声誉；若联盟中某商家出现失信行为，不仅会给联盟成员带来资金损失，还会降低联盟的整体声誉。此外，联盟中的知识卖家间不仅存在合作关系还存在竞争关系，竞合的关系能够使知识卖家间互相监督、互相审核。最后，知识付费平台可实行“货到付款”策略，即知识买家以平台币、平台礼券等形式向知识卖家支付费用，而平台对知识卖家收益提现作出限制，如需要达到一定期限、一定额度才可进行提现处理。若是在提现等待期间，知识买家对知识产品提出了质疑，则平台将会出面暂扣这部分金额，并进行复核处理以鉴定过错方。现如今，很多平台都设置了平台货币使用规则，例如知乎平台中的“知乎币”，喜马拉雅平台中的“喜点”等。

（四）监管制度

为解决知识付费发展过程中遇到的柠檬问题，可以不断更新监管方法、监管理念，积极进行监管模式创新，建立一个协调统一的监管体系。具体可从以下方面作出改进：首先，明确政府监管主体及其监管职责。为解决分享经济发展过程中存在的监管问题，相关部门要充分发挥其主导性作用。监管部门应根据实际情况制定不同的监管模式和监管内容。同时，应大力提高相关部门履行监管职责的积极性，让相关的监管工作能够实施落地。此外，在监管过程中政府还应发挥引导作用，鼓励其他主体参与监管。在监管的同时，也要注意立法和执法的尺度，以免过度监管制约知识付费市场的发展。其次，建立行业协会和内部监管体系。在知识付费市场中，可以让知识“大 V”或知名机构带头联合其他用户建立行业协会，通过行业协会来推进知识付费市场的自律管理。行业协会可以在内部对市场准入门槛、营销方式、产品服务定价、资金管理及信息披露等多个话题展开讨论，对于讨论的结果可以与知识付费平台以及政府部门等进行沟通，进而推动整个知识付费市场的发展。再次，鼓励大众和分享平台参与监管。在对知识付费市场的监管过程中，知识付费平台是一个重要的监管主体。因此，要积极引入知识付费平台来参与监管，充分发挥各平台的能动性，不断提高各平台的监管意识和监管技术，进而构建一种包含准入规则、交易规则、评价规则等多方面规则的监管体系。此外，还应充分发挥大众的监督作用，可以设立多种投诉渠道，鼓励大众进行投诉及为监管制度献言。最后，加强各监管主体间的沟通和协作。要充分发挥各监管主体的优势，在制定相关的法律法规之前，政府应与相关平台、参与者、行业协会等进行沟通交流，多多听取各监管主体的建议。为降低监管成本、提升监管效率和效果，应建立统一的信息服务平台，让政府、企业、公众等能够对某些数据实现共享，以节省各部门对数据的收集和整理时间。此外，政府、行业协会、知识付费平台、参与者之间要经常进行交流沟通，尽量避免各方之间的信息不对称，进而推动知识付费市场的快速发展。

(五)信用评价制度

信用是一切经济活动的基础，通过信用体系建设量化、规范化用户行为是知识付费蓬勃发展的根本。为建立健全信用评价体系，具体可从以下几方面作出努力：首先，在搭建知识付费平台时，应建立用户信用评价机制。健全的信用评价机制可以在一定程度上制约用户行为。知识付费平台是资源供求双方的“中介”，通过“中介”进行交易增加了交易双方的不确定性。通过信用评级机构对交易双方的信用进行评级，可使消费者了解资源提供者的信用水平，从而选择诚信高的服务对象。同时，也可根据信用水平设置平台使用门槛、资源使用价格等激励用户自觉维护资源。其次，国家应制定符合知识付费需要的法律法规，实行强制保险制度，形成联合奖惩机制，对资源损坏、服务质量低的交易双方进行处罚。应建立保险金缴纳制度与意识，平台在收取押金的同时应向保险公司缴纳保险费，保证在平台倒闭时客户也能收回押金。另外，知识交易中的失信者应被公开披露，对信用低者应进行相应的处罚来抑制交易中的失信行为。再次，政府应加强对知识付费平台的监管，建立 O2O 平台治理模式，制定市场准入规则。针对知识交易双方，政府有关部门应与知识付费平台联合，将平台产业链与线上线下 O2O 模式相结合：线下从其他机构获取并整合个人信用信息，以更加精准的标尺判断交易双方的信用水平；线上利用社交平台传播失信行为，让更多人意识到信用的重要性。最后，可以建立第三方信用评价机制。建立这一机制的主要目的是防止平台出现投机行为。专业的信用评价团队、行业联盟、平台联盟、用户联盟等都可参与构建这一机制。其中，专业的信用评价团队能够对相关数据进行处理分析，且能够提供具有权威性和专业性的调查分析报告。行业联盟一般由独立部门或独立人员管理，他们能够为知识付费平台的建设提供帮助。在平台联盟中，各知识付费平台之间既有合作关系，又有竞争关系，这不仅能够督促其约束自身，还能够激励其不断创新。用户联盟的建设不仅能够对知识付费平台起到监督作用，还能对各用户进行监督。此外，用户联盟还可就平台的发展、建设、运营等提出较具影响力的建议。整体来看，构建第三方信用评价机制能够对各知识付费平台起到监督、约束作用，且能较好地维护平台中知识用户的权益。

（六）知识产权保护制度

构建知识产权保护制度能够维护和保障知识供给者以及知识付费平台的权益。① 为加强知识付费领域的产权保护，首先，应该坚决维护知识供给者的知识产权。② 在当今时代，人们多在线上对知识进行传播、交易，而在相关技术的支持下，复制、抄袭相关知识产品就变得更加容易。大量仿制、盗版知识产品的行为不仅打击了知识供给者的创作积极性，还严重影响了整个知识付费市场的秩序。在保护用户知识产权的过程中，各知识付费平台都作出了一些探索。例如，在知乎中，有关内容可否转载取决于知识创作者而非平台，这充分保障了内容创作者的权益。其次，可以采用新技术来加强对知识产权的保护。例如，可以利用区块链技术进行相关操作。不可篡改、时间戳、分布式管理等特点使得区块链技术能够快捷、高效地处理互联网中的相关数据。区块链技术能够记录知识产品的创作过程，相关信息能

---

① 参见李苏阳：《移动互联网环境下知识付费的现状与发展》，兰州大学硕士学位论文，2018 年。

② 参见王晓莹：《知识经济时代知识付费的现状与发展》，兰州大学硕士学位论文，2019 年。

够被全面保存和追溯，当遇到侵权行为时，作者可以据此来维护自己的权益。这一技术不仅能够减少侵权行为的发生，还能降低知识创作者的维权费用，且能有效提高维权效率。最后，要不断完善、优化知识付费平台的产权保护机制，具体可以从版权确认、版权转让、版权维护等多方面来构建全面、系统的知识付费平台版权保护体系。在这一工作中，应充分发挥平台系统、平台工作人员、平台用户、外部版权机构等的作用，尽可能地减少知识付费平台中的侵权行为。

三、研究展望

已有的研究工作主要围绕着两个方面进行：一是构建知识付费柠檬市场模型，论证该市场的形成机理，并通过实验研究和数据统计证明其真实存在性。本书不仅构建了改进阿克洛夫模型，还构造了其他相关的模型，比如三方博弈模型、信号传递模型、委托代理模型等。二是构建知识付费柠檬市场的治理机制。本书基于理论模型的基本思想和结论，就如何减少或消除知识付费市场中的柠檬问题进行了对策探讨。虽然结合案例已经提出了知识付费柠檬问题的多种治理机制，但知识付费发展日新月异，问题层出不穷，还有许多问题需要进一步分析和探讨。这些问题同时也是后续阶段将要研究的内容。

1.对知识付费柠檬市场模型的继续深化

在前期的工作中，本书构建的改进阿克洛夫模型是建立在市场参与者双方对产品质量偏好差异基础之上的，而知识付费多边市场对该模型的影响还没有被纳入研究的范畴。下一步的研究将集中于知识付费市场结构对该模型的影响方面。艾伯特（R.Albert）和巴拉巴西（A-L.Barabási）等发表的无标度网络（scale-free network）理论为本书提供了一种崭新的研究思路和研究方法。

2.研究方法的扩展

本书在分析过程中使用的主要是数学模型（逻辑模型），这种模型是把客观系统中的各种事物及它们的属性用数学关系或逻辑关系表达出来。然而，当因素众多、关系复杂又涉及多种利益冲突的主体和许多不确定因素时，很难归纳出明确的数学方程或逻辑关系，这时应当尝试和使用新的研究方法。

3.制度性研究与机制设计

在传统市场上，关于柠檬问题的解决已经出台了一些很好的法律、法规和制度，比如《中华人民共和国保险法》(2015 年修正)，其中十六条、二十七条专门有针对“投保人故意或者因重大过失未履行前款规定的如实告知义务”的条款；美国针对二手车市场出台了《马格奴森-莫斯保固法案》(俗称《柠檬法》)，但如何在知识付费市场上进行机制设计还是一个需要研究的问题。

4.逆向选择与互联网技术的相关性研究

本书虽然是从经济学和管理学的角度来研究逆向选择问题的，但是，研究知识付费市场问题不可能完全离开互联网的技术环境，尤其是新兴的人工智能、大数据、云计算、5G 等技术在知识付费中得到了广泛应用，通过诸如人工审核、机器审核、反馈数据等方式，可以最大限度地保证内容的生产质量和版权问题。只有将二者结合起来，才能更加深刻地理解知识付费市场对经济发展的影响。

参考文献

一、中文文献

IT 桔子:《知乎完成 7 轮融资,累计获投超 8 亿美元——2019 知识付费“马太效应”更加明显》,2019 年 8 月 21 日。

蔡舜等:《知识付费产品销量影响因素研究:以知乎 Live 为例》,《管理工程学报》2019 年第 3 期。

曹启龙等:《契约视角下 PPP 项目寻租行为与激励监督模型》,《科学决策》2015 年第 9 期。

柴国荣、宗胜亮:《企业合作创新中知识共享的博弈分析》,《科学管理研究》2009 年第 5 期。

陈秋月等:《中国政策性农业保险在银保互动中的适用性——基于抵押担保替代视角的分析》,《商业研究》2019 年第 12 期。

陈艳莹、李鹏升:《认证机制对“柠檬市场”的治理效果——基于淘宝网金牌卖家认证的经验研究》,《中国工业经济》2017 年第 9 期。

程琳:《不同担保模式对中小企业融资条件的影响分析》,《山西农经》2018 年第 3 期。

丁晓蔚等:《知识付费:概念涵义、兴盛原因和现实危机》,《当代传播》2018 年第 2 期。

樊根耀:《第三方认证制度及其作用机制研究》,《生产力研究》2007 年第 2 期。

封俊丽:《基于中观层面的网络食品质量安全的去“柠檬”机制研究》,《世界农业》2016 年第 3 期。

郭妍等:《“担保机制”下网贷投资人羊群行为的理论分析与实证检验》,《金融发展研究》2019 年第 11 期。

郭宇等:《用户视角下知识付费平台版权保护影响因素分析》,《情报科学》2021 年第 10 期。

国家信息中心分享经济研究中心:《中国共享经济发展年度报告(2019)》,2019 年 3 月 1 日。

洪亮等:《基于用户声誉的数字图书馆知识社区资源管理机制研究》,《图书情报知识》2014 年第 6 期。

姬晓辉等:《非对称信息下电子产品逆向供应链激励机制研究》,《工业技术经济》2018 年第 11 期。

极光大数据:《知识付费行业研究报告》,《信息与电脑》(理论版)2017 年第 7 期。

简旭、常江波:《知识付费盈利模式研究——以知乎为例》,《郑州轻工业学院学报》(社会科学版)2018 年第 5 期。

金帅等:《动态惩罚机制下企业环境遵从行为演化动态分析》,《系统管理学报》2017 年第 6 期。

雷宇:《声誉机制的信任基础:危机与重建》,《管理评论》2016 年第 8 期。

李国彦、李南:《创业社会网络中隐性知识转移激励模型研究——代理人市场-声誉理论视角的探索》,《科技进步与对策》2016 年第 7 期。

李莉等:《中国高科技企业信贷融资的信号博弈分析》,《经济研究》2015 年第 6 期。

李霖魁、张成虎:《P2P 网络借贷中的借款人社会资本、风险甄别与市场均衡实现》,《当代财经》2017 年第 10 期。

李明明、秦凤鸣:《担保机制、信用评级与中小企业私募债融资成本》,《证券市场导报》2015 年第 9 期。

李庆海等:《抵押与农户信贷违约风险:逆向选择还是道德风险?》,《世界农业》2020 年第 1 期。

李苏阳:《移动互联网环境下知识付费的现状与发展》,兰州大学硕士学位论文,2018 年。

李维安等:《网上交易中的声誉机制——来自淘宝网的证据》,《南开管理评论》2007 年第 5 期。

李晓方:《激励设计与知识共享——百度内容开放平台知识共享制度研究》,《科学学研究》2015 年第 2 期。

李焰等:《声誉的信息含量——来自 P2P 网络借贷的证据》,《管理评论》2019 年第 4 期。

连洪泉等:《惩罚机制真能解决搭便车难题吗?——基于动态公共品实验的证据》,《管理世界》2013 年第 4 期。

刘春年等:《基于情报认知图式的电商平台质量信号传递机制及效应研究》,《情报杂志》2019 年第 9 期。

刘玲、肖俊极:《消费者保障计划的作用机理——基于信号博弈的理论分析》,《南方经济》2010 年第 12 期。

刘永胜等:《网购食品供应链平台与平台卖家信号传递的博弈》,《商业研究》2018 年第 10 期。

刘友芝:《知识付费平台持续发展的现实瓶颈与创新突破》,《编辑之友》2018 年第 11 期。

刘有贵、蒋年云:《委托代理理论述评》,《学术界》2006 年第 1 期。

刘芸等:《企业创新网络中组织声誉对创新绩效的影响——知识合作的中介作用与网络特征的调节作用》,《经济经纬》2019 年第 4 期。

楼高翔等:《非对称信息下供应链减排投资策略及激励机制》,《管理科学学报》2016 年第 2 期。

卢向华:《竞价排名广告的关键词投放策略及其绩效研究——基于淘宝网的实证分析》,《管理科学学报》2013 年第 6 期。

陆春晖:《共享经济下知识付费模式研究》,《现代商业》2017 年第 33 期。

〔英〕迈克尔·波兰尼:《个人知识》,许泽民,译,贵阳,贵州人民出版社,2000 年。

苗磊:《基于双边市场的知识付费平台知识获取行为影响因素研究》,广东工业大学硕士学位论文,2018 年。

莫家颖等:《集体声誉、认证制度与有机食品行业发展》,《浙江社会科学》2016 年第 3 期。

潘勇、乔晓东:《逆向选择与中国电子商务市场声誉机制的本土性研究——以淘宝网为例》,《商业经济与管理》2012 年第 1 期。

潘勇:《逆向选择视角下信用评分机制与担保机制的效用研究——基于淘宝网的案例分析》,《商业经济与管理》2013 年第 6 期。

乔丽媛:《共享经济下知识付费商业模式研究》,北京交通大学硕士学位论文,2018 年。

全贞花、谢情:《知识付费产品用户使用行为实证研究:以得到 App 为例》,《广告大观》(理论版)2017 年第 4 期。

任怀飞、张旭梅:《应用服务提供商能力的第三方认证研究——基于改善市场效率的视角》,《商业经济与管理》2010 年第 8 期。

宋波、徐飞:《供应链运营中的逆向选择问题分析——基于中间商交易的视角》,《软科学》2008 年第 11 期。

宋平等:《绿色供应链电子订单融资模式信任机制研究——基于声誉视角》,《财会月刊》2017 年第 23 期。

汪旭晖、张其林:《平台型电商企业的温室管理模式研究——基于阿里巴巴集团旗下平台型网络市场的案例》,《中国工业经济》2016 年第 11 期。

汪旭晖、张其林:《平台型知识付费市场中的"柠檬问题"形成机理与治理机制——基于阿里巴巴的案例研究》,《中国软科学》2017 年第 10 期。

王常伟、顾海英:《逆向选择、信号发送与我国绿色食品认证机制的效果分析》,《软科学》2012 年第 10 期。

王凤一:《欧美报业付费墙模式的经验与启示》,《青年记者》2017 年第 24 期。

王会娟、廖理:《中国 P2P 网络借贷平台信用认证机制研究——来自"人人贷"的经验证据》,《中国工业经济》2014 年第 4 期。

王晓祺、胡国强:《绿色创新、企业声誉与盈余信息含量》,《北京工商大学学报》(社会科学版)2020 年第 1 期。

王晓莹:《知识经济时代知识付费的现状与发展》,兰州大学硕士学位论文,2019 年。

王铮、刘彦芝:《在线知识付费平台的市场机制探究——兼论对知识平台市场机制缺陷的应对与干预》,《图书情报知识》2018 年第 4 期。

徐扬:《基于社会化影响理论的声誉系统与知识分享的关系初探》,《情报科学》2018 年第 9 期。

薛伟贤、左力:《从捕食共生到互利共生——基于道德风险和声誉价值分析的 P2P 网贷平台生存策略研究》,《管理评论》2021 年第 1 期。

薛云建等:《知识付费 App 用户持续使用意愿的模型构建及实证研究》,《经济与管理》2021 年第 4 期。

杨琦峰等:《双重声誉下银行对 B2B 平台的激励机制设计》,《北京邮电大学学报》(社会科学版)2020 年第 1 期。

杨舒怡:《知识付费平台的发展现状与发展趋势研究》,东北师范大学硕士学位论文,2019 年。

杨艳妮、明均仁:《社会网络中用户交互内容传播的信号博弈研究》,《图书馆学研究》2018 年第 10 期。

余海宗等:《企业间关系的社会资本租借效应——来自信用担保网络与融资约束的经验证据》,《财经科学》2020 年第 1 期。

喻国明、郭超凯:《线上知识付费:主要类型、形态架构与发展模式》,《编辑学刊》2017 年第 5 期。

苑春、闫琳:《公开信用体系下企业间知识共享行为分析》,《兰州大学学报》(社会科学版)2016 年第 2 期。

张琛:《互联网金融信号显示、融资价格与风险水平——基于 P2P 网贷平台的经验证据》,《价格理论与实践》2016 年第 8 期。

张国兴等:《节能减排补贴政策下的企业与政府信号博弈模型》,《中国管理科学》2013 年第 4 期。

张立胜、陆娟:《质量标志与农产品品牌信任研究》,《商业研究》2012 年第 2 期。

张省、常江波:《知识付费"柠檬市场"认证机制研究》,《河南财政税务高等专科学校学报》2019 年第 5 期。

张省、常江波:《知识付费"柠檬市场"治理机制研究》,《商业研究》2018 年第 11 期。

张省:《知识链知识共享的信誉问题研究》,《科技管理研究》2014 年第 22 期。

张维迎:《博弈论与信息经济学》,上海,上海人民出版社,2004 年。

张晓玫等:《网络借贷中信息不对称缓解机制研究——基于信号传递和双边声誉视角》,《经济理论与经济管理》2018 年第 2 期。

章宁等:《基于声誉模型的 P2P 网贷逾期行为及其影响因素》,《企业经济》2019 年第 2 期。

赵杨等:《基于社会资本理论的问答平台用户知识付费行为影响因素研究》,《图书情报知识》2018 年第 4 期。

郑庆寰:《基于逆向选择理论的 P2P 网贷平台模式比较研究》,《华东理工大学学报》(社会科学版)2015 年第 4 期。

周波:《柠檬市场治理机制研究述评》,《经济学动态》2010 年第 3 期。

周耿:《不完全信息下的价格信号博弈:来自淘宝网的证据》,《当代财经》2014 年第 4 期。

周黎安等:《信誉的价值:以网上拍卖交易为例》,《经济研究》2006 年第 12 期。

邹伯涵、罗浩:《知识付费——以开放、共享、付费为核心的知识传播模式》,《新媒体研究》2017 年第 3 期。

二、英文文献

Nelson P.,1974:"Advertising as information", *Journal of Political*

Economy, Vol.82, No.4, pp.729-754.

Kihlstrom R. E., Riordan M. H., 1984: "Advertising as a signal", *Journal of Political Economy*, Vol.92, No.3, pp.427-450.

Hendel I., Lizzeri A., 2002: "The role of leasing under adverse selection", *Journal of Political Economy*, Vol.110, No.1, pp.113-143.

Chen Z., Dubinsky A. J., 2003: "A conceptual model of perceived customer value in e-commerce: A preliminary investigation", *Psychology and Marketing*, Vol.20, No.4, pp.323-347.

Dewally M., Ederington L., 2006: "Reputation, certification, warranties, and information as remedies for seller-buyer information asymmetries: Lessons from the on-line comic book market", *Journal of Business*, Vol.79, No.2, pp.693-729.

Langan R., Besharat A., Varki S., 2017: "The effect of review valence and variance on product evaluations: An examination of intrinsic and extrinsic cues", *International Journal of Research in Marketing*, Vol.34, No.2, pp.414-429.

Akerlof G. A., 1970: "The market for 'lemons': Quality uncertainty and the market mechanism", *Quarterly Journal of Economics*, No.3, pp.488-500.

Ginger Z. J., Andrew K., 2006: "Price, quality and reputation: Evidence from an online field experiment", *Rand Journal of Economics*, No.4, pp.983-1005.

Kranton R. E., 2003: "Competition and the incentive to produce high quality", *Economica*, Vol.279, pp.385-404.

Kim C., et al., 2007: "Evolution of web-based shopping systems: Characteristics and strategies", *Journal of Electronic Commerce in Organizations*, No.4, pp.70-87.

Koreto R., 1997: "In CPAs we trust", *Journal of Accountancy*, Vol.6, pp.62-64.

Dybvig P. H., Lutz N. A., 1993: "Warranties, durability, and maintenance: Two-sided moral hazard in a continuous-time model", *Review of Economic Studies*, Vol.60, No.3, pp.575-597.

Lee J.H., Ha H.T., Lee C. W., et al., 2009: "Pre-bonding method using self-alignment effect for multichip packaging", *International Symposium on Assembly and Manufacturing*, Vol.8, No.4, pp.263-347.

Lizzeri A., 1999: "Information revelation and certification intermediaries", *The Rand Journal of Economics*, Vol.30, No.2, pp.214-231.

Albano L., 2001: "Strategic certification and provision of quality", *International Economic Review*, Vol.42, No.1, pp.267-283.

Wimmer B. S., Chezum B., 2003: "An empirical examination of quality certification in a 'lemons market'", *Economic Inquiry*, Vol.41, No.2, pp.279-291.

List J. A., 2006: "The behaviora list meets the market: Measuring social preferences and reputation effects in actual transactions", *Journal of Political Economy*, Vol.114, No.1, pp.1-37.

Dranove D., Jin G. Z., 2010: "Quality disclosure and certification: Theory and practice", *Journal of Economic Literature*, No.4, pp.935-963.

Bart V. D. H., De Ridder J. A., 2004 : "Knowledge sharing in context: The influence of organizational commitment, communication climate and CMC use on knowledge sharing", *Journal of Knowledge Management*, Vol. 8, No. 6, pp.117-130.

Dewally M., Ederington L., 2006: "Reputation, certification, warranties, and information as remedies for seller-buyer information asymmetries: Lessons from the online comic book market", *Journal of Business*, Vol.79, No.2, pp.693-730.

Mavlanova T., Benbunan-Fich R., Koufaris M., 2012: "Signaling theory and information asymmetry in online commerce", *Information&Management*, Vol.49, No.5, pp.240-247.

Sappington D. E. M., 1991: "Incentives in principal-agent relationships", *Journal of Economic Perspectives*, Vol.5, No.2, pp.45-66.

Spence A. M., 1973: "Job market signaling", *Quarterly Journal of Economics*, Vol.87, No.3, pp.355-374.

Spence A. M., 2002: "Signaling in retrospect and the informational structure of markets", *American Economic Review*, No.92, pp.434-459.

Nelsom P., 1974: "Advertising as information", *Journal of Political Economy*, No.8, pp.729-754.

Ross S. A., 1977: "The determination of financial structure: The incentive signaling structure", *Bell Journal of Economics*, No.8, pp.23-40.

Milgrom P., Roberts J., 1986: "Price and advertising signals of product quality", *Journal of Political Economy*, No.94, pp.796-821.

George A.,1970:“The market for ‘lemons’:Quality uncertainty and the market mechanism”, *Quarterly Journal of Economics*,Vol.84, No.3, pp.488-500.

Hörner J.,2002:“Reputation and competition”, *American Economic Review*,Vol.92, No.3, pp.644-663.

Ba S., Pavlou P. A., 2002:“Evidence of the effect of trust building technology in electronic markets:Price premiums and buyer behavior”, *Mis Quarterly*,Vol.26, No.3, pp.243-268.

Houser D.,Wooders J.,2006:“Reputation in auctions:Theory,and evidence from eBay”, *Journal of Economics and Management Strategy*,Vol.15, No.2, pp.353-369.

David D.,Ginger Z. J.,2010:“Quality disclosure and certification:Theory and practice”,*Journal of Economic Literature*,Vol.48,No.4,pp.935-963.

Hackl F.,Kügler A.,Winter-Ebmer R., 2011:“Reputation and certification in online shops”, Economics Series,Institute for Advanced Studies.

Özpolat K.,Gao G.,Jank W.,et al.,2013:“The value of third-party assurance seals in online retailing:An empirical investigation”, *Information Systems Research*,Vol.24, No.4, pp.1100-1111.

Elfenbein D. W., Fisman R., Mcmanus B., 2015:“Market structure, reputation,and the value of quality certification”, *American Economic Journal:Microeconomics*,Vol.7, No.4, pp.83-108.